상속·증여 세무조사, 국세청의 시나리오를 읽어라!

상속·증여 세무조사, 국세청의 시나리오를 읽어라!

2025년 9월 24일 초판 인쇄
2025년 10월 1일 초판 발행

지 은 이 ㅣ 나태현
발 행 인 ㅣ 오연관
발 행 처 ㅣ 삼일피더블유씨솔루션
등 록 번 호 ㅣ 1995.6.26. 제3-633호
주   소 ㅣ 서울특별시 용산구 한강대로 273 용산빌딩 4층
전   화 ㅣ 02)3489-3100
팩   스 ㅣ 02)3489-3141
가   격 ㅣ 25,000원

ISBN 979-11-6784-436-1   03320

상속·증여 세무조사, 국세청의 시나리오를 읽어라!

자산가를 겨냥한 국세청의
'정밀타격 리스트'와 대응법

나태현(국세남) 지음

SAMIL | 삼일인포마인

머리말

오랜 시간 고액 자산가들의 세무 문제를 다루면서, 저는 수많은 질문에 직면했습니다. '세금을 줄일 수 있는 방법은 무엇인가?', '자녀에게 재산을 안전하게 물려주려면 어떻게 해야 하는가?'.

이 질문들에 답을 찾기 위해 고군분투해 왔습니다. 이 책은 제가 세무사가 된 지 20년이 넘는 지금까지의 시간과 노력의 결실입니다. 국세청 11년 중 8년간 세무조사 실무를 하며 기업과 자산가들의 세금 탈루를 쫓았고, 이후 삼일회계법인 조사지원팀에서 7년간 대기업과 자산가들의 세무조사 방어 전략을 설계했습니다. 그리고 지금은 세무법인하나에서 수많은 자산가들과 직접 만나 그들의 고민을 함께 나누고 있습니다.

이 모든 과정에서 제가 깨달은 한 가지는, 고액 자산가에게 진정으로 필요한 것은 '절세 기술'이 아니라 '리스크 관리'라는 점입니다. 국세청의 감시망은 우리가 생각하는 것보다 훨씬 더 정교하고 치밀합니다. 이 책은 그 감시망의 시나리오를 읽고, 예측하며, 궁극적으로는 조사에서 리스크를 줄이는 자산 이전 구조를 '미리' 준비하는 방안을 제시하고자 합니다.

이 책이 세상에 나오기까지, 저는 수많은 분들의 도움과 가르침을 받았습니다. 먼저, 국세청에서의 경험은 이 책의 모든 내용에 깊이를 더해 주었습니다. 조사관으로서의 날카로운 시각과 방어 전략을 수립하는 세무 전문가로서의 시각을 동시에 가질 수 있도록 해주신 국세청 선·후배님들께 감사드립니다. 특히 삼일회계법인에서 조사지원팀 상무로 재직하는 동안 저에게 아낌없는 조언과 기회를 주신 선배님들 동료들에게 깊은 감사를 드립니다. 또한, 저를 믿고 함께해 주는 세무법인하나와 동료들 모든 의뢰인들께도 감사의 마음을 전합니다. 그들의 끊임없는 질문과 신뢰가 저를 더 나은 전문가로 성장시켜 주었습니다.

마지막으로, 제가 힘을 낼 수 있도록 저를 사랑해 주는 사람과 가족에게 이 책을 바칩니다. 그들의 사랑 없이는 이 모든 여정이 불가능했을 것입니다. 이 책을 통해 독자 여러분께서 복잡하게만 느껴졌던 상속·증여의 문제들을 이해하고, 가문의 자산을 지키는 현명한 길을 찾을 수 있기를 바랍니다.

2025년 9월

나태현 세무사(국세남) 드림

프롤로그

"자산가의 세무조사는 피할 수 없다."

국세청의 보도자료나 국세청장 취임사, 신년사를 보면 늘 공통적으로 나오는 대목이 있습니다. 소상공인과 중소기업 및 어려운 납세자에게는 세법의 허용 범위 내에서 최대한 지원을 하겠으나, 대기업과 고액 자산가의 부당하게 세금을 줄인 행위에 대해서는 엄정하게 국세행정을 집행하겠다는 내용입니다.

우리나라 국세청의 정보수집력과 과세 인프라는 세계 최고라 말할 수 있을 정도이지만, 자원과 인력은 한정되어 있습니다. 따라서 국세청 입장에서도 가장 효율적인 행정 집행은 선택과 집중을 하는 것입니다. 적은 인력으로 한번 세무조사를 하더라도 세금 추징액을 높게 가져갈 수 있고 국민들에게 경각심을 줄 수 있는 조사대상자들 위주로 선별해야 소위 가성비 있게 세금을 추징하면서 예방효과까지 줄 수 있는 것입니다.

특히, 사회적 물의를 일으키거나 부당한 이익을 얻으면서도 악의적·지능적 탈세를 저지르는 경우에 있어서는, 비정기 선정, 장부 일시 보관 등 세법에 규정된 효과적인 모든 수단을 동원하겠다는 발표는 매번 빠지지가 않습니다.

국세기본법을 보면 상속세 및 증여세는 정부가 결정하는 때에 확정되는 세목입니다. 자주 접하는 법인세, 소득세, 부가가치세처럼 납세자가 기한 내에 신고했다고 확정되지 않습니다. 그렇기 때문에 상속세 및 증여세는 신고서가 들어오면 건별로 인정을 해줄지, 조사를 해야 할지, 경중을 따져가며 국세조사관들의 판단을 거쳐 결정 및 확정이 되는 것입니다.

따라서 상속세 및 증여세 신고서가 접수되었을 때 재산 규모가 크다면 당연히 심도 있게 볼 수밖에 없고 아무리 신고를 성실히 했다고 하더라도 조사를 나오게 되는 것입니다. 신고서와 국세청이 수집한 자료만으로는 모든 사실관계를 알 수 없기 때문에 세무조사를 통해 납세자와 종합적인 확인을 거친 후에 최종 확정을 할 수밖에 없습니다.

국세청의 세무조사는 단순히 신고 누락이나 고의적인 탈세만을 적발하는 데 목적이 있지 않습니다. 오히려 그 본질은 납세자의 신고 내용이 세법의 제반 규정과 일치하는지, 그리고 재산 이동 과정의 '진실성'과 '정당성'을 검증하는 데 있습니다.

예를 들어, 증여세 부담을 줄이기 위해 부채를 활용한 증여 방식을 택했다 하더라도, 그 채무의 실재성, 상환 능력, 변제 이행 여부 등은 국세청의 면밀한 검증 대상이 됩니다. 형식적으로는 완벽한 서류를 갖추었더라도, 실질이 불분명하거나 편법적인 거래로 판단될 경우 언제든 조사의 대상이 될 수 있는 것입니다.

또한, 국세청은 납세자의 개별적인 설계 내용을 알 수 없습니다. 대신, 방대한 과세자료와 빅데이터 분석을 통해 특정 자산의 이동, 소득과 재산 증식의 불균형, 고액의 상속 발생 등 '세무조사가 필요한 신호'를 포착합니다. 이러한 신호가 발생하면, 아무리 잘 설계된 상속 계획이라 할지라도 국세청의 시스템 안에서는 '확인이 필요한 대상'으로 분류될 수밖에 없습니다. 결국, 상속설계는 세금을 '줄이는' 노력이지, 세무조사 자체를 '막는' 방패는 될 수 없다는 점을 분명히 인지해야 합니다.

• 자산가를 바라보는 국세청의 시선은 단순하지 않다.

앞서 자산가는 국세청이 타깃으로 할 수밖에 없는 대상이라 말씀드렸습니다. 자산이 많은 사람들은 움직이기만 하면 세금이기 때문에 상속 전이라도 이미 세무조사의 경험을 많이들 겪어봤고 조사로 인한 경제적, 정신적 괴로움을 많이 느꼈기 때문에 더 철저히 준비해야 한다는 것을 이미 누구보다 잘 알고 있습니다.

그렇기 때문에 돈을 들여 사전적으로 세무컨설팅을 받고 법의 허점이나 다양한 절세방법을 시도하곤 합니다. 국세청 또한 이렇게 준비한 자산가들을 대상으로 세무조사에서 한판 승부를 벌이고 수긍하지 않는 납세자와 조세불복까지 갔다가 진 적도 많습니다. 하지만 이렇게 국가패소 과정을 통해 세법이 개정되고 허점이었던 부분들이 조금씩 메꿔져 가는 과정을 거칩니다.

국세청이 현행법으로 과세유지가 무리라는 것을 알아도 세무조사 과정 중에 끊임없이 과세를 시도하는 이유 중 하나가 징수기관의 성격에 맞게 당장 세금을 추징할 목적도 크지만, 이렇게 법의 허점을 세상에 알리고 법을 개정해 나가야 한다는 점 때문입니다.

세법의 변천 과정을 보면, 특히 상속세 및 증여세법은 재벌과 자산가들을 국세청이 쫓아가면 또 도망가듯이 그들이 법의 빈틈을 먼저 이용하면 뒤늦게 바꿔가는 과정이 많았습니다. 하지만 무서운 것은 그러한 과정에서 국세청에는 무수한 조사사례와 경험치가 DB로 차곡히 쌓여왔다는 것입니다.

국세청은 과거의 세무조사 사례, 불복 사건의 판례, 그리고 사회·경제적 변화를 반영하여 새로운 형태의 탈루 유형을 지속적으로 연구하고 분석합니다. 가족 간의 편법 증여, 차명 재산을 이용한 상속세 회피, 해외 자산을 이용한 역외 탈세 등은 국세청이 자산가 세무조사 시 중점적으로 살펴보는 대표적인 유형들입니다. 이러한 분석을 바탕으로 '선별된 조사'의 정교함을 더해갑니다.

특히 고액 자산가에 대해서는 세무조사 종결 이후에도 일정 기간 동안 재산 변동사항을 지속적으로 추적하고 관리하는 '사후관리 시스템'을 운용합니다. 상속 공제받은 채무가 실제로 변제되었는지, 상속받은 자산이 추후 어떻게 사용되거나 재이전되는지 등을 면밀히 관찰하여 추가적인 과세 혐의를 포착합니다. 이는 세무조사가 일회성으로 끝나지 않으며, 자산가에 대한 국세청의 관심이 장기적으로 이어진다는 것을 의미합니다.

이처럼 국세청의 시선은 과거의 과세 이력을 넘어, 현재의 자산 구조와 미래의 재산 변동 가능성까지 아우르는 입체적이고 전략적인 접근 방식을 취하고 있습니다. 자산가는 이러한 국세청의 시선을 이해하고, 이에 선제적으로 대비하는 자세를 갖추어야 합니다.

• 이 책을 통해 얻을 수 있는 것들

이 책은 단순히 상속·증여세법을 설명하는 데 그치지 않습니다. 저의 실제 세무조사를 했었던 국세청 조사관 경험과 삼일회계법인 조사대응 전담팀을 거친 최고 전문가의 시선으로 국세청의 상속·증여세 업무처리 매뉴얼과 실제 조사 사례인 국세청 보도자료를 면밀히 분석하여, 자산가들이 세무조사의 본질을 이해하고 효과적으로 대응할 수 있도록 돕는 실질적인 가이드라인을 제시하고자 합니다.

이 책을 통해 독자 여러분은 다음과 같은 핵심적인 지식과 통찰력을 얻을 수 있을 것입니다.

* **상속·증여 세무조사의 작동 원리 이해** : 국세청이 어떤 자료를 수집하고, 어떻게 분석하여 조사 대상을 선정하는지, 그리고 조사가 어떤 절차로 진행되는지에 대한 국세청 내부의 시각을 이해할 수 있습니다. 이는 막연한 두려움을 줄이고, 합리적인 대응 전략을 수립하는 데 필수적인 기반이 될 것입니다.
* **상속·증여 조사 적출 유형과 대응 전략** : 실제 세무조사를 통해 자산가들이 어떠한 유형의 적출을 당했는지 국세청 보도자료를 바탕으로 해설하였고, 조사사례와 판례를 통해 어떻게 세무조사 대비를 해야 하는지 방어 전략을 같이 담았습니다.
* **자산가들의 최신 절세 트렌드** : 자산가들이 상속세와 증여세의 탈출구로 요즘 제일 관심이 많은 해외이민과 가족법인에 대해서도 정보를 얻을 수 있게 내용을 구성하였습니다.

궁극적으로 이 책은 자산가들이 불확실한 세무조사 상황 속에서 불안감을 해소하고, 정당한 권리를 지키며, 나아가 합법적인 범위 내에서 현명하게 재산을 승계하고 관리할 수 있는 나침반이 될 것입니다. 부디 이 책이 독자 여러분의 현명한 자산 승계에 든든한 동반자가 되기를 바랍니다.

상속·증여 세무조사, 국세청의 시나리오를 읽어라!

자산가를 겨냥한 국세청의 '정밀타격 리스트'와 대응법

Contents

Part 4.
자산가들이 궁금해 하는 상속세 조사 포인트와 부동산 탈세 유관기간
공조 사례 ·· 185

Chapter 2

상속·증여 세무조사의 과정

1 어느 기관이 조사를 담당하는가?
지방국세청 조사국 vs 세무서 재산세과

1. 국세청 조사 조직

국세청은 본청, 지방청, 세무서 3단계 조직구조로 이루어져 있습니다. 본청은 우리나라 전체 국세행정 총괄 기획 및 컨트롤타워로서 대기업으로 비유하자면 본점 내지는 지주회사 같은 곳입니다. 따라서 본청은 조사를 직접하지 않고 지방국세청 및 세무서에 조사 지침, 조사 운영 방향성을 하달하고 기획·분석한 자료의 시달 및 조사 실행 결과에 대한 보고를 받습니다.

지방국세청은 지역별로 7개가 있고, 각 지방국세청 산하에 다시 세무서가 관할 지역 내에 분포되어 있습니다.

Part 1

세무조사는 어떻게
시작되고 흘러가는가?

'조사'는 무작위가 아니라
설계된 '선별'이다

Chapter 1

상속·증여 세무조사는 어떻게 시작되는가?

– '과세자료'라는 출발점

1 국세청은 어떤 자료를 수집하는가?

국세청은 상속세 및 증여세 업무를 효율적이고 투명하게 수행하기 위해 엔티스(NTIS)라는 국세행정 전산시스템을 통해 다양한 과세자료를 평상시에도 수집하고 관리합니다. 상속 또는 증여가 발생한 직후에는 사망자료, 상속등기자료, 사망자의 가족관계등록부 자료, 증여등기자료, 기타 명의변경 자산 등 과세 근거가 되는 다양한 자료들을 체계적으로 수집합니다. 이러한 자료들은 납세자의 성실 신고를 유도하고, 탈루 혐의를 분석하며, 필요한 경우 조사 및 결정을 위한 기초 정보로 활용됩니다.

법령과 사무처리규정에 근거하여 평소 생각 못했던 자료 중에 어떤 자료들이 수집되는지 주요한 것 위주로 알아보도록 하겠습니다.

제11조 [지급명세서 등의 수집]

① 세무서장(재산제세 담당과장)은 다음 각 호의 자료를 매 분기 마지막 날의 다음 달 마지막 날까지 수집하고 제출 여부를 관리하여야 한다.

1. 법 제82조 제1항 제1호에 해당하는 보험(해약환급)금 지급명세서 및 보험계약자 등 명의변경 명세서

2. 법 제82조 제1항 제2호에 해당하는 퇴직급여 등 지급명세서

3. 법 제82조 제3항에 해당하는 주권(출자증권·공채·사채·집합투자증권·수익증권·은행예금·그 밖의 예금) 명의개서(변경) 명세서 및 특정시설물(골프회원권 등) 이용권 명의개서(변경) 명세서

4. 법 제82조 제4항에 해당하는 타인신탁재산수탁명세서

5. 법 제82조 제6항에 해당하는 전환사채 등 발행 및 인수인 명세서

6. 법 제82조 제7항에 해당하는 주식 등의 이체명세서

1. 특정시설물이용권 명의개서(변경) 명세서

특정시설물을 이용할 수 있는 권리(예 : 회원제 골프 회원권, 회원제 휴양콘도미니엄 회원권, 회원제 체육시설 이용권, 승마이용권 등)의 명의개서 또는 명의변경 관련 자료를 제출받아 전산에 입력합니다. 국세청은 이를 취급하는 관련 법인에 자료 제출 안내문을 발송하며, 미제출 법인에 대한 조회 및 관리도 이루어집니다.

2. 보험금 지급명세서 및 보험 계약자 등 명의변경 명세서

생명보험 및 손해보험의 보험금(해약환급금 및 중도인출금 포함)을 지급한 경우, 보험금을 지급하는 자는 본점(또는 주된 사무소)을 관할하는 세무서장에게 보험금 지급명세서를 제출해야 합니다.

또한 지급내역 뿐만 아니라 생명보험 및 손해보험의 계약자 또는 수익자의 명의가 변경된 경우, 보험 명의변경을 취급하는 자는 보험 계약자 등 명의변경 명세서를 제출해야 합니다. 보험을 상속이나 증여의 세테크 수단으로 사용하시는 자산가들이 많기 때문에 이 부분은 특히 국세청에 변경 자료가 넘어간다는 것을 인지하고 계셔야 합니다.

특히 보험을 완납한 후에 수익자를 자녀들로 변경한다든지, 부모가 거의 완납하고 막바지에 계약자 및 수익자를 자녀로 바꿔서 자녀가 일부만 보험료를 내고 수익자가 될 수 있게 바꾼다든지, 자녀를 계약자로 한 후에 실질은 부모가 계속 대납을 해준다든지 이러한 유형들이 많습니다.

부모가 대납한 보험료의 가액이 자녀의 급여 수준에서 감당하기 어려운 가액인데, 완납 후 자녀에게 지급되었다면 지급명세서를 통해 자녀에게 증여된 혐의가 국세청 전산에 차곡히 쌓이는 것입니다. 이러한 자료들은 실시간으로 소명 요청 나오는 것은 아니지만, 나중에 상속세 조사를 한다든지 자녀가 그 보험금을 사용하여 부동산을 취득한다든지 할 경우 상속세 조사나 자금출처조사를 통해 발각될 위험이 높습니다.

핵심은 자료들이 국세청 전산에 수집되고 있다는 것입니다. 따라서 보험 가입할 때부터 어떤 방식으로 자녀에게 이전해 줄 것인지 명분과 설계가 같이 들어가야 합니다.

3. 타익신탁재산 수탁명세서

신탁이라는 것이 생소하실 수도 있는데, 신탁 서비스는 고객의 재산(금전, 부동산, 유가증권 등)을 신탁회사(수탁자)에 맡기고, 신탁회사가 고객이 정한 목적에 따라 재산을 관리·운용하며, 그 결과를 고객이 지정한 사람(수익자)에게 돌려주는 금융 서비스입니다.

예를 들어 부모가 재산을 은행 신탁 서비스를 통해 위탁을 하고 이 재산의 수익자는 자녀로 한다면 실질적으로 재산을 상속·증여해 주는 효과가 나타납니다. 이러한 수탁계약을 체결하거나 변경하는 경우 신탁업무를 취급하는 사는 관힐 세무시장에게 타익신탁재산 수탁명세서를 제출하여야 합니다.

요즘 유언대용신탁이 은행의 홍보로 많이 유행하고 있는데, 국세청에 이러한 자료가 평상시에도 수집되고 있기 때문에 상속세 신고할 때 신탁재산을 누락하는 일이 없어야 하겠습니다.

2 상속 및 증여 과세자료는 언제, 어떻게 생성되는가?

앞서 평상시에도 수집되는 자료의 종류를 보았는데, 국세청은 상속 및 증여가 발생되었을 때 무엇에 근거하여 과세자료를 생성하기 시작하고 상속·증여 과세자료를 관리하는지 알아보겠습니다.

제13조 [과세자료의 생성과 분류 및 처리]

① 국세청장(자산과세국장)은 과세자료를 주기적으로 생성하여 납세지 관할 세무서장(재산제세 담당과장)에게 배정하여야 한다.

② 과세자료를 배정받은 담당자는 다음 각 호의 구분에 따라 분류하여 과세자료를 신속하게 처리하여야 한다.

1. 신고담당 처리 대상자료

가. 상속세 : 상속재산가액이 상속공제 등에 미달하거나 실지조사에 의하지 않고 처리 가능한 자료

나. 증여세 : 등기원인이 증여이거나 증여의제 등으로 증여사실이 확인되어 실지조사 없이 과세가 가능하거나, 증여재산가액이 증여공제 등에 미달하여 실지조사에 의하지 않고 처리 가능한 자료

2. 조사담당 처리 대상자료

가. 상속세 : 상속세 신고담당 처리 대상자료에 해당하지 아니하는 자료(탈세제보에 따른 과세자료를 포함한다) 또는 신고담당 처리 대상자료 중 해명자료 제출을 거부하거나 제출된 해명자료의 내용만으로 과세자료를 처리할 수 없는 경우로서 조사 실익이 있는 자료

나. 증여세 : 증여가액의 평가 및 부담부증여 등 과세요건의 확인에 실지조사가 필요한 자료 또는 신고담당 처리 대상자료 중 해명자료 제출을 거부하거나 제출된 해명자료의 내용만으로 과세자료를 처리할 수 없는 경우로서 조사실익이 있는 자료

⑤ 세무서장(재산제세 담당과장)은 다음 각 호의 어느 하나에 해당하는 경우에는 현장확인이나 실지조사를 실시할 수 있다. 이 경우 과세자료 처리 담당자는 담당과장의 결재를 받아 재산조사담당팀장에게 해당 과세자료를 통보하여야 한다.

1. 납세자가 해명자료를 제출하지 않는 경우

2. 제출된 해명자료의 내용만으로 과세자료를 처리할 수 없다고 판단되는 경우

상속·증여세 과세자료의 시작은 상속·증여세 신고서 접수, 외부 기관으로부터의 자료 수보, 전산 분석 등을 통해 자료를 생성합니다. 상속세 및 증여세가 국가 결정 세목이라 하여 모든 신고서와 생성된 과세자료에 대해 조사를 실시하는 것이라 알고 계신 분들이 많습니다. 하지만 국세청 인력상 그렇게 전수 조사는 불가능합니다.

그렇지만 국가의 결정이라는 과정은 거쳐야 하기 때문에 세무조사가 아닌 과세자료 처리라는 1차 필터를 통해 조사까지 할 실익이 없는 것은 서면으로 결정해 버리는 것입니다. 따라서 신고서 등이 접수되면 과세자료의 경중과 난이도를 고려하여 조사전환을 할지 간단한 소명절차로 끝낼지 등을 정합니다.

상속세 및 증여세 신고서 관련 및 과세자료의 업무흐름도를 간략히 나타내면 다음과 같습니다.

신고서 등 과세자료 자료수집	• 과세자료생성을 위한 상속개시자료의 수집 　– 행정부 사망자료·상속세 신고서·상속등기자료·사망자의 가족관계 등록(폐쇄)부 자료 등 • 증여세 과세자료 구축을 한 수집자료 　– 증여세신고서, 증여등기자료, 기타명의변경자산(시설물이용권) 등

신고서 처리 및 과세자료 생성·배정	• 신고서 담당자 배정 및 정상 납부 여부 확인 • 자료처리 담당자 배정 및 분류(지방청 송부 대상자료, 신고담당 처리대상자료, 조사담당 처리대상 자료)

조사의뢰 또는 자료처리 결정	• 신고서 및 과세자료 내용 검토 후 해명자료로 결정이 되는 것은 종결처리 • 조사가 필요하다고 판단되는 것에 대하여는 재산조사담당팀장에게 조사의뢰

국세청 내부에서는 이렇게 생성된 과세자료의 내용을 수록한 규격화된 문서를 '과세자료전[1]'이라 부릅니다. 특히 "상속세 과세자료전"에는 생성된 과세자료는 물론 그동안 국세청이 평상시에 수집해 왔던 피상속인의 모든 자료가 다 수록되어 나타난다고 보시면 됩니다.

"상속 과세자료전"은 수집된 과세자료의 총집합으로 피상속인의 부동산 취득(양도), 사전증여 내역, 이자와 배당 내역, 보험금, 소득 내역, 퇴직금 내역, 차량보유현황, 특허권 자료, 사업용자산, 골프·헬스·콘도 등 각종 회원권, 주식보유현황 등 재산에 관련된 과세자료의 내용을 수록한 문서입니다.

상속세 조사의 첫 스텝이 바로 상속 과세자료전과 상속세 신고서의 내용을 비교하는 것입니다. 누락된 자산이 없는지부터 시작해서 심층적인 검토를 하게 됩니다. 조사와 관련된 내용은 뒤쪽에서 다시 다루도록 하겠습니다.

1　**상속세 및 증여세 사무처리규정**
제1조의2 [정의] 7. "과세자료"란 상속세 및 증여세 과세(비과세·과세미달 포함)의 근거가 되는 자료를 말하며, "과세자료전"이란 과세자료의 내용을 수록한 규격화된 문서를 말한다.

1단계 (본청)	2단계 (지방국세청)	관할 시·도 및 세무서 분포 지역
국세청	서울지방국세청	서울특별시
	중부지방국세청	경기도(서북부 제외), 강원특별자치도
	인천지방국세청	인천광역시, 경기도(서북부)
	대전지방국세청	대전광역시, 세종특별자치시, 충청북도, 충청남도
	광주지방국세청	광주광역시, 전북특별자치도, 전라남도
	대구지방국세청	대구광역시, 경상북도
	부산지방국세청	부산광역시, 울산광역시, 경상남도, 제주특별자치도

조사의 경우 납세자의 규모에 따라 지방국세청 조사국에서 실시하기도 하고 세무서 조사과(상속·증여, 양도 조사는 재산세과)에서 실시하기도 합니다. 지방청 조사국은 조사 종류별로 조사국이 나누어지는데 서울지방국세청을 조사 업무별로 조직을 열거해 보면 다음과 같습니다.

〈서울지방국세청 조사국〉

구분	주요 업무
조사1국	법인정기조사(대기업)
조사2국	개인조사(고소득 자영업자), 중견기업 법인조사 등
조사3국	재산제세, 자금출처, 주식변동, 부동산투기 조사 등
조사4국	특별조사, 범칙조사(사주일가 외) 등
국제거래조사국	외국투자법인, 국내기업의 역외탈세 등

신고된 재산의 규모에 따라 서울 지역의 상속·증여 및 양도세 조사를 지방청 조사국이 하는 경우 서울지방국세청 조사3국에서 수행하게

되고 세무서에서 조사를 수행할 경우는 각 관할 세무서 재산세과 재산
조사팀에서 하게 됩니다.

세무서 재산세과 재산조사팀은 보통 2인 1팀으로 이루어져 조사를
수행하고, 서울지방국세청 조사3국의 경우 조사팀당 6~7명씩 이루어
져 있는데 팀 내에서도 A팀, B팀 나누어 조사를 각각 배정받고 복수의
조사를 수행합니다. 통상 조사국에서 조사를 받는 경우 훨씬 더 조사
강도가 높고 경력도 많은 베테랑 직원들이 조사를 수행하게 됩니다.

2. 과세자료의 배정과 조사전환

접수된 신고서 또는 본청에서 수집되거나 생성된 과세자료는 납세
지 관할 세무서장(재산제세 담당과장)에게 배정되고 다음의 유형으로
분류됩니다.[2]

① 신고담당 처리대상 자료

세무서 재산세과 신고담당팀 직원들에게 순차적으로 배정되는 자
료로서 재산 규모가 작고 사실관계 조사 필요 없이 간단한 확인으로 결
정이 가능한 신고서 및 자료들입니다.

- 상속세 : 상속재산가액이 상속공제 등에 미달하거나 실지조사에
  의하지 않고 처리 가능한 자료

---

2   상속세 및 증여세 사무처리규정
     제13조 [과세자료의 생성과 분류 및 처리]

- 증여세 : 등기원인이 증여이거나 증여 의제 등으로 증여사실이 확인되어 실지조사 없이 과세가 가능하거나, 증여재산가액이 증여공제 등에 미달하여 실지조사에 의하지 않고 처리 가능한 자료

② 조사담당 처리 대상자료

조사담당팀에 배정된 자료들도 무조건 조사를 하는 것은 아니고 재산 규모와 국세청 내부기준에 따라 해명안내 자료 소명의 방식으로 결정되는 경우도 있습니다.

- 상속세 : 상속세 신고담당 처리 대상자료에 해당하지 아니하는 자료(탈세제보에 따른 과세자료를 포함한다) 또는 신고담당 처리 대상자료 중 해명자료 제출을 거부하거나 제출된 해명자료의 내용만으로 과세자료를 처리할 수 없는 경우로서 조사 실익이 있는 자료

- 증여세 : 증여가액의 평가 및 부담부증여 등 과세요건의 확인에 실지조사가 필요한 자료 또는 신고담당 처리 대상자료 중 해명자료 제출을 거부하거나 제출된 해명자료의 내용만으로 과세자료를 처리할 수 없는 경우로서 조사실익이 있는 자료

③ 지방청 조사국 송부 대상자료

과세자료전의 기준금액 따라 재산 규모가 큰 경우에는 지방청 송부 대상자료로 분류가 됩니다. 지방청 조사국에서 조사를 받는 경우 조사의 강도는 앞서 언급했듯이 세무서보다 훨씬 높아집니다. 조사관들의

맨파워와 경력이 보통은 더 좋고 조사스킬이나 조사의지도 높기 때문에 납세자나 세무대리인 입장에서 조사과정이 무척 어렵고 힘이 듭니다.

여기서 상속세 지방청 송부 대상자료 판단하는 상속세 신고서 기준 금액은 본래 상속재산뿐만 아니라 증여재산 가산액(상속인은 상속개시 10년 전, 상속인 외의 자는 5년 전) 및 간주[3], 추정[4] 상속재산가액까지 감안을 합니다. 최근에는 부동산 가액이 전반적으로 올랐기 때문에 너무 많은 지방청 조사대상자가 선정되는 것을 방지하기 위해 서울지방국세청 조사3국으로 송부하는 내부기준은 60억 원으로 알려져 있습니다. 서울 외의 다른 지방국세청의 기준금액은 더 낮습니다. 하지만 이것은 국세청 내부의 가이드라인 정도이지 신고 내용의 경중과 난이도에 따라 변동될 수 있습니다.

> ↑ 지방국세청 송부내상 판단 기준금액 = 본래 상속재산 + 간주 + 추정 +
> 증여재산 가산액

또한, 주요 계열법인 사주 등의 상속세 자료는 기준금액 규모 상관없이 지방청 송부자료로 분류합니다. 그리고 상속세 신고서를 넣으면서 가장 애매한 부분이 지방청 송부자료 경계선에 있는 경우인데, 예를 들어 60억 원이 지방청 기준금액이라 하면, 50~60억 원 사이에 있는

3　**상속세 및 증여세법**
　　제8조 [상속재산으로 보는 보험금], 제9조 [상속재산으로 보는 신탁재산], 제10조 [상속재산으로 보는 퇴직금 등]
4　**상속세 및 증여세법**
　　제15조 [상속개시일 전 처분재산 등의 상속 추정 등]

경우를 말합니다. 이 경우 상속재산 중 평가이슈가 있는 재산은 평가를 하여 지방청 송부대상인 기준금액에 해당되는지를 최종 판단합니다. 따라서 시가평가를 고의로 안하고 기준시가 등 세무서 조사대상 분류로 하기 위해 고의로 머리를 쓰는 경우도 국세청에서는 단순히 기준금액 밑이라고 무조건 세무서 대상 자료로 분류하지는 않는다는 것을 알아야 합니다.

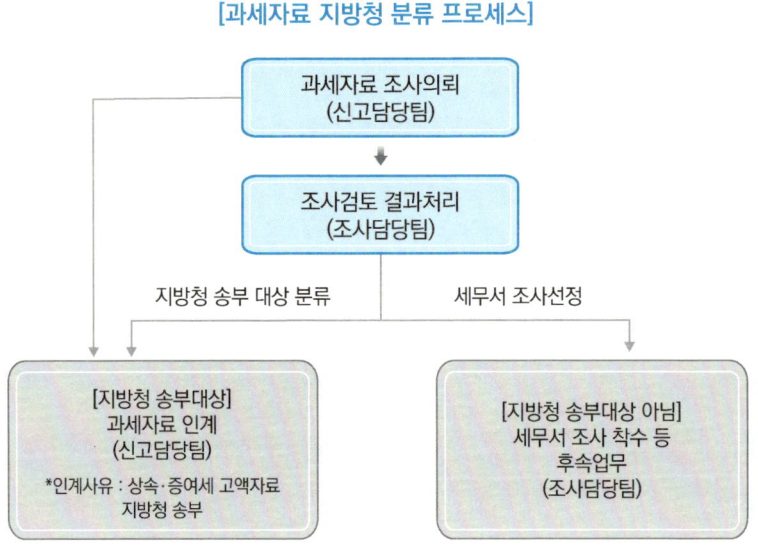

[과세자료 지방청 분류 프로세스]

과세자료 조사의뢰
(신고담당팀)

↓

조사검토 결과처리
(조사담당팀)

지방청 송부 대상 분류   세무서 조사선정

[지방청 송부대상]
과세자료 인계
(신고담당팀)

*인계사유 : 상속·증여세 고액자료
지방청 송부

[지방청 송부대상 아님]
세무서 조사 착수 등
후속업무
(조사담당팀)

2 모든 상속·증여세 신고를 조사하는 것은 아니다
- 서면확인 vs 실지조사

상속이나 증여를 받은 납세자들이 가장 먼저 떠올리는 걱정은 단연 '세무조사'일 것입니다. 일생에 한두 번 겪을까 말까 한 상속·증여세 신고 이후, 세무서에서 연락이 오면 어쩌나 하는 마음에 불안감과 두려움을 갖게 됩니다. 언론에서 접하는 고액 자산가들의 세무조사 소식은 이러한 불안감을 더욱 증폭시킵니다.

하지만 결론부터 말하자면, 앞에서도 살짝 언급했지만 국세청은 모든 상속·증여세 신고 건에 대해 세무조사를 실시하지 않습니다. 국세청의 인력과 자원은 한정되어 있기 때문에 모든 신고 내용을 일일이 현장까지 나가 확인하는 것은 물리적으로 불가능합니다.

따라서 세법 규정에 따라 성실하게 신고한 것으로 인정되는 납세자에 대해서는 조사를 생략하여 편의를 제공하고, 반대로 불성실 신고 혐의가 큰 건에 조사 역량을 집중하는 '선택과 집중'의 원리에 따라 업무를 수행합니다.

이러한 '선택과 집중'의 과정에서 국세청이 신고 내용을 검증하는 방식은 크게 두 가지로 나눌 수 있습니다. 바로 '서면확인'과 '실지조사(세무조사)'입니다.

- 서면확인 : 납세자가 제출한 신고서와 첨부서류를 바탕으로 세무서 내에서 서류상으로만 검토하는 절차를 말합니다. '자료처리'라고도 하며, 현장 방문이나 납세자 대면 없이 비대면으로 이루어지는 것이 보통입니다.

- 실지조사 : 흔히 '세무조사'라고 불리는 절차로, 세무공무원이 직접 납세자나 관련인을 방문하여 장부, 서류, 자산 등을 현장에서 직접 확인하고 조사하는 방식입니다.

이 두 가지 절차는 그 성격과 강도, 법적 근거, 납세자의 부담 측면에서 큰 차이를 보입니다. 상속·증여세 신고 이후 국세청의 검증 시스템이 어떻게 작동하는지 이해하는 것은 불필요한 불안감을 줄이고, 국세청의 연락에 현명하게 대처하는 첫걸음이 될 것입니다.

다음과 같은 안내문이 왔다면 세무조사가 아닌 자료처리인 것이니 해당 소명 요청에만 잘 응대한다면 조사로 전환되지 않고 끝낼 수 있을 것입니다. 하지만 자료제출에 협조하지 않고 성실히 응하지 않으면 언제든 세무조사로 전환시킬 수 있으니 주의하셔야 합니다. 또한 자료처리라고 해서 세금 추징이 적거나 없는 것은 아닙니다. 신고한 내용의 적정성 정도에 따라 세금 추징액은 달라지는 것이며, 과세자료 해명 안내로 나온 이유는 쟁점이 종합적으로 판단할 대상이기보다는 단순하다는 것일 뿐이지 절대 세금이 적다는 것을 의미하는 것은 아닙니다.

기 관 명
상속세(증여세) 신고내용 확인 해명자료 제출 안내

문서번호 : 재산세과 –

○ 수신자   ○○○ 귀하

안녕하십니까? 항상 국세행정에 협조하여 주신데 대하여 감사드립니다.

귀하의 상속(증여)과 관련하여 검토한 결과, 아래와 같은 문제점이 있는 것으로 판단되어 알려드리니, **20   .   .   .까지** 해명자료를 제출하여 주시기 바랍니다.

※ 검토내용과 같이 상속세(증여세)를 과소신고한 신고한 경우 수정(기한후)신고·납부하여 주시기 바랍니다.

○ 신고내용 검토결과 문제점

○ 제출할 해명자료

년   월   일

기 관 장

위 내용과 관련한 문의사항은 담당자에게 연락하시면 친절하게 상담해 드리겠습니다.
◆ 담당자 : ○○세무서 ○○○과 ○○○ 조사관(전화 :   , 전송 :   )

백상지(80g/㎡) 또는 중질지(80g/㎡)

■ 상속세 및 증여세 사무처리규정 [별지 제5호 서식] (2020. 7. 20. 개정)

기 관 명
상속세(증여세) 해명자료 제출 안내

문서번호 : 재산세과 –

○ 수신자   ○○○ 귀하

안녕하십니까? 항상 국세행정에 협조하여 주신데 대하여 감사드립니다.

귀하의 상속(증여)과 관련하여 아래와 같이 과세자료가 발생하였음을 알려드리니 이에 대한 해명자료를 20   .   .까지 제출하여 주시기 바랍니다.

○ 과세자료 발생 경위(해명할 사항)

○ 과세자료 내용(상속 또는 증여받은 재산)

세목	상속(증여)받은 재산	상속개시일	증여일	비 고
상속				
증여				

○ 제출할 해명자료

과세자료 검토내용과 같이 상속세(증여세)를 과소신고한 경우 위 기한까지 수정(기한후)신고·납부하여 주시기 바라며, 기한 내 회신이 없거나 제출한 자료의 내용이 불분명한 경우에는 과세자료의 내용대로 세금이 부과될 수 있음을 알려드립니다.

년   월   일

기 관 장

위 내용과 관련한 문의사항은 담당자에게 연락하시면 친절하게 상담해 드리겠습니다.
◆ 담당자 : ○○세무서 ○○○과 ○○○ 조사관(전화 :   , 전송 :   )

백상지(80g/㎡) 또는 중질지(80g/㎡)

그러나 아래와 같은 통지서가 왔다면 이것은 세무조사 사전 안내입니다. 통지서 하단에 조사 관할이 세무서인지 지방청 조사국인지 알 수 있게 구분이 되어 있고 담당조사관과 조사팀이 안내됩니다. 세무조사 사전 통지서를 받으면 즉시 세무대리인을 선임하고 조사 대응 준비를 하셔야겠습니다.

■ 조사사무처리규정 [별지 제1호 서식] (국세기본법 시행규칙 서식)

국세청
National Tax Service

행 정 기 관 명

수신자
(경유)

제 목   세무조사 사전 통지

귀하(귀사)에 대한 세무조사를 실시하기에 앞서 아래와 같이 알려드립니다.
(근거: 「국세기본법」 제81조의7 제1항 및 같은 법 시행령 제63조의6)

납 세 자	상 호 (성 명)		사업자등록번호 (생 년 월 일)	
	사업장 (주 소)			
조 사 대 상 세 목				
조사대상 과세기간 (자료요청 대상기간)		년 월 일 ~ 년 월 일		
조 사 기 간		년 월 일 ~ 년 월 일		
조 사 사 유				
조 사 제 외 대 상	세목 : 과세기간 : 범위 :			
부 분 조 사 범 위				

만약 귀하(귀사)가 「국세기본법 시행령」 제63조의7 제1항에 해당하는 사유가 있으면
세무조사의 연기를 신청할 수 있습니다.

※「국세기본법 시행령」 제63조의7 제1항에 해당하는 사유

  1. 화재, 그 밖의 재해로 사업상 심각한 어려움이 있을 때
  2. 납세자 또는 납세관리인의 질병, 장기 출장 등으로 세무조사가 곤란하다고 판단될 때
  3. 권한 있는 기관에 장부, 증거서류가 압수되거나 영치되었을 때
  4. 제1호부터 제3호까지의 규정에 준하는 사유가 있을 때. 끝.

발 신 명 의   직인

이 통지에 대한 문의 사항 또는 조사 시작 전 세무조사 연기신청 등에 관한 궁금한 사항은 ○○○과 담당자
○○○(전화 :   )에게 연락하시기 바라며 조사 시작 이후 세무조사와 관련하여 불편·애로 사항이 있을
때에는 납세자보호담당관 ○○○(전화 :   )에게 연락하시면 친절하게 상담해 드리겠습니다.

기안자 직위(직급) 서명   검토자 직위(직급) 서명   결재자 직위(직급) 서명
협조자
시행   처리과 - 일련번호(시행일자)   접수   처리과명 - 일련번호(접수일자)
우   주소   /홈페이지 주소
전화( )   , 전송( )   /기안자의 공식 전자우편주소   /공개구분

210㎜×297㎜[일반용지 70g/㎡(재활용품)]

3 세무조사 흐름도 : 통지, 착수, 대응, 그리고 후속 조치

상속세 및 증여세조사(자금출처조사 포함)와 관련하여 상속세 및 증여세 사무처리규정에 열거하지 않은 사항은 조사사무처리규정에 따릅니다. 조사사무처리규정에는 세무조사의 전반적인 절차와 과정에 대해 규정되어 있습니다.

상속·증여 세무조사 외에 자금출처조사라는 용어가 생소하실 수 있는데, "자금출처조사"란 거주자 또는 비거주자의 재산 취득(해외유출 포함), 채무의 상환 등에 소요된 자금과 이와 유사한 자금의 원천이 직업·연령·소득 및 재산상태 등으로 보아 본인의 자금능력에 의한 것이라고 인정하기 어려운 경우 그 자금의 출처를 밝혀 증여세 등의 탈루여부를 확인하기 위하여 행하는 세무조사를 말합니다.[5] 증여세 조사의 일종이라고 보서도 되지만 누락된 자금의 출처에 따라 증여가 아닌 소득 누락인 경우도 있어서 조사가 확장되기도 합니다.

자금출처조사의 경우 부동산 경기가 호황일 때 서울에 아파트를 사면 취득자의 소득분석을 통해 특히 많이 나옵니다. 이에 대해선 뒤쪽 파트2에서 따로 설명드리겠습니다.

① 상속·증여 세무조사의 통지 및 착수

조사가 시작되기 전에 납세자는 앞에서 보여드린 세무조사 사전통

---

5   **상속세 및 증여세 사무처리규정**
    제1조의2 [정의] 제11호

지서를 조사개시 15일 전에는 송달받습니다. 모든 조사가 사전통지서를 보내는 것은 아니고 사전통지를 하면 증거인멸 등의 우려가 있어 조사목적을 달성할 수 없다고 판단되면 사전통지를 생략하고 급습하여 조사를 시작하기도 합니다. 하지만 사전통지를 생략하는 경우는 개인이나 법인사업자 조사일 때 발생되고 통상 상속·증여의 경우 세무조사 사전통지를 하고 시작합니다.

상속세 조사는 피상속인의 주소지(상속개시지)를 관할하는 세무서장 등이 담당하고 증여세 조사(자금출처조사를 포함)는 수증자의 주소지를 관할하는 세무서장 등이 담당합니다.

사전통지를 받을 때 가장 궁금한 것 중 하나가 바로 세무조사 기간일 것입니다. 조사기간은 사전통지 안내문에 적혀있고 조사일수에는 토·일·공휴일을 다 포함하여 계산합니다. 따라서 휴일을 제외하면 실질 조사일수와 부담은 그만큼 줄어듭니다.

상속세 조사기간은 통상 100일 이내로 하고, 특별한 사유가 없는 한 상속세 신고기한부터 9개월 이내에 결정을 하도록 되어 있습니다. 증여세 조사기간은 통상 45일 이내로 하고, 특별한 사유가 없는 한 증여세 신고기한부터 6개월 이내에 결정을 하도록 되어 있습니다.[6] 하지만

---

6 **상속세 및 증여세법 시행령**
제78조 [결정·경정]
① 법 제76조 제3항의 규정에 의한 법정결정기한은 다음 각 호의 1에 의한다. (1996.12.31. 개정)
  1. 상속세 (2018.2.13. 개정)
     법 제67조의 규정에 의한 상속세과세표준 신고기한부터 9개월
  2. 증여세 (2018.2.13. 개정)
     법 제68조의 규정에 의한 증여세과세표준 신고기한부터 6개월

실무상 과세관청의 업무 상황에 따라 조사착수 자체가 더 뒤로 밀리는 경우가 많고, 조사기간은 착수일로부터 카운팅 됩니다. 추가적으로 자금출처조사라는 것은 자산 등의 취득규모, 거래형태, 조사난이도 등을 감안하여 60일의 범위 내에서 필요한 최소기간을 배정하고 있습니다.

② 세무조사의 대응과 후속 조치 과정

세무조사 착수 후에는 자료의 소명요청, 사실관계 확인 등이 주로 이루어지고 절차적으로 납세자에게 중요한 것은 금융재산의 일괄조회, 세무조사의 중지와 연장이 있습니다. 금융조회는 과세관청이 실시하는 것이기 때문에 절차에서 납세자가 신경 쓸 것은 조사의 중지가 일어나지 않도록 적절한 타이밍에 자료대응을 잘하는 것입니다.

간혹 세무조사 기간을 소비하게 하기 위해 조사관 응대와 자료 제출을 미루는 경우도 있는데, 개인이나 법인사업자 조사와 상속·증여조사는 결이 조금 다른 부분이 있어 주의가 필요합니다. 사업자 정기조사의 경우 과세관청이 자료를 요청하여 받아서 검토하는 부분이 많은 반면, 상속·증여조사의 경우 과세관청이 금융 등 피상속인과 피조사자의 자료 확보력이 월등합니다. 즉 자료확보 밸런스 자체가 과세관청이 월등하기 때문에 성실히 소명해 가면서 조사기간 연장, 세무조사 범위확대, 과세추정될 리스크 등을 해소해야 합니다.

이렇게 힘든 조사기간이 지나가면 조사 말미에는 대략적인 세액과 결과치를 알려주고 조사종결일로부터 20일 이내에 조사종결 통지서와 최종세액을 받게 됩니다.

국세청
National Tax Service

행 정 기 관 명

수신자

제 목 세무조사 결과 통지

「국세기본법」제81조의12 및 같은 법 시행령 제63조의13에 따라 귀하(귀사)에 대한 세무조사 결과 등을 아래와 같이 알려드립니다.

1. 조사대상자

상 호 (성 명)		사업자등록번호 (생 년 월 일)	
사업장 (주 소)			

2. 세무조사 결과

① 조사대상 (세목: 연도: 기분:)

조사한 내용	

② 예정 고지일 및 납부기한

예정 고지일		예정 납부기한	

③ 결정 또는 경정할 내용(예상 총 고지세액: 원)
※ 지방소득세 및 소득금액 변동 관련 세액 별도   (단위: 원)

세 목	연도	과세표준		산출세액		가산세액	예상 고지세액
		신고(당초)	결정(경정)	신고(당초)	결정(경정)		
법인세							
종합소득세							
부가가치세							
상속·증여세							
양도소득세							
기타(원천· 개별소비주세 등)							

④ 과세표준·세액의 결정 또는 경정 사유 및 산출근거   (단위: 원)

세목	연도	항목 (과목)	결정·경정 대상금액	결정·경정 사유 (구체적 사실관계)	소득처분	근거법령 (조항)	가산세	
							일반	부정

2. 세무조사 결과

⑤ 소득금액 변동 명세(「법인세법」에 따른 소득처분)　　　　　　　　　　　　(단위: 원)

소득종류	귀속자		귀속연도	소득금액	원천징수 예상세액	수정신고·납부기한
	성명	생년월일				
						소득금액변동통지를 받은 날의 다음 달 10일

3. 세무조사 결과통지에 대한 권리구제 절차 등

① 이 통지 내용에 이의가 있으면 이 통지서를 받은 날부터 **30일 이내에 과세전적부심사청구**를 할 수 있으며, 과세전적부심사청구를 하지 않을 때에는 조기결정신청서(「국세기본법」 시행규칙」 별지 제56호의5서식)를 제출하면 즉시 **결정·고지**를 받게 되어 **가산세 부담**을 줄일 수 있습니다.

② **「조세범 처벌법」 위반으로 고발 또는 통고처분**하거나 세무조사 결과 통지일부터 국세부과제척기간의 만료일까지의 기간이 **3개월 이하**인 경우 등에 해당되면 과세전적부심사 청구대상에서 제외됩니다(근거:「국세기본법」 제81조의15 제3항).

③ 과세전적부심사 결정이나 조기결정신청서 제출에 따른 고지에 대해 다시 이의가 있으면 납세고지서를 받은 날부터 90일 이내에 「국세기본법」에 따른 불복청구 등을 할 수 있습니다.

④ 국세의 과세표준과 세액을 결정 또는 경정해 통지하기 전까지는 「국세기본법」 제45조에 따른 **수정신고와 납부가 가능**합니다.

⑤ 이 조사에 따라 향후 과세표준과 세액이 결정 또는 경정이 된 경우 「국세기본법」 제16조 제4항에 따라 조사한 사실과 결정의 근거가 적힌 결정서의 열람 또는 복사를 구술(口述)로 요구할 수 있음을 알려드립니다.

붙임 1. 수입금액, 과세표준 및 세액과 가산세의 산출명세
　　 2. 조사 항목별 조사 결과 및 세무조사 결과 사후 관리할 사항.　끝.

발　신　명　의　　| 직인 |

이 통지에 대한 문의 사항이 있을 때에는 ○○○과 담당자 ○○○(전화:　　　　　　　)에게 연락하시면 친절하게 상담해 드리겠습니다.

기안자 직위(직급) 서명　　　　검토자 직위(직급) 서명　　　　결재권자 직위 (직급) 서명
협조자
시행　　　　처리과-일련번호(시행일)　　　　　접수　　　　처리과명-일련번호(접수일)
우　　　　주소　　　　　　　　　　　　　　　 / 홈페이지 주소
전화( )　　　　　　전송( )　　　　　　 / 기안자의 공식전자우편주소　　/ 공개구분
　　　　　　　　　　　　　　　　　　　　　　210mm×297mm[백상지 80g/㎡(재활용품)]

세무조사 결과 통지서에 나와 있듯이 결과에 이의가 있으면 통지서 받은 날로부터 30일 이내에 과세가 확정되기 전에 '과세전 적부심사청구'를 할 수 있고 이의가 없으면 조기결정신청서를 통해 빨리 고지받고 결정 일자를 세이브한 만큼의 가산세를 절감할 수 있습니다. 만약 과세전적부심사 결정이나 조기결정신청서 제출에 따른 고지에 대해 다시 이의가 있으면, 납세고지서를 받은 날부터 90일 이내에 국세기본법에 따른 불복청구를 할 수 있습니다.

4 상속·증여의 핵심 : 세무조사 대응

여러 번 언급했듯이 상속·증여세는 정부가 결정하는 때 확정되기 때문에 세무조사 대응이 납세자에게는 가장 중요합니다. 세무조사는 자산가에게 피할 수 없는 현실이자, 가장 큰 위협으로 다가옵니다. 특히 상속세 및 증여세 세무조사는 그 특성상 과거의 거래를 소급하여 검토하고, 가족 간의 사적인 자금 흐름까지 면밀히 들여다보기에 더욱 복잡하고 민감합니다. 국세청의 칼날이 정조준하는 순간, 납세자는 심리적 압박감과 함께 방대한 자료 준비, 법률적 해석의 어려움 등 수많은 난관에 부딪히게 됩니다. 이러한 상황에서 세무조사를 효과적으로 대응하고, 나아가 성공적으로 마무리하기 위한 핵심은 바로 '전문 세무대리인의 역할'에 있습니다.

세무조사는 단순히 세금을 더 내고 덜 내는 문제를 넘어섭니다. 이는 납세자의 재산권과 명예, 그리고 미래의 경제 활동에까지 지대한 영향을 미칠 수 있는 중대한 사안입니다. 국세청은 정교하게 설계된 시나리오와 치밀한 분석 기법을 통해 혐의를 포착하고 추적합니다. 일단 조사가 시작되었다면, 국세청의 관점을 정확히 읽고 그에 맞는 전략적인 대응을 펼치는 것이 무엇보다 중요합니다. 그리고 이 과정의 중심에는 숙련된 세무대리인이 있어야 합니다. 세무조사 대응 수수료가 고가임에도 왜 세무대리인이 필수적이고 세무조사 중에 어떤 중요한 역할을 할까요?

① 복잡하고 전문적인 세법 지식과 제출자료의 정제

세무조사관이 세액 추징을 위해 묻는 관점은 상속세 및 증여세법뿐만 아니라 소득세법, 법인세법, 국제조세조정에 관한 법률 등 다양한 세법이 얽혀 있으며, 심지어 민법상의 가족 관계와 재산권에 대한 이해까지 요구됩니다. 일반 납세자가 이러한 방대한 법률 지식을 단기간에 습득하여 국세청 조사관의 전문적인 질문에 대응하는 것은 사실상 불가능합니다.

세무조사관들은 질문조사권을 갖고 있고 과세를 위해 전략적으로 질문을 던지기도 하고 원하는 답변을 유도하기도 합니다. 납세자가 대답을 잘못하는 순간 그것이 단초가 되어 엄청난 파장을 일으킬 수 있기 때문에 세무대리인의 전문적인 지식과 경험으로 정제된 답변과 자료의 제출이 있어야 파장을 막을 수 있습니다. 시장에서 과세관청의 공격 포인트를 잘 읽는 국세청 출신 세무대리인을 찾는 것은 다 이유가 있습니다.

② 납세자의 심리적 안정과 효율적인 대응

세무조사 통지를 받는 순간부터 조사과정 내내 납세자는 극심한 불안감과 스트레스에 시달리게 됩니다. 세무조사 자료요구와 소명요청, 그리고 조사 내내 얼마를 과세 받을지 끝도 없는 불안감을 직접 겪어본 사람은 그 괴로움을 알기 때문에 비싸도 대리인 선임이 그 가치가 있다는 걸 압니다. 어떤 고객분들은 조사 세액을 못줄이면 세무대리인이 아무것도 한게 없다고 생각하시는데, 직접 세무조사관을 대하면서 조사를 겪어보신다면 절대 그런 말을 할 수 없을 것입니다.

세무대리인 선임을 통해 조사관을 직접 대하지 않는 것만으로도 '아! 스트레스 대신 받는 자체가 수수료 값은 되겠구나...'라는 생각이 절로 듭니다. 세무대리인은 납세자를 대신하여 국세청과의 모든 소통 창구를 담당하며, 납세자가 심리적 동요 없이 본업에 집중할 수 있도록 돕습니다. 또한, 조사관의 질문 의도를 정확히 파악하고, 필요한 자료만을 선별하여 제출하며, 불필요한 오해를 사전에 방지하는 등 효율적인 대응을 가능하게 합니다.

③ 국세청의 조사 흐름과 관행에 대한 이해

국세청의 세무조사는 일정한 절차와 관행에 따라 진행됩니다. 조사관들은 특정 혐의를 입증하기 위해 어떤 자료를 요구하고, 어떤 방식으로 질문하며, 어떠한 과세 논리를 구성하는지에 대한 그들만의 '관점'을 가지고 있습니다. 이러한 국세청의 조사 흐름과 관행을 읽을 수 있어야 하기 때문에 조사관의 질문에서 숨겨진 의도를 파악하고, 앞으로 전개될 조사 방향을 예측하여 선제적으로 대응할 수 있는 능력을 갖춘 경험 많고 전문적인 세무대리인이 중요한 것입니다.

④ 증거 자료의 수집 및 논리적 구성

세무조사는 결국 '증거' 싸움입니다. 납세자가 주장하는 내용이 아무리 사실이라 할지라도, 이를 뒷받침할 객관적인 증거 자료가 없다면 국세청을 설득하기 어렵습니다. 세무대리인은 조사관이 요구하는 자료 외에도 납세자에게 유리한 추가 자료를 발굴하고, 이를 세법 논리에 맞게 재구성하여 제출하는 역할을 수행합니다. 물론 이 과정에서 납세자의 자료 협조가 가장 중요합니다. 아무리 세무대리인이 유능해도 사실관계 파악과 근거 없이는 자료를 제출할 수 없기 때문에 납세자가 적극적으로 참여해야 합니다. 세무대리인은 이렇게 수집한 사실관계와 자료를 전부 동원하고 재구성하여 최대한 세무조사관을 설득시키는 역할을 합니다.

⑤ 불복 청구의 가능성 대비

세무조사 결과에 불복하여 이의신청, 심사청구, 심판청구, 행정소송 등으로 이어질 경우, 세무대리인의 역할은 더욱 중요해집니다. 조사 단계에서부터 불복 청구를 염두에 두고 자료를 준비하고 논리를 구축해야만, 추후 불복 절차에서 승소할 가능성을 높일 수 있습니다. 세무대리인은 조사 과정에서부터 불복 단계까지 일관된 전략을 유지하며 납세자의 권익을 최대한 보호합니다.

결론적으로, 세무조사는 단순한 세금 계산의 문제가 아니라, 납세자의 재산권과 직결되는 복합적인 법률문제이자 심리적인 싸움입니다. 이러한 고난도의 과정에서 납세자가 홀로 대응하는 것은 무모한 일입니다. 숙련된 세무대리인은 복잡한 세법을 해석하고, 국세청의 조사 흐름을 예측하며, 납세자의 권익을 최우선으로 보호하는 '든든한 방패'이자 '날카로운 창'이 되어줄 것입니다.

Chapter 3

상속·증여는 세무조사
종결이 끝이 아니다

1 고액상속자는 조사 이후에도 관리 대상이다

상속세 및 증여세법 제76조 제5항에 따르면, 피상속인을 기준으로 결정된 상속재산가액이 30억 원 이상인 고액상속인을 대상으로 상속개시일로부터 5년이 되는 날을 기준으로 주요재산의 변동사항을 점검·관리합니다. 따라서 피상속인을 기준으로 결정된 상속재산가액이 30억 원 이상인 상속세 조사가 종결되면, 고지서 발송이 끝이 아니라 이를 결정한 세무관서에서는 결정 즉시 고액상속자 사후관리대장을 작성하고 관련 자료들을 같이 비치하여 관리합니다.

이렇게 관리하는 대상자들에 대해 고액상속자 사후관리 계획이라 하여 연 1회 이상 실시하고 있는데, 상속개시 후 5년이 넘은 지금과 상속개시 당시의 재산을 비교하여 평가 명세서를 작성하게 됩니다.

평가대상 재산은 기존 보유재산과 상속재산으로 분류하고 부동산, 주식, 금융재산, 서화·골동품, 기타 유형재산, 무체재산권 등 종류별로 구분하여 상증법 제60조 내지 제66조의 방법(재산의 평가 부분)을 준용하여 평가합니다.

이렇게 상속인의 보유재산 변동상황을 확인한 결과 상속개시일부터 사후관리일까지의 경제상황 등의 변동에 비추어 정상적인 증가규모를 현저하게 초과하였다고 인정되는 경우에는 해명요구를 하고 해명에 불응하거나 탈루 혐의가 중대하면 상속세 경정조사를 실시하게 됩니다.

만약 상속세 조사 당시 재산을 빼돌려서 조사를 무사히 마쳤다고 해도 빼돌린 재산이 수억 원 단위여서 환가 후에 자산 취득을 하게 되면 이러한 사후관리에 적발될 수 있습니다. 또한 사후관리가 아니어도 부동산 등 등기·등록되는 자산을 취득하는 경우라면 자금출처조사 대상으로 선정될 가능성도 있기 때문에 숨긴 재산 규모가 크다면 언젠가 자산으로 양성화시켰을 때 적발될 가능성이 늘 있기 때문에 주의하셔야 합니다.

* 공제·감면 등의 사후관리

고액상속자가 아닌 경우에도 상속세 또는 증여세의 공제·감면이나 과세가액 불산입 등을 결정한 경우에는 그 내용을 국세청 전산에 입력해야 합니다. 그리고 관할 세무서장은 법령에서 정하는 공제·감면 및 과세가액 불산입 요건이 충족될 때까지 사후관리를 해야 합니다.

여기 해당되는 대표적인 공제 감면으로는 가업상속공제, 창업자금

증여특례, 가업승계 주식 증여특례, 영농상속공제 등이 있습니다. 각자
공제받은 항목이 사후관리에 해당되는 것이라면 요건들을 잘 지켜야
하는데, 가업상속공제나 가업승계는 가액이 큰 경우가 많기 때문에 특
별히 더 관리를 잘하셔야 합니다.

2 갚기 전엔 절대 끝나지 않는 '부채 사후관리'

📚 상속세 및 증여세 사무처리규정

제54조 [부채의 사후관리]

① 지방국세청장 또는 세무서장은 다음 각 호의 어느 하나에 해당하는 경우
해당 납세자의 채무정보를 NTIS(엔티스)에 입력하여야 한다.

1. 상속세 및 증여세의 결정 등에서 인정된 채무

2. 자금출처조사 과정에서 재산취득자금으로 인정된 채무

3. 재산 취득에 사용된 채무 내역서로 제출된 채무

4. 기타 유사한 사유로 사후관리가 필요한 채무

② 지방국세청장 또는 세무서장은 상환기간이 경과한 채무에 대하여 사후관
리 점검을 실시하여야 한다. 다만, 상환기간 경과 전이라도 일정 기간이 경과한
장기채무로서 변제사실 확인이 필요한 경우 점검 대상자로 선정할 수 있다.

③ 지방국세청장 또는 세무서장은 제2항의 부채 사후관리 대상자에게 해명할
사항을 기재한 「부채 상환에 대한 해명자료 제출 안내(별지 제17호 서식)」와
「권리보호 요청 제도에 대한 안내(별지 제25호 서식)」를 납세자에게 서면으로
발송하여야 한다.

④ 지방국세청장 또는 세무서장은 사후관리 결과 채권자 변동이나 채무감소
(변동) 등이 확인된 경우에는 즉시 그 내용을 NTIS(엔티스)에 입력하여야 한다.

국세청
National Tax Service

기 관 명
부채 상환에 대한 해명자료 제출 안내

문서번호 : 재산세과 –

○ 수신자   ○○○ 귀하

안녕하십니까? 항상 국세행정에 협조하여 주신데 대하여 감사드립니다.

　20 ．．． 귀하의 상속세(증여세) 결정(또는 자금출처조사) 당시 인정(확인)된 부채에 대하여 상환여부를 확인하고자 하니 20 ．．．까지 아래의 해명자료를 제출하여 주시기 바랍니다.
(제출 요청 근거 : 「상속세 및 증여세법」 제84조)

해명 요청 사항	해명 사항에 대한 증거 서류
– 상환일자 : – 상환금액 : – 상환수단 : – 상환자금 출처 :	

년　월　일

기 관 장

위 내용과 관련한 문의사항은 담당자에게 연락하시면 친절하게 상담해 드리겠습니다.
◆ 담당자 : ○○세무서 ○○○과 ○○○ 조사관(전화 :　　　, 전송 :　　　)

백상지(80g/㎡) 또는 중질지(80g/㎡)

자산가에게 상속·증여세 세무조사는 피할 수 없는 현실이며, 그중에서도 '부채'는 국세청이 가장 예의주시하는 항목 중 하나입니다. 특히 상속개시 당시 피상속인의 부채가 많거나, 증여 시 증여재산에 담보된 채무를 수증자가 인수하는 경우, 국세청은 해당 부채의 진정성을 매우 엄격하게 검증합니다. 문제는 이러한 부채에 대한 국세청의 검증이 세무조사 종결로 끝나는 것이 아니라는 점입니다. 국세청은 부채가 완전히 상환될 때까지, 즉 '갚기 전에는 절대 끝나지 않는' 사후관리를 통해 그 진정성을 끊임없이 추적합니다.

이러한 '부채 사후관리'는 상속세 및 증여세의 과세 형평성을 확보하고, 가장된 부채를 통해 세금을 회피하려는 시도를 차단하기 위한 국세청의 핵심적인 관리 방법입니다. 납세자 입장에서는 세무조사가 끝났다고 안심할 수 없는, 또 다른 형태의 세무 리스크 관리 영역이라 할 수 있습니다.

부채 사후관리, 국세청의 '숨겨진 칼날'

상속세 및 증여세 계산 시 부채는 과세가액에서 차감되어 세금 부담을 줄이는 효과가 있습니다. 따라서 국세청은 납세자가 부채를 가장하거나, 실제로는 증여에 해당하는 거래를 부채로 위장하여 세금을 회피하려는 시도를 가장 경계합니다.

이러한 이유로 국세청은 다음의 경우 부채 내역을 국세청 전산시스템인 엔티스에 입력합니다. (채권자 인적사항, 채무발생일, 채무만기일, 금융부채의 계좌번호 등을 필수 입력함)

① 상속·증여세(부담부증여 등)의 결정 및 재산취득자금의 출처를 확인하는 과정에서 부채를 인정한 경우

예) 자녀가 아파트를 취득하면서 부족한 자금의 출처를 부모에게 빌린 것이라 소명하여 차입금으로 인정받은 경우

② 특수관계자 간의(양도자 및 양도자의 배우자 및 직계존비속) 부동산 거래에 대한 양도소득세 결정 시 확인된 부채(양도자의 채무인수 포함)

예) 부모가 자식에게 아파트를 양도할 때 전세입자를 끼고 거래한 경우로서 전세보증금 반환의무(부채)를 매수자인 자녀가 인수하고 나머지 대금만 치렀을 때 보증금 반환의무인 부채를 인정받은 경우

③ 피상속인이 부담하고 있던 채무 또는 연대채무로서 주채무자 또는 연대채무자가 변제불능 상태가 되어 상속인 등이 구상권을 행사할 수 없다고 인정하여 채무로 인정하였거나, 그 밖의 유사한 사유로 인한 구상권 등에 대하여 사후관리가 필요한 경우

예) 연대보증으로 채무를 갚아야 하는 상황에서 원 채무자에게 대신 갚은 채무에 대해 청구할 수 없는 경우로서 실질적으로 돈을 갚아야 할 의무(부채)만 실질적으로 떠안은 상황

이렇게 입력된 부채에 대해 상환기간이 경과한 부채는 전산으로 추출되어 사후관리를 위해 채권자(금융기관 등)에게 안내문을 발송하고 실제 채무가 변제되었는지 상환내역을 검토합니다.

금융기관 등 채권자에게 채무변제 여부, 변제금액, 만기일 등 조회를 하고 변제한 사실이 확인되면 실제 자신의 돈으로 상환한 것인지 검토해야 하므로 변제금액의 자금원천에 대해 소명요구를 합니다. 만약 상환기간 연장으로 미상환하였거나 다른 차입을 하여 상환하였거나 하는 경우에는 계속 사후관리 대상자로 분류하여 전산입력하기 때문에 갚기 전엔 끝나지 않는다는 것입니다.

따라서 최초에 문제 제기를 받았을 때 차입을 인정받고 소명했다고 좋아할 것이 아니라 어떻게 갚아나가고 마무리를 지을 것인지 까지 멀리 봐야하는 것입니다. 또한 부채가 상환되지 않거나, 다른 특수관계자가 대신 상환하는 등의 상황이 발생하면, 이는 즉시 '증여'로 간주되어 추가적인 증여세가 과세될 수 있습니다.

끝나지 않는 추적 : 부채 사후관리의 주요 포인트

1. 채무의 상환 여부 및 상환 재원

국세청은 부채가 상환되었는지 여부와 함께, 그 상환에 사용된 자금의 출처를 가장 중요하게 봅니다. 예를 들어, 자녀가 부모에게 이자 또는 빌린 돈을 이체했다고 신고했지만, 그 상환 자금이 사실은 부모로부터 증여받은 것이라면, 이는 명백한 증여로 간주됩니다. 따라서 부채를 상환할 때에는 반드시 자신의 소득이나 기존 자산 등 명확한 재원으로 상환해야 하며, 이에 대한 증빙 자료를 철저히 갖추어야 합니다. 은행 이체 내역, 소득 증빙 자료 등이 핵심적인 증거가 됩니다.

만약 자녀가 학생이거나 무직인데 매달 상환내역이 있다면, 상환한 그 돈 자체가 부모에게서 흘러온 것은 아닌지 추적을 해나가고 그 돈마저 증여로 추징될 수 있습니다.

2. 채무 면제 및 대위변제 시 증여세 과세

만약 채무자가 부채를 상환할 능력이 없어 채권자가 채무를 면제해 주거나, 제3자(특히 특수관계자)가 채무를 대신 갚아주는 '대위변제'가 발생한다면, 이는 명백한 증여로 간주되어 증여세가 과세됩니다. 예를 들어, 부모가 자녀의 채무를 대신 갚아주는 경우, 그 갚아준 금액만큼 자녀에게 증여한 것으로 보아 증여세가 부과됩니다. 따라서 부득이하게 채무 면제나 대위변제가 필요한 상황이라면, 사전에 세무 전문가와 충분히 상담하여 발생할 수 있는 증여세 문제를 최소화할 방안을 모색해야 합니다.

📚 부채 사후관리 주요 검토사항

☐ **채무 면제 등에 따른 증여**

ㅇ (사인간 채권·채무) 채권자가 특수관계인인 경우 장기간 이자 지급 없이 미변제 시 실질 채무 면제 해당되는지를 검토

ㅇ (금융채무) 채무상환내역 검토 시 상환자금의 출처를 확인하여 제3자가 대신 변제하였는지 여부를 검토

　- 채무금액을 다른 계좌로 차환대출하여 상환하였을 경우 해당 계좌의 실제 소유주와 차환대출을 실제 본인이 상환하고 있는지 여부 등도 함께 검토

☐ **채무상환자금 등의 증여추정**

ㅇ (소득현황 파악) 채무자의 소득발생내역, 재산보유현황, 사업이력 등을 파악하여 채무원금 및 이자의 자력변제 가능 여부 검토

국세청 감정평가사업은 예산 범위 내에서 시행하기 때문에 전수를 대상으로 할 수 있는 것은 아니지만, 국가 차원에서 예산 대비 세수 확충의 가성비가 매우 높기 때문에 매년 확보되는 예산이 늘어가는 추세여서 그 대상이 계속 확대되고 있는 상황입니다. 그나마 다행인 것은 감정평가 사업으로 인해 신고한 재산가액과 평가액이 차이 난 경우 과세 결정 시 과소 납부된 세액만큼은 추징이 되겠지만, 이에 따른 과소신고 가산세와 납부지연 가산세는 과세되지 않습니다.

📚 국세기본법

제47조의3 [과소신고·초과환급신고가산세] (2011.12.31. 제목개정)

④ 제1항 또는 제2항을 적용할 때 다음 각 호의 어느 하나에 해당하는 경우에는 이와 관련하여 과소신고하거나 초과신고한 부분에 대해서는 제1항 또는 제2항의 가산세를 적용하지 아니한다. (2011.12.31. 개정)

1. 다음 각 목의 어느 하나에 해당하는 사유로 상속세·증여세 과세표준을 과소신고한 경우 (2011.12.31. 개정)

다. 「상속세 및 증여세법」 제60조 제2항·제3항 및 제66조에 따라 평가한 가액으로 과세표준을 결정한 경우(부정행위로 상속세 및 증여세의 과세표준을 과소신고한 경우는 제외한다) (2022.12.31. 개정)

제47조의4 [납부지연가산세] (2018.12.31. 제목개정)

③ 다음 각 호의 어느 하나에 해당하는 경우에는 제1항 제1호 및 제2호의 가산세(법정납부기한의 다음 날부터 납부고지일까지의 기간에 한정한다)를 적용하지 아니한다. (2020.12.29. 개정)

6. 「상속세 및 증여세법」 제67조 또는 제68조에 따라 상속세 또는 증여세를 신고한 자가 같은 법 제70조에 따라 법정신고기한까지 상속세 또는 증여세를 납부한 경우로서 법정신고기한 이후 대통령령으로 정하는 방법에 따라

□ 금전 무상대출 등에 따른 이익의 증여

   ㅇ (과세대상) 타인으로부터 금전을 무상 또는 적정이자율보다 낮은 이자율로 대출받는 경우 적정 이자와의 차액을 증여재산가액으로 함

부채 사후관리, 어떻게 대비해야 하는가?

부채 사후관리에 효과적으로 대비하기 위해서는 세무조사 이전부터, 아니 부채가 발생하기 이전부터 철저한 준비와 관리가 필요합니다.

1. 부채 발생 시점부터의 철저한 증빙 관리

가장 중요한 것은 부채가 발생한 시점부터 그 진정성을 입증할 수 있는 모든 증빙 자료를 완벽하게 갖추는 것입니다.

- 차용증 작성 : 금전 대차의 목적, 금액, 이자율, 변제기, 변제 방법 등이 명확히 기재된 차용증을 작성하고 등기소 확정일자나 공증을 받는 것이 좋습니다.

- 금전 이체 증빙 : 은행 계좌를 통한 송금 내역 등 실제 금전이 오고 간 기록을 남겨야 합니다. 현금 거래는 절대 피해야 합니다.

- 이자 지급 내역 근거와 이자소득 소득세 신고반영 : 약정한 이자를 정기적으로 지급하고, 이에 대한 이자소득세 원천징수 및 이자 받은 사람은 이자소득 신고 또한 빼놓지 않고 해야 합니다.

만약 자녀가 이자를 지급했다고 차입금으로 주장한 경우 이자 받은 부모에 대해 이자소득을 종합소득세 신고 시 합산하여 반영했는지를

가장 먼저 확인합니다. 이때의 이자는 비영업대금의 이익이라 하여 27.5%를 자녀가 이자 지급 당시 원천징수하여야 하지만 실제는 거의 원천징수 신고를 하지 않기 때문에 이 경우는 이자가 2천만 원 미만이 어도 무조건 종합소득세 합산신고 대상입니다.

- 상환 계획 및 상환 능력 입증 : 부채 상환 계획을 구체적으로 세우고, 해당 계획에 따라 상환이 가능한 소득원이나 자산이 있음을 입증할 수 있어야 합니다.

2. 특수관계자 간 거래의 투명성 확보

특수관계자 간의 금전 거래는 국세청의 최우선 감시 대상입니다. 따라서 가족 간의 대여금이라 할지라도, 일반적인 금융기관과의 거래와 동일한 수준의 투명성과 객관성을 확보해야 합니다. 이는 단순히 세금을 줄이기 위한 편법이 아니라, 실제 거래임을 증명하기 위한 필수적인 과정입니다.

3. 정기적인 부채 현황 점검 및 세무 전문가 상담

부채의 규모가 크거나, 상환 기간이 장기화될 것으로 예상되는 경우, 정기적으로 부채 현황을 점검하고 세무 전문가와 상담하는 것이 중요합니다. 세무 전문가는 현재의 부채 구조가 세무상 어떤 위험을 내포하고 있는지 진단하고, 발생할 수 있는 문제에 대한 사전 예방책을 제시해 줄 수 있습니다. 또한, 부득이하게 채무 면제나 대위변제가 필요한 상황이 발생했을 때, 가장 세금 부담이 적은 합법적인 방안을 모색

하는 데 도움을 줄 것입니다.

결론적으로, '부채 사후관리'는 상속·증여세 세무조사의 연장선상에 있는 중요한 관리 영역입니다. 부채는 세금 부담을 줄이는 효과적인 수단이 될 수 있지만, 그 진정성을 입증하지 못하면 오히려 더 큰 세금 폭탄으로 돌아올 수 있습니다. 국세청은 납세자가 부채를 완전히 상환할 때까지 그 눈을 거두지 않으니 항상 주의하셔야 합니다.

3 해외이주, 재외동포의 자산반출도 추적 대상이다

국내에서 소득을 누락했거나 자산을 편법으로 이전받아 세금을 내지 않았던 경우라도, 해외로 이주하는 과정에서 또는 해외에 자리 잡은 자녀가 국내 자산을 해외로 반출하는 과정에서 그동안 숨겨왔던 자금의 출처기 드러나 세무조사를 받게 되는 사례가 발생되곤 합니다. 따라서 해외이주를 고려하거나 이미 재외동포로서 국내 자산을 보유하고 있는데 이러한 자산을 해외로 반줄해야 한나면, 국세칭의 추적 시스템과 대응 방안을 명확히 이해하는 것이 필수적입니다.

물론 해외로 반출하려는 자산들이 제대로 증여세 신고가 되어 있거나, 소득신고가 되어 있어서 당당히 확인서를 받을 수 있는 상황이면 문제가 되지 않습니다. 국세청에 들키지 않고 자산을 이전받았거나 소득을 축적한 경우 그 당시에는 걸리지 않았을지 몰라도 해외로 자산이 반출되는 과정에서 다시 과세 레이더에 한 번 걸러진다는 것은 꼭 아셔야 합니다.

제57조 [해외이주비 자금출처 확인서의 발급]

① 「외국환거래규정」 제4-3조 제1항 제8호에 규정된 해외이주자가 신청한 해외이주비 자금출처 확인서(별지 제19호 서식)는 해외이주자 등의 최종 주소지를 관할하는 세무서장(재산제세 담당과장)이 재산반출금액이 국세의 신고·납부 금액과 대비하여 적정한지 다음 각 호의 내용을 확인하여야 하며 서면으로 자금출처를 확인할 수 없는 경우에는 실지조사 후 발급할 수 있다.

1. 신청인 및 그 세대원의 부동산 매각자금에 대한 양도소득세, 상속 또는 수증재산에 대한 상속세 및 증여세 등의 신고·납부 여부

2. 국세의 체납 여부

3. 「국세징수법」 제9조 제1항 각 호의 납기전 징수 사유 해당 여부

② 해외이주비 자금출처 확인서는 국세징수·예금 압류 등 조세채권확보에 필요한 조치 후 접수일로부터 10일 이내에 전산으로 발급하여야 한다. 다만 조세채권확보 및 실지조사 등에 시간이 추가 소요되는 경우 1회에 한하여 발급기한을 20일 이내에서 연장할 수 있다.

제58조 [부동산 매각자금 확인서의 발급]

① 「외국환거래규정」 등에 규정된 부동산 매각자금 확인서(별지 제7호 서식)는 아래 각 호의 세무서장이 발급하여야 한다.

1. 「외국환거래규정」 제2-3조 제1항 제3호 나목에 규정된 외국인거주자 : 매각한 부동산 소재지 관할 세무서장(부동산이 둘 이상으로 이를 관할하는 세무서가 다른 경우에는 신청서를 접수한 세무서장을 말한다)

2. 「외국환거래규정」 제4-4조 제1항 제8호에 규정된 비거주자인 재외동포 : 신청자의 최종 주소지 관할 세무서장 또는 매각한 부동산 소재지 관할 세무서장(부동산이 둘 이상으로 이를 관할하는 세무서가 서로 다른 경우에는 신청서를 접수한 세무서장을 말한다)

3. 「외국환거래업무 취급지침」 제9장 제5절에 규정된 비거주자 : 신청자의 최종 주소지 관할 세무서장(국민인 경우로 한정한다) 또는 매각한 부동산 소

재지 관할 세무서장(부동산이 둘 이상으로 이를 관할하는 세무서가 서로 다른 경우에는 신청서를 접수한 세무서장을 말한다)

② 부동산 매각자금 확인서를 발급하는 세무서장(재산제세 담당과장)은 재산 반출금액이 국세의 신고·납부 금액과 대비하여 적정한지 다음 각 호의 내용을 확인하여야 하며, 서면으로 부동산 매각자금을 확인할 수 없는 경우에는 실지조사 후 발급할 수 있다.

1. 해당 부동산에 대한 양도소득세, 상속세 및 증여세 등의 신고·납부 여부

2. 국세의 체납 여부

3. 「국세징수법」 제9조 제1항 각 호의 납기전 징수 사유 해당 여부

③ 부동산 매각자금 확인서는 국세징수·예금 압류 등 조세채권 확보에 필요한 조치 후 접수일로부터 10일 이내에 전산으로 발급하여야 한다. 다만 조세채권 확보 및 실지조사 등에 시간이 추가 소요되는 경우 1회에 한하여 발급기한을 20일 이내에서 연장할 수 있다.

④ 부동산 매각자금 확인서상의 양도가액은 실지거래가액으로 계산하고, 실제 반출 가능한 금액(확인금액)은 양도가액에서 해당 부동산의 채무액(전세보증금, 임대보증금 등을 포함한다) 및 양도와 관련된 제세공과금(양도소득세, 지방소득세 등을 포함한다), 양도비 등을 공제한 금액으로 한다.

제59조 [예금 등에 대한 자금출처 확인서의 발급]

① 「외국환거래규정」 제4-4조 제1항 제8호에 규정된 비거주자인 재외동포의 국내재산 반출을 위한 「예금 등에 대한 자금출처 확인서(별지 제12호 서식)」는 지정거래 외국환은행 소재지 또는 신청자의 최종 주소지를 관할하는 세무서장(재산제세 담당과장)이 재산반출금액이 국세의 신고·납부 금액과 대비하여 적정한지 다음 각 호의 내용을 확인하여야 하며 서면으로 자금출처를 확인할 수 없는 경우에는 실지조사 후 발급할 수 있다.

1. 「예금 등에 대한 자금출처 확인서」에 기재된 내용의 자금출처와 관련된 국세의 신고·납부 여부

2. 국세의 체납 여부

3. 「국세징수법」제9조 제1항 각 호의 납기전 징수 사유 해당 여부

② 「예금 등에 대한 자금출처 확인서」는 국세징수·예금 압류 등 조세채권확보에 필요한 조치 후 접수일로부터 10일 이내에 전산으로 발급하여야 한다. 다만 조세채권확보 및 실지조사 등에 시간이 추가 소요되는 경우 1회에 한하여 발급기한을 20일 이내에서 연장할 수 있다.

외국환거래규정

제4-4조 [비거주자 또는 외국인거주자의 지급]

① 제4-2조 제1항의 규정에도 불구하고 비거주자 및 외국인거주자는 다음 각 호의 1에 해당하는 자금의 취득경위를 입증하는 서류(이하 "취득경위 입증서류"라 한다)를 제출하여 외국환은행 장의 확인을 받은 경우에 한하여 지급할 수 있다.

1. 비거주자 또는 외국인거주자(배우자와 직계존비속을 포함한다)가 외국으로부터 이 규정에서 정한 바에 따라 수령 또는 휴대수입한 대외지급수단 범위 이내의 경우. 다만, 비거주자의 경우 최근 입국일 이후 수령 또는 휴대수입한 대외지급수단에 한한다. <기획재정부고시 제2009-2호, 2009. 2. 4. 개정>

2. 제2-3조 제1항 제3호의 규정에 의하여 한국은행총재에게 신고한 범위 이내의 경우

3. 국내에서의 고용, 근무에 따라 취득한 국내보수 또는 자유업 영위에 따른 소득 및 국내로부터 지급받는 사회보험 및 보장급부 또는 연금 기타 이와 유사한 소득범위 이내에서 지정거래외국환은행을 통해 지급하는 경우. 다만, 「외국인근로자의 고용등에 관한 법률」에 따른 출국만기보험 수령은 지정거래외국환은행을 통하지 아니하여도 된다. <기획재정부고시 제2020-21호, 2020. 8. 4. 개정>

4. 주한 외교기관이 징수한 영사수입 기타 수수료의 지급

5. 제2-2조 제1항 제4호의 규정에 의한 매각실적 범위 내의 지급

6. 제2-3조 제4항 단서규정에서 정한 비거주자의 지급

7. 기타 제7장 내지 제9장의 규정에 따라 대외지급이 인정된 자금의 지급 <기획재정부고시 제2013-21호, 2013. 12. 19. 개정>

8. **비거주자인 재외동포가 관할 세무서장으로부터 발급받은 부동산매각자금확인서 또는 자금출처확인서의 범위 이내에서 지정거래외국환은행을 통해 지급하는 경우** <기획재정부고시 제2025-4호, 2025. 2. 10. 신설>

〈국내재산 반출확인서의 종류〉

구분	해외이주비 자금출처확인서	부동산 매각자금 확인서	예금등 자금출처 확인서
대상	해외이주자[7]	1) 외국인거주자 2) 비거주자인 재외동포 3) 비거주자	비거주자인 재외동포
금액	세대별 누계액이 미화 10만불 초과	부동산 양도가액 범위 이내	국내원화예금·본인명의 예금(부동산) 담보로 하여 취득한 원화대출금 • 본인명의 부동산의 임대 보증금 등 누계액이 미화 10만불 초과
발급 관서	최종 주소지 관할 세무서 – 재산제세 담당과장	부동산소재지 또는 최종 주소지 관할 세무서	지정거래 외국환은행 소재지 또는 신청자의 최종 주소지를 관할하는 세무서장(재산제세 담당과장)

---

7 **해외 이주법**
제2조 [정의] 이 법에서 "해외이주자"란 생업에 종사하기 위하여 외국에 이주하는 사람과 그 가족(「민법」 제779조에 따른 관계에 있는 사람을 말한다) 또는 외국인과의 혼인(외국에서 영주권을 취득한 대한민국 국민과 혼인하는 경우를 포함한다) 및 연고(緣故) 관계로 인하여 이주하는 사람을 말한다.

	수수료 없음
	처리기간
	10일(필요시 30일)

해외이주비 자금출처 확인서

<table>
<tr><td rowspan="2">신 청 자</td><td>성　명</td><td></td><td>생년월일</td><td></td><td>전화번호</td><td></td></tr>
<tr><td colspan="2">주소 또는 거소</td><td colspan="4"></td></tr>
</table>

<table>
<tr><td rowspan="4">이주가족</td><td>성　명</td><td>생년월일</td><td>세대주와 관계</td><td>성　명</td><td>생년월일</td><td>세대주와 관계</td></tr>
<tr><td></td><td></td><td></td><td></td><td></td><td></td></tr>
<tr><td></td><td></td><td></td><td></td><td></td><td></td></tr>
<tr><td></td><td></td><td></td><td></td><td></td><td></td></tr>
</table>

<table>
<tr><td rowspan="2">확인서의
사용목적</td><td rowspan="2">이주비 환전</td><td>해외이주허가번호 및 일자 No.</td><td>(　　.　　.　)</td></tr>
<tr><td>여권발급번호 및 일자　No.</td><td>(　　.　　.　)</td></tr>
<tr><td>이주비 금액</td><td></td><td>원(미화</td><td>$)</td></tr>
</table>

자 금 출 처 내 역

자 금 출 처	금 액	비 고
계		
부 동 산 매 각 대 금		
동산, 기타재산매각대금		
예 금 · 적 금		
수 증		
기 타		

　외국환거래규정 제4-3조의 규정에 따라 해외이주자의 해외이주비 확인 발급되는 날 현재 자금출처가 위와 같이 확인됨을 증명하여 주시기 바랍니다.

신 청 인 :　　　　　　㉑

세 무 서 장　귀하

위와 같이 확인합니다.

세 무 서 장　　　㉑

※ 붙임서류
　- '부동산 매각대금'은 부동산 소재지·수량 및 금액이 표시된 매매계약서 사본과 그 부동산 취득자금원천이 확인되는 서류
　- '동산, 기타 재산매각대금'은 매수자의 주소, 성명, 생년월일이 기입된 매매계약서 또는 매수확인서와 그 동산 취득자금원천이 확인되는 서류
　- '예금·적금'은 통장 사본 및 동 예금·적금의 자금원천이 확인되는 서류
　- '수증'은 증여자의 주소, 성명 및 생년월일이 기입된 확인서
　- '기타'는 자금원천이 확인되는 서류
※ '비고'란에는 자금의 원천을 간단하게 기재합니다.

※ 개인정보보호법 제24조에 의한 수집·이용 동의 [신청인(본인)]
　○ 수집·이용목적(확인서발급, 사후관리 등)
　○ 수집대상 고유식별정보 (주민등록번호, 외국인등록번호, 여권번호)
　○ 보유·이용기간(5년)
　☞ 상기내용에 대해 동의함 □, 동의하지 않음 □
　○ 동의를 거부할 권리가 있으며, 동의 거부에 따라 불이익(확인서 미발급 등)이 있을 수 있음

발급번호		부동산 매각자금 확인서			처리기간
					10일 (필요시 30일)

신청인	성 명		생년월일 (외국인등록번호)		국적 또는 영주권취득일	
	국내거소				(연락처)	

부 동 산 매 각 자 금 내 역

부동산	소 재 지			
	지 목		면 적(㎡)	
	양도일자		양도가액(원)	
	확인금액(원)			

양수인	성 명			생년월일	
	주 소				

외국환거래규정 및 관련 지침 등에 의해 국내보유 부동산을 매각한 자금이 위와 같이 확인됨을 증명하여 주시기 바랍니다.

년 월 일

신청인 :

대리인 :

신청인과의 관계 :

대리인 생년월일 :

세무서장 귀하

위와 같이 확인함

년 월 일

세무서상 (인)

붙임시류 1. 양도소득세 신고서 및 납부서
　　　　 2. 양도 당시 실지거래가액을 확인할 수 있는 시류(매매계약서 및 관련 금융자료 등)

☞ 작성요령

1. "국내거소"란에는 국내체류지 및 연락 전화번호를 기재

2. "지목"란에는 부동산의 종류(대지, 논밭, 아파트 등)을 기재하고 부동산소재지별로 작성한다.

3. "양도가액"란에는 세무서에 신고된 부동산 매각당시의 가액을 기재

   다만, 기준시가에 의한 양도소득세 신고의 경우 또는 양도소득세 비과세에 해당하는 경우 매매계약서 및 관련 금융자료 등 제출된 증빙서류에 의하여 객관적으로 부동산매각대금이 확인된 경우에는 그 가액을 기재

4. "확인금액"란에는 양도가액에서 해당 부동산의 채무액(전세보증금, 임차보증금 등)을 공제한 가액을 기재

5. 토지수용 등의 경우 사업시행소관부처장의 확인서를 첨부

※ 개인정보보호법 제24조에 의한 수집·이용 동의 [신청인(본인)]

○ 수집·이용목적(확인서발급, 사후관리 등)

○ 수집대상 고유식별정보 (주민등록번호, 외국인등록번호, 여권번호)

○ 보유·이용기간(5년)

☞ **상기내용에 대해 동의함 □, 동의하지 않음 □**

○ 동의를 거부할 권리가 있으며, 동의 거부에 따라 불이익(**확인서 미발급 등**)이 있을 수 있음

발급번호	예금 등에 대한 자금출처 확인서(갑)	수수료 없음
		처리기간
		10일 (필요시 30일)

신 청 자	성 명		생년월일 또는 외국인등록번호	
	주소 또는 거소			

제출처			이민일자	
확인서의 사용목적		여권번호	전화번호	
		해외이주허가번호 및 일자 No.	(. . .)	
확인금액		원(미화 $)		

자 금 출 처 내 역

자 금 출 처	금 액	자 금 원 천	비 고
계			
예 금 · 적 금			
신 탁 계 정			
원 화 대 출 금			
임 대 보 증 금			
기 타			

외국환거래규정 제4-4조의 규정에 따라 위 확인서 발급되는 날 현재 자금출처가 위와 같이 확인됨을 증명하여 주시기 바랍니다.

신 청 인 :   ㉑

세무서장 귀하

위와 같이 확인합니다.

세 무 서 장   ㉑

※ 붙임서류 : 1. 예금 등 재산반출 명세서
　　　　　　 2. 예금·적금 및 신탁계정은 통장 사본을 붙이고 동 예금·적금의 입금과 관련한 자금원천이
　　　　　　　　 확인되는 서류
　　　　　　 3. 대출금의 경우 대출금 통장 사본 및 대출관련 서류
　　　　　　 4. 임대보증금의 경우 임대차계약서 사본
　　　　　　 5. 대리인의 경우 위임장

※ 유의사항 : – 비고란에는 자금의 원천을 간단하게 기재합니다.

※ 원화대출금·임대보증금 : 본인명의 예금 또는 부동산을 담보로 하여 외국환은행으로부터 취득한
　　원화대출금 및 본인명의 부동산의 임대보증금을 말합니다.
※ **개인정보보호법 제24조에 의한 수집·이용 동의 [신청인(본인)]**
　○ 수집·이용목적(확인서발급, 사후관리 등)
　○ 수집대상 고유식별정보 (주민등록번호, 외국인등록번호, 여권번호)
　○ 보유·이용기간(5년)
　☞ **상기내용에 대해 동의함 □, 동의하지 않음 □**
　○ 동의를 거부할 권리가 있으며, 동의 거부에 따라 불이익(**확인서 미발급 등**)이 있을 수 있음

예금 등에 대한 자금출처 확인 명세서(을)

1. 본인 명의 예금 또는 부동산을 담보로 하여 외국환은행으로부터 취득한 원화대출금

재산 종류 (예금 · 부동산 원화대출금)	부동산소재지 또는 계좌번호	대출기관		대출금(원)
		은행명	사업자등록번호	

2. 본인명의 부동산의 임대보증금

임차인		부동산소재지		임대차기간	임대보증금(원)
성명	생년월일	소재지	층, 호수		

기본적으로 외국환거래규정에 따라 건당 미화 5천불을 초과하는 지급을 하고자 하는 경우 외국환은행의 장에게 지급사유와 금액을 입증하는 서류를 제출해야 합니다. 따라서 해외지급을 하고자 하는 자는 지급을 하기에 앞서 지급 원인이 되는 거래·행위가 타 법령 등에 의하여 신고 등을 하여야 하는 경우에는 그 신고 등을 병행하여야 합니다.

예를 들어 해외에 있는 자녀에게 돈을 송금하고자 하는데 증여 (계약) 신고 없이 수억 원의 돈을 보내려면 바로 송금이 불가하고, 먼저 증여세 (계약)신고를 하고 그 증빙 등을 첨부하여 외국환 관련 절차를 거쳐야 하는 것입니다.

그런데 증여세 신고 없이 해외에 있는 자녀 명의 국내 계좌로 자금을 이전시켜 놓았는데 자녀가 10만불 초과되는 돈을 해외로 가지고 나가려 할 때라던지, 거주자 국민이 해외로 이민을 떠나려고 한다든지, 외국인이나 비거주자가 부동산 매각자금 등 목돈을 해외로 반출하려면 단순히 신고 내역 등의 증빙으로는 불가하고 세무서에서 확인서를 받아야 합니다.

이 확인서 제도는 자칫 과거의 세금 누락을 드러내는 '덫'이 될 수 있습니다. 국내에서 소득을 누락했거나 증여세를 내지 않고 자산을 이전받았던 자산가들이 상속세나 증여세 부담을 피하고자 해외로 이주하려 할 때, 혹은 해외에 이미 자리 잡은 자녀가 국내에 있는 자산을 해외로 반출하려 할 때, 이 확인서 발급 과정에서 자금의 출처를 명확히 밝혀야 합니다. 이때, 과거에 탈루했거나 편법으로 취득한 자산이라면 그 출처를 소명하기 어려워지고, 이는 곧 국세청의 세무조사로 이어지는 결정적인 계기가 됩니다.

따라서 자산가라면 해외이주를 고려하거나 이미 해외에 거주하고 있더라도, 국내 세법의 적용 범위와 국세청의 추적 방식에 대한 정확한 이해를 바탕으로 철저한 사전 준비와 전문가의 조력을 통해 잠재적인 세무 리스크에 대비해야 할 것입니다. 물이 엎질러진 후는 늦습니다.

Part 2

국세청은 어떻게
혐의를 분석하는가?

'정밀타격'을 위한 혐의점 포착의 기술

Chapter 1

상속세 조사

– 상속인들도 모르는 고인의 흔적을 추적해 간다!

상속세 조사는 단순히 망인이 남긴 재산을 세어보는 행위를 넘어섭니다. 이는 망인이 살아온 삶의 기록, 즉 금융 거래, 부동산 취득 및 처분, 사업 활동 등 모든 발자취를 집대성하여 재구성하는 과정입니다. 그렇기 때문에 "재산 미리 팔고 상속개시 때 남은 재산이 얼마 없는데, 상속세 신고할게 뭐가 있나?" 이렇게 생각하면 큰 오산입니다. 국세청은 상속인들조차 알지 못했던 돈의 흐름, 숨겨진 재산과 증여 혐의를 찾아내기 위해 상속세 세무조사 과정을 두 가지 단계, '준비조사'와 '실지조사'로 나누어 진행합니다.

1 상속세 준비조사 - 삶의 흔적을 총망라하다

앞서 국세청은 상속세 신고서가 접수되면, 재산가액 고액 여부에 따라 지방청으로 송부할지 세무서에서 처리할지 우선 분류한다고 하였습니다. 고액자료를 지방청 송부 후에 세무서 처리 자료들도 전수 세무조사를 하는 것은 아니고 재산가액 규모에 따라 내용의 경중에 따라 서면확인 결정 대상인지 세무조사가 필요한 대상인지를 다시 분류합니다.

서면확인 결정제도를 다시 설명드리면, 상속세 조사담당자가 상속세 신고서 및 과세자료에 대하여 상속인에게 우편 질문하고, 제출된 해명자료 등을 검토하여 탈루세액이 없거나 조사가 필요하지 않을 경우에는 실제 세무조사 없이 상속세를 결정하는 제도를 말합니다.

서면확인 대상 과세자료 중 실지조사로 전환시킬 필요가 있다고 판단되는 경우와 처음부터 재산 규모가 커서 서면확인 대상 자료가 아닌 것들은 실제 세무조사 대상이 되는 것입니다. 이렇게 상속세 세무조사 대상이 되면 조사담당자는 실제 조사 착수 전에 '준비조사'라는 예비분석단계를 거칩니다.

상속인들이 제출한 신고 내용과 국세청이 자체적으로 확보한 자료를 종합적으로 비교·분석하여 혐의점을 포착하는 데 주력합니다. 이 단계에서 이미 조사대상자에 대한 문제점과 중점 조사사항을 도출합니다.

1. 상속 자료의 수집과 분석 : 숨겨진 퍼즐 조각 찾기

국세청은 거미줄처럼 얽힌 정보망을 통해 국세청 전산망 엔티스에 집결되어 있는 모든 피상속인 관련 자료를 '상속세 과세자료전'이라는 형식으로 출력합니다. 동시에 조사팀은 피상속인의 가계도를 작성하여 직계존·비속 및 그 배우자와 손자·손녀까지 직업과 사업내용 등을 파악합니다. 이렇게 가계도를 작성하는 이유는 피상속인의 금융·주식·부동산 등의 거래내용 조사 중 나타나는 상대편 관계인이 이러한 특수관계인인지 파악 여부가 용이하여, 변칙적인 거래행위의 적출이 가능하기 때문에 그렇습니다.

* **다양한 정보원의 활용** : 국세청은 국세통합시스템(NTIS)을 통해 금융정보 분석원(FIU) 등 각종 국가기관, 금융기관, 지자체 등으로부터 수집된 정보를 한눈에 파악합니다. 망인의 부동산 등기부 등본, 차량 등록 정보, 주식 소유 현황, 금융 계좌 이자·배당 내역 등이 모두 이 시스템에 모입니다.

피상속인이 사업을 영위했다면 사업용자산 관련 자료도 수집하고 피상속인의 재산 변동뿐만 아니라 상속인의 재산·소득·골프회원권·주식소유 등 자료를 출력하여 같이 검토합니다. 상속인의 재산 및 소득 자료를 같이 검토하는 이유는 국세청 몰래 가족들에게 피상속인의 재산이 이전된 경우 상속인들의 재산이 신고된 소득 대비 과하게 늘어났을 텐데 이러한 경우의 혐의를 찾기 위함입니다.

동시에 피상속인의 직업 및 사망원인 등을 면밀히 확인하여 상속개시 전 사전 증여혐의와 상속세 신고된 재산내역과 자료내역을 상호 대사하여 신고 누락된 재산이 없는지 검토합니다.

2. 사전증여와 처분재산의 추적 및 부채의 진위 확인 : 망인의 생전 행적을 해부하다.

상속세 조사에서 가장 중요한 쟁점 중 하나는 망인이 사망 전에 재산을 처분하거나 증여한 내역입니다. 실제 조사를 하기 전에 준비조사 단계에서 상속인들에게 직접 확인을 할 수 없기 때문에 피상속인 및 상속인에 대하여 상속개시 전 5년 이내 양도세 신고 내역과 상속개시일 후 조사시점까지의 취득·양도 부동산 관련 재산 증감 비교 검토표를 작성합니다. 특히 비교 검토 포인트는 피상속인과 상속인 간의 부동산 취득자금 사전 증여 여부 확인이 가능하도록 거래일자·인별 순으로 작성한다는 것입니다.

이를 통해 처분된 부동산을 파악하고 처분한 가액이 상속인들의 재산 증가로 증여세 신고 없이 귀속된 것은 없는지 등을 검토합니다. 또한 10년 이내 증여한 부동산 위주로 사전증여합산이 누락된 것은 없는지도 확인합니다.

> **＊채무 및 공제 항목의 적정성** : 신고된 채무와 공제 항목(배우자 공제, 금융 재산 상속 공제 등)이 세법 규정에 부합하는지 확인합니다. 상속재산에서 채무를 공제하면 상속세가 줄어들기 때문에, 허위 채무를 신고하는 경우가 종종 발생합니다. 국세청은 채무의 존재를 증명하는 차용증이나 계약서뿐만 아니라, 채무 금액이 실제로 망인에게 유입되었고 변제되지 않았음을 금융 거래 기록 등을 통해 철저히 검증합니다. 가족 간의 채무 관계는 특히 더 엄격한 잣대로 심사됩니다. 따라서 채무나 공제는 준비조사 때 필수검토 항목으로 정리해 두었다가 실지조사 때 사실관계를 검토하게 됩니다.

이처럼 준비조사는 컴퓨터 스크린 안에서 수많은 자료를 엮고 분석하는 과정입니다. 이 단계에서 실지조사 착수 전에 중대하다고 판단되는 혐의를 미리 정리하여 효율적인 세무조사가 될 수 있게 준비하기 때문에 조사가 착수되면 초반부터 엄청나게 많은 소명 요청과 질문사항들이 쏟아지는 것입니다.

2 상속세 실지조사 - 진실파악을 위한 저인망식 조사

준비조사를 통해 특정된 혐의는 '조사착수'라는 공식적인 절차를 통해 실체를 드러냅니다. 이 단계는 국세청이 가진 모든 조사 권한을 동원하여, 상속재산의 진실을 파악하기 위한 전방위적인 '저인망식' 조사입니다.

1. 조사 통지와 조사반 편성 : 긴장의 시작

국세청은 조사대상자에게 '세무조사 사전통지서'를 발송함으로써 조사 시작을 알립니다. 이 통지서에는 조사 대상 기간, 조사 목적, 조사 기간, 조사 대상 세목 등이 명시됩니다. 통지서를 받은 순간부터 상속인들은 조사에 대비할 시간을 가질 수 있지만, 동시에 국세청의 감시망에 들어갔다는 사실을 인지해야 합니다. 통지 후 조사관들은 상속인들의 세무대리인과 함께 조사 착수 관련 논의를 하고, 향후 조사 방향과 일정을 조율합니다.

2. 상속재산의 항목별 조사 : 현장의 증거를 찾아서

* **부동산** : 준비조사 때 신고서상 누락된 재산이 없는지 여부 위주로 혐의를 파악했다면, 실제 조사 착수 후에는 부동산 등 재산의 평가가 중요한 쟁점이 됩니다. 특히 '19년 2월 상증세법 시행령의 개정으로 법정결정기한(상속세 : 신고기한부터 9개월, 증여세 : 신고기한부터 6개월)까지의 감정가액도 시가로 인정받을 수 있는 법적기반이 마련되어 비주거용 부동산(꼬마빌딩), 고급주택 등과 토지를 주 타깃으로 하여 기준시가로 신고를 한 경우에는 세무조사 중에 감정평가를 국세청 자체적으로 시행합니다.

＊주식 : 주식의 경우에도 평가가 주된 쟁점이 됩니다. 비상장주식의 경우 법인의 자산총액 중 부동산 비율이 80% 이상인 경우에는 순자산가치로만 평가해야 하고, 부동산 보유비율이 50% 이상 80% 미만인 경우에도 순손익가치와 순자산가치 비율을 2 :3으로 평가해야 하는 등 주의사항이 많이 있습니다. 또한 부동산 과다보유 법인뿐만 아니라 일반 비상장법인의 주식을 평가할 때도 법인이 보유하고 있는 부동산에 대해 국세청의 감정평가 의뢰가 가능합니다. 따라서 부동산 감정가가 반영된 법인 순자산가치의 주식평가는 가액이 높게 상승하므로 법인이 높은 가액의 부동산을 보유하고 있는 경우의 주식평가는 국세청이 이 부분도 놓치지 않고 공략합니다.

상속세 및 증여세 사무처리규정

제72조 [감정평가 대상 및 절차]

① 지방국세청장 또는 세무서장은 상속세 및 증여세가 부과되는 재산에 대해 시행령 제49조 제1항에 따라 감정기관에 의뢰하여 평가할 수 있다. 다만, 부동산 감정평가 사업의 대상은 부동산등(법 제63조 제1항 제1호 나목에 따라 주식을 평가하는 경우로서 시행령 제54조 제2항 및 제55조 제1항의 순자산가치를 산출하기 위해 시가 평가가 필요한 부동산등 포함)으로 한다.

② 지방국세청장 또는 세무서장은 다음 각 호의 사항을 고려하여 부동산 감정평가 대상을 선정할 수 있으며, 이 경우 대상 선정을 위해 5개 이상의 감정평가법인에 의뢰하여 추정시가(최고값과 최소값을 제외한 가액의 평균값)를 산정할 수 있다.

1. 추정시가와 법 제61조부터 제66조까지 방법에 의해 평가한 가액(이하 "보충적 평가액"이라 한다)의 차이가 5억 원 이상인 경우

2. 추정시가와 보충적 평가액 차이의 비율이 10% 이상[(추정시가-보충적 평가액)/추정시가]인 경우

③ 지방국세청장 또는 세무서장은 제1항에 따라 감정평가를 실시하는 경우 「감정평가 실시에 따른 협조 안내(별지 제34호 서식)」를 작성하여 납세자에게 안내하고, 감정평가가 완료된 후에는 감정평가표(명세서 포함)를 납세자에게 송부하여야 한다. 다만, 납세자의 요청이 있는 경우 감정평가서 사본을 세무조사 결과 통지시 함께 송부하여야 한다.

④ 지방국세청장 또는 세무서장은 감정기관에 의뢰하여 산정된 감정가액에 대하여 시행령 제49조 제1항 단서에 따라 평가심의위원회에 시가 인정 심의를 신청하여야 하며, 시가 인정 심의에 관한 사항은 「평가심의위원회 운영규정」에 따른다.

⑤ 그 밖에 규정되지 않은 사항은 국세청장이 별도로 정하는 기준에 따른다.

상장주식의 경우는 평가기준일 이전·이후 2개월(총 4개월)의 종가 평균액에 의한 평가가 원칙이기 때문에 이 경우도 상속개시일의 시가가 아니라는 것에 주의하셔야 합니다.

* **기타재산 :** ① 피상속인이 가족법인을 운영하였거나 중소기업을 운영한 경우 법인에 자신의 돈을 빌려주고 운영하는 경우가 많습니다. 이렇게 법인에 빌려준 돈을 가수금이라 하는데 결국 법인에 대해 돌려받을 채권이기 때문에 상속재산가액에 포함되며, 가수금의 상속재산 신고 누락여부는 조사팀의 주요 검토 사항입니다.
② 피상속인이 개인사업을 영위하는 경우 사업용 자산을 상속재산 신고에서 누락하는 사례가 많습니다. 소득세 신고서에 첨부된 재무제표 및 비치된 장부로 상속개시일의 자산·부채가액을 확인하여 검토합니다. 사업용자산 중 받을어음도 상속재산에 포함되는데 이를 누락하는 경우도 많습니다.

③ 그 외 신고 누락 사례가 많은 검토 대상자산은 상속개시 전 분산 출금한 예금입니다. 피상속인 금융재산을 상속인 등에게 현금 증여하고 신고 누락한 자산을 금융거래 내용 분석에 의하여 확인하게 되는데, 이러한 사항은 뒤에 더 자세히 소개하도록 하겠습니다.

* **채무** : 상속인들이 주장하는 채무에 대해서 특히 금융기관의 채무가 아닌 사인 간 채무의 경우는 채무부담계약서, 채권자확인서, 담보설정 및 이자 지급에 관한 증빙 검토와 채권자에게 직접 연락하여 채무의 존재와 변제 여부를 확인하는 등 채무의 실재성에 대해 철저한 검증 절차를 거칩니다.

3. 상속개시 전 처분재산조사 : 모든 돈의 흐름을 쫓다.

상증세법에는 상속개시일 전 처분재산 등은 상속재산으로 추정한다는 내용이 있는데, 이는 사망 전에 재산을 현금 등으로 노출 안되게 빼돌려 몰래 상속세 회피하려는 것을 방지하기 위해 있는 것입니다. 그럼 사망 전 언제까지 처분한 것을 상속재산으로 추정할지 의문이 드실 텐데, 용도 불분명하게 재산이 1년 내 2억 원, 2년 내 5억 원 이상 처분되거나, 인출한 경우 상속세 과세가액에 산입하게 됩니다.

재산을 처분 또는 인출한 것뿐만이 아니라 피상속인이 국가나 금융기관 외의 자에게 부담한 채무로서 상속인이 변제할 의무가 없는 것으로 보이는 1년 내 2억 원, 2년 내 5억 원 이상의 채무도 상속재산으로 추정합니다. 법에서 아예 이 기간 내의 인출 금액은 상속재산으로 추정한다고 했기 때문에 소명의무가 납세자에게 있습니다. 인출되거나 처분한 재산가액이 상속인이 받은 게 아니라고 용처를 밝혀 소명하는 만큼 세금이 줄어드는 것입니다.

한 달 전의 내 계좌 내역도 기억이 나지 않는데 망자의 수년 전 계좌 내역을 상속인들이 밝히기란 너무도 어려운 일이라, 어떻게 신고를 하고 소명할지 상속세 전문 세무사와 충분한 논의가 필요한 이유입니다.

① 재산 처분·인출 시 : 피상속인이 재산을 처분하여 받거나 피상속인의 재산에서 인출한 금액이 재산 종류별로(ⓐ 현금·예금 및 유가증권, ⓑ 부동산 및 부동산에 관한 권리, ⓒ 기타재산) 계산하여 상속개시일 전 1년 이내에 2억 원 이상인 경우와 상속개시일 전 2년 이내에 5억 원 이상으로서 그 용도가 객관적으로 명백하지 아니한 경우

② 채무 부담 시 : 피상속인이 국가·지방자치단체·금융기관으로부터 부담한 채무의 합계액이 상속개시일 전 1년 이내에 2억 원 이상인 경우와 상속개시일 전 2년 이내에 5억 원 이상인 경우로서 그 용도가 객관적으로 명백하지 아니한 경우

※ 용도가 객관적으로 명백하지 아니한 경우

상속세 및 증여세법 시행령

제11조 [상속세 과세가액에 산입되는 재산 또는 채무의 범위] (2010.2.18. 제목개정) 제2항

① 피상속인이 재산을 처분하여 받은 금액이나 인출한 금전 또는 채무를 부담하고 받은 금액을 지출한 거래상대방이 거래 증빙의 불비 등으로 확인되지 아니한 경우

② 거래상대방이 금전 등의 수수 사실을 부인하거나 거래상대방의 재산상태 등으로 보아 금전 등의 수수 사실이 인정되지 아니하는 경우

③ 거래상대방이 피상속인과 특수관계에 있는 자로서 사회통념상 지출사실이 인정되지 아니하는 경우

④ 피상속인이 재산을 처분하거나 채무를 부담하고 받은 금전 등으로 취득한 다른 재산이 확인되지 아니하는 경우

⑤ 피상속인의 연령·직업·경력·소득 및 재산상태 등으로 보아 지출사실이 인정되지 아니하는 경우

＊추정상속재산 가액 : 상속세 조사를 받게 되면 세무조사관들이 계좌 조회한 내역 중 현금 인출액을 발라내서 소명해오라고 요청을 받게 됩니다. 여기서 소명하지 못한 금액이 추정상속재산 가액이 될텐데, 망자의 사망 전 용처를 상속인이 모두 입증하는 것은 현실적으로 어렵기 때문에 입증책임을 완화해주기 위해 배제기준이라는 것이 있습니다. 소명 요청한 가액 중 입증이 안 된 금액이 전체 소명대상 금액의 20% 미만과 2억 원 중 적은 금액에 미달하면 추정상속재산 가액으로 보지 않습니다.

소명 안 되는 불분명 금액〈 Min (① 처분재산가액, 인출금액, 채무부담액 × 20%, ② 2억 원) = 기준금액
→ 용도 불명금액이 기준금액에 미달하는 경우 추정상속가액은 없는 것

또한, 용도 불명금액이 위 기준금액 이상이라 해도 소명 안 된 불분명 금액 전체를 과세대상으로 넣는 것은 아니고 소명대상 전체금액의 20%와 2억 원 중 적은 금액을 빼줍니다. 다만, 채무부담액 중에서 채권자가 국가, 지자체, 금융기관이 아닌 경우에는 '용도 불명금액 전액'을 '추정상속재산 가액'으로 합니다.

추정상속재산 가액 = 재산처분액 또는 채무부담액 − 용도가 증명된 금액 −
Min(① 재산처분액·인출액 또는 채무부담액의 20%,
② 2억 원)

구분	소명대상	검토결과
① 상속개시일 전 1년 내 처분·인출재산 및 채무부담액이 2억 원 이상인 경우	처분재산가액 (순 인출액 포함), 부담채무액 '전부'	• 소명자료를 검토하여 금전거래, 생활비, 타 재산 취득, 사업 관련 경비 등 사용처 확인 – 상속인 등이 상속·증여받은 사실 확인한 경우에는 상속·증여세 과세 • 사용처 불분명 시 추정상속재산으로 상속세 과세 – 사용처를 납세자가 입증해야 과세제외 됨
② 상속개시일 전 2년 내 처분·인출재산 및 채무부담액이 5억 원 이상인 경우		
③ 위 외의 경우와 상속개시일 2년 이전에 처분·인출재산과 채무부담액이 발생한 경우	고액이거나 상속·증여세 누락 혐의가 있는 경우 해당 건	• 사용처를 적극적으로 확인하여 상속인 등이 상속·증여받은 사실을 규명하여 과세 – 2년 이전의 자료는 추정상속재산 규정을 적용받지 아니하므로 과세관청 입증책임

그리고 1년 내 2억 원, 2년 내 5억 원도 재산종류별로 따지게 되어 있어 ① 현금·예금 및 유가증권, ② 부동산 및 부동산에 관한 권리, ③ 그 밖의 재산 이렇게 각 분류 안에서 각각 1년 내 2억 원, 2년 내 5억 원 기준금액이 넘는지 판단하는 것이지 현금이나 부동산 처분 등 모든 종류 재산을 다 합쳐서 2억 원, 5억 원 기준을 적용하는 것은 아닙니다.

재산유형별 처분재산가액 등 계산

- 현금·예금, 유가증권
  - 인출된 금액에서 재입금된 금액을 차감하여 계산(출금액 합계- 재입금액)
  - 예금계좌가 여러 개인 경우 통산하여 적용
  - 구상금 채권, 상품권은 현금·예금, 유가증권에 해당하는 재산임.

- 부동산 및 부동산에 관한 권리
  - 처분가액이 불분명한 경우 상증법에 따라 평가한 가액(시가, 감정가액, 보충적평가액)으로 산정
  - 임대보증금을 차감한 잔액만을 수령한 경우 총 매매대금을 처분재산가액으로 하고, 차감한 임대보증금은 처분대금을 사용한 것으로 봄.

재삼 46014-965(1996.4.12.)

피상속인의 예금계좌가 여러 개인 경우 처분재산 가액의 확인방법

[회신]

상속세법 제7조의2 제1항의 규정에 의하여 피상속인이 상속개시일 전 2년 이내에 처분한 재산의 가액을 상속세 과세가액에 산입함에 있어서 당해 재산이 예금인 경우에는 당해 예금계좌에서 인출한 금액(당해 예금계좌에 입금된 금액을 제외한 금액)을 기준으로 같은 법 시행령 제3조 제1항을 적용하는 것으로서 예금계좌가 여러 개인 경우에는 이를 통산하여 적용하는 것입니다.

서면4팀-1790(2004.11.4.)

상속개시일 전 처분재산 등의 상속추정규정 적용방법

[회신]

피상속인이 2 이상의 부동산을 처분하고 매수자로부터 임대보증금을 차감한 잔액만을 수령한 경우, 상속세 및 증여세법 제15조 제1항 제1호에서 당해 재산을 처분하고 받은 금액이 상속개시일 전 1년 이내에 2억 원 또는 2년 이내에 5억 원 이상인지 여부는 총매매가액의 합계액을 기준으로 판단하는 것이며, 차감한 임대보증금은 처분대금을 사용한 것으로 보는 것임.

📖 대법 2002두5863(2003.12.26.)

상속개시일 전 2년 이내에 인출된 예금을 상속세 과세가액에 산입함에 있어서는, 피상속인의 각 예금계좌에서 인출한 금액의 합산액에서 인출 후 입금된 금액의 합산액을 제외한 나머지 금액을 처분가액으로 보되, 다만 입금액이 인출금과 관계없이 별도로 조성된 금액임이 확인되는 경우에는 그 금액을 인출금에서 제외하지 아니하나, 별도로 조성된 금액이라는 점에 대한 입증책임은 과세관청에게 있다고 할 것이다(대법원 1998.12.23. 선고 97누5480 판결, 2002.2.8. 선고 2001두5255 판결 등 참조).

하지만 막상 상속세 조사를 받다 보면 1년 내 2억 원, 2년 내 5억 원 이상의 추정상속가액 기준이 안되는데도 소명을 요청하는 경우가 있습니다. 사전증여나 상속재산 은닉혐의가 있는 경우가 그런 경우인데, 과세관청이 재산 처분액이나 인출액의 실제 귀속처를 상속인으로 밝히는 경우 상속재산 가액에 포함되는 것뿐만 아니라 사전증여로 보아 과세될 수 있기 때문입니다(상속개시일 전 10년 이내의 상속인 사전증여 재산은 상속재산에 합산됩니다).

📖 국심 2004구2605(2005.2.25.)

상속세 및 증여세법 제15조 제1항 제1호 및 제2호의 규정은 피상속인이 상속개시 전 2년 이내에 인출한 예금액 또는 부담한 채무액이 각각 5억 원 이상인 경우로서 용도가 객관적으로 명백하지 아니한 경우 "상속재산으로 추정한다" 라고 규정하였고, "상속재산으로 추정한다"는 의미는 상속재산이 아니라는 입증책임이 상속인들에게 있다는 의미이므로 피상속인이 사망 전 2년 이내에 예금인출액 또는 채무부담액이 5억 원 미만인 경우에는 상속인들에게 동 금액이 상속재산이 아니라는 입증책임이 없다는 의미일 뿐 처분청이 그 예금인 출액 또는 채무부담액의 사용처를 조사하여 피상속인의 재산이거나 피상속인이 생전에 상속인들에게 증여한 것을 입증하는 경우에도 상속세 및 증여세를 과세할 수 없다는 의미는 아니라고 판단됨.

인출액을 추정상속재산 가액으로 보면 그냥 상속세 결정하면서 가산세도 상속개시일부터 기산할 텐데, 귀속자가 확실하다 판단되면 사전증여로 보게 됩니다. 따라서 증여세 무신고로 무신고가산세, 납부지연가산세까지 부담하게 되니 납세자의 세금 부담이 더욱 커지게 됩니다. 그런데 이 경우 인출된 금액을 당초부터 미리 상속재산 가액으로 반영하여 상속세 신고를 하였다면 금융재산상속 공제를 받을 수 있을까요?

* 금융재산상속공제 = 상속재산 중 금융재산이 있다면, 2억 원을 한도로 금융부채를 차감한 순금융재산액의 20%를 상속세 과세가액에서 공제

아쉽게도 못 받습니다. 인출되지 않고 계좌에 남긴 경우보다 불리한 것이지요. 왜냐하면 상속개시일 현재 순금융재산이 존재하여야 함을 전제로 공제해주는 것이기 때문에 사전 증여한 금융재산이나, 인출액이 상속세 재산가액에 포함되어도 금융상속공제는 되지 않습니다.

제22조 [금융재산상속공제]

* 관련 집행기준 : 22-19-9 [금융재산상속공제가 적용되지 않는 경우]

① 상속개시일 전 10년 이내에 피상속인이 상속인에게 증여하거나 5년 이내에 상속인 이외의 자에게 증여한 금융재산가액을 상속세 과세가액에 합산한 경우

② 예금인출액 중 사용처가 불분명하여 상속세 과세가액에 산입하는 금액

③ 상속세 비과세 또는 과세가액 불산입되는 금융재산

그럼에도 불구하고 상속인들은 출금을 시도합니다. 몰래 빼돌리려고 해도 상속인 중 누가 사용했는지 귀속이 밝혀지거나, 어디 다른 계좌에 이체한 정황이 있다든지 추적이 되면 다 사전증여로 과세될 것인데, 그럼에도 계속적으로 출금을 시노하는 이유는 바로 위에서 언급한 산식에서 빼주는 금액이 있기 때문입니다.

돌아가신 분 계좌에 고스란히 남겨두면 전액이 상속재산가액으로 반영되는 반면, 인출해서 불분명이 되어 버리면 전액이 아니라 인출액 20%와 2억 원 중 적은 금액은 빠진 만큼만 상속재산가액에 반영되기 때문입니다. 하지만 이걸 이용한다고 돌아가시기 임박해서 상속인들이 대신 예금을 계획적으로 출금한다면, 국세청이 인정해줄까요? 돌아가시기 임박한 분이 ATM에서 돈을 계속 빼낸다는 것은 용처 불분명이 아니라 상속인이나 가족·인척이 돈을 대신 뺀 것으로 보고 최대한 과세시도를 하게 될 것입니다. 정말 과거 인출내역이 불분명하면 모를까

사망 1~2년 임박해서도 이렇게 예금잔액이 많은 경우는 그냥 계좌에 두고 금융상속공제를 받는 게 오히려 이득일 수도 있습니다. 잔머리 쓰다가 오히려 국세청에게 의심을 사고 조사를 더 힘들게 받을 수도 있기 때문에 과도한 욕심은 더 안좋은 결과가 될 수 있음을 기억하셔야 합니다.

* **생활비의 인정 범위** : 사실 처분재산의 사용처로 인정되는 생활비를 어느 정도까지 허용할 것인가에 대한 구체적인 규정이나 예규는 없습니다. 따라서 세무조사를 하는 조사관들도 피상속인의 재력·부양가족 수·생활정도·직업·발생소득 등에 따라 얼마를 생활비로 인정하여야 할 것인가에 대하여 고민이 많습니다. 하지만, 일정금액을 정하여 일률적으로 생활비를 적용할 수는 없으므로 사회통념상 통상 소요될 것으로 추정되는 금액을 조사자가 판단하게 됩니다.

예를 들어 통계청 발표 도시가계 가구원 수별 가구당 월평균 가계지출비 산정액을 생활비 판단 시 참고하기도 하지만, 집안마다 소득과 소비수준이 다르기 때문에 피상속인의 과거 규칙적인 지출내역이나 가정상황 등을 감안하여 정상적인 생활비 지출인지, 생활비를 가장한 편법적인 증여인지를 조사하게 됩니다.

* **상속개시일로부터 2년 이전의 처분·인출재산과 채무부담** : 상속개시일 2년 밖의 경우 추정상속재산 규정을 적용할 수 없습니다. 하지만 2년 밖이라도 피상속인의 연령·직업·경력·소득 및 재산상태 등을 감안하여 고액이거나 사전증여 및 상속재산 은닉혐의가 있는 경우는 처분재산(인출액) 및 부담채무에 대해 소명을 요구합니다. 이 경우 소명 요구한 건에 대해 상속인 등이 상속·증여받은 사실을 과세관청이 입증해야 하기 때문에 그 사용처에 대해 끈질기게 질문조사권을 행사하여 확인하게 됩니다.

쉽게 설명해 드리면, 상속 2년 이내의 인출 처분액에 대해서는 전부 납세자가 소명해야 하고 "잘 모르겠는데요?" 그러면 소명 못한 건 실제 가져갔든 아니든 상속재산으로 보아 과세한다는 것입니다. 반면, 2년 밖의 건에 대해서는 조사팀이 사전증여 혐의로 찍은 건에 대해서 납세자에게 질문조사를 하게 되고 상속인 등에게 실제 귀속된 것으로 밝혀져야만 사전증여 등으로 과세할 수 있습니다.

이때 2년 이내의 자료에 대해 소명요청을 했을 때 납세자의 주장을 국세청이 자의적으로 판단하는 것은 아니고 객관적으로 용도가 명백하지 않다고 보는 경우의 판단 기준이 있습니다.

※ 객관적으로 용도가 명백하지 아니한 경우

상속세 및 증여세법 시행령

제11조 [상속세 과세가액에 산입되는 재산 또는 채무의 범위] (2010.2.18. 제목개정)

② 법 제15조 제1항 제1호 및 제2호에서 "대통령령으로 정하는 바에 따라 용도가 객관적으로 명백하지 아니한 경우"란 다음 각 호의 어느 하나에 해당하는 경우를 말한다. (2010.2.18. 개정)

1. 피상속인이 재산을 처분하여 받은 금액이나 피상속인의 재산에서 인출한 금전등 또는 채무를 부담하고 받은 금액을 지출한 거래상대방(이하 이 조에서 "거래상대방"이라 한다)이 거래증빙의 불비 등으로 확인되지 아니하는 경우 (1996.12.31. 개정)

2. 거래상대방이 금전 등의 수수사실을 부인하거나 거래상대방의 재산상태 등으로 보아 금전 등의 수수사실이 인정되지 아니하는 경우 (1996.12.31.

개정)

3. 거래상대방이 피상속인의 특수관계인으로서 사회통념상 지출사실이 인정
   되지 아니하는 경우 (2012.2.2. 개정)

4. 피상속인이 재산을 처분하거나 채무를 부담하고 받은 금전 등으로 취득한
   다른 재산이 확인되지 아니하는 경우 (1996.12.31. 개정)

5. 피상속인의 연령·직업·경력·소득 및 재산상태 등으로 보아 지출사실이 인
   정되지 아니하는 경우 (1996.12.31. 개정)

3 국세청의 금융추적 - 당신의 돈 흐름을 꿰뚫어 보는 법

국세청이 상속재산의 일정 기준금액 이상(30억 원 이상인 경우는
필수) 또는 기준금액 미만이어도 상속세·증여세 누락 혐의가 있다고
인정되어 상속·증여세 조사를 개시하면, 가장 먼저 이루어지는 것이 바
로 금융조회입니다. 이는 단순히 특정 계좌를 확인하는 것을 넘어, 망
인과 상속인의 재산 형성과 변동 과정 전체를 파악하기 위한 첫 단추이
자 상속·증여 조사의 핵심입니다.

상속세 및 증여세법

제83조 [금융재산 일괄 조회] (2010.1.1. 제목개정)

① 국세청장(지방국세청장을 포함한다. 이하 이 조에서 같다)은 세무서장등이
제76조에 따른 상속세 또는 증여세를 결정하거나 경정하기 위하여 조사하는
경우에는 금융회사등의 장에게 「금융실명거래 및 비밀보장에 관한 법률」 제4
조에도 불구하고 다음 각 호의 어느 하나에 해당하는 자의 금융재산에 관한

과세자료를 일괄하여 조회할 수 있다. (2015.12.15. 개정)

1. 직업, 연령, 재산 상태, 소득신고 상황 등으로 볼 때 상속세나 증여세의 탈루 혐의가 있다고 인정되는 자 (2010.1.1. 개정)

2. 제85조 제1항을 적용받는 상속인·피상속인 또는 증여자·수증자(이하 이 조에서 "피상속인등"이라 한다) (2010.1.1. 개정)

② 제1항에 따라 금융재산에 대한 조회를 요구받은 금융회사등의 장은 그 요구받은 과세자료를 지체 없이 국세청장에게 제출하여야 한다. (2011.7.14. 개정)

③ 국세청장은 제1항에 따라 금융회사등의 장에게 과세자료를 조회할 때에는 다음 각 호의 사항을 적은 문서로 요구하여야 한다. (2011.7.14. 개정)

1. 피상속인 등의 인적사항 (2010.1.1. 개정)

2. 사용목적 (2010.1.1. 개정)

3. 요구하는 자료 등의 내용 (2010.1.1. 개정)

📚 금융실명거래 및 비밀보장에 관한 법률

제4조 [금융거래의 비밀보장]

① 금융회사 등에 종사하는 자는 명의인(신탁의 경우에는 위탁자 또는 수익자를 말한다)의 서면상의 요구나 동의를 받지 아니하고는 그 금융거래의 내용에 대한 정보 또는 자료(이하 "거래정보 등"이라 한다)를 타인에게 제공하거나 누설하여서는 아니 되며, 누구든지 거짓 또는 그 밖의 부정한 수단이나 방법으로 금융회사 등에 종사하는 자에게 거래정보 등의 제공을 요구하여서는 아니 된다. 다만, 다음 각 호의 어느 하나에 해당하는 경우로서 그 사용 목적에 필요한 최소한의 범위에서 거래정보 등을 제공하거나 그 제공을 요구하는 경우에는 그러하지 아니하다.

2. 조세에 관한 법률에 따라 제출의무가 있는 과세자료 등의 제공과 소관 관서의 장이 상속·증여재산의 확인, 조세탈루의 혐의를 인정할 만한 명백한 자료의 확인, 체납자(체납액 5천만 원 이상인 체납자의 경우에는 체납자의 재산을 은닉한 혐의가 있다고 인정되는 다음 각 목에 해당하는 사람을 포함한다)의 재산조회, 「국세징수법」 제9조 제1항 각 호의 어느 하나에 해당하는 사유로 조세에 관한 법률에 따른 질문·조사를 위하여 필요로 하는 거래정보 등의 제공

가. 체납자의 배우자(사실상 혼인관계에 있는 사람을 포함한다)
나. 체납자의 6촌 이내 혈족
다. 체납자의 4촌 이내 인척

금융조회 대상자는 원칙적으로는 피상속인 및 상속인입니다. 하지만, 피상속인 및 상속인 외의 자에도 상속세 조사와 관련하여 상속세·증여세 탈루 혐의가 있다고 인정되면 금융조회를 실시합니다.

상속인 외의 자인 경우에도 금융조회가 필요한 유형

- 상속인 외의 자에게 사전증여한 혐의가 있는 경우
- 상속인 외의 자와의 거래를 통해 상속인 등에게 우회 증여한 혐의가 있는 경우
- 상속인 외의 자의 명의로 상속재산을 차명으로 보유한 혐의가 있는 경우
- 상속인 외의 자와 고액의 금융거래 또는 소액이라도 여러 번에 걸쳐 금융거래가 빈번히 발생하였으나 거래경위가 불분명한 경우

금융재산 일괄조회 대상이라면, 조사계획 수립 즉시 조사팀은 모든 은행, 증권사, 보험사 등 금융기관에 계좌조회 내역에 대한 일괄 정보를 요청하게 되어 있습니다. 각 금융기관 본점에 요청하며, 각 금융기관의 본점은 해당 금융기관에 존재하는 피상속인 및 상속인의 모든 계

좌에 대한 10년 치 조회 내역을 조사팀에 제출합니다. 이때 상속개시일 이후 기간도 상속재산 분할 여부, 상속은닉재산의 확인 등이 필요한 경우에는 금융조회를 실시합니다.

만약 상속개시 전 10~15년 전후로 부동산의 처분 등이 있었거나 강한 증여누락 혐의 등이 있는 경우는 승인을 받아 상속개시 전 15년까지도 조회가 가능합니다(무신고에 대한 상속·증여세 부과제척기간은 15년). 부동산의 처분은 상속재산의 중요한 변동사항이기 때문에 처분 시 현금으로 변환 후 상속인들의 자산으로 귀속될 가능성이 많기 때문에 조사팀의 주요 검토사항이 됩니다.

조사팀은 이렇게 수집된 일괄 계좌조회 정보를 엑셀 및 내부 프로그램을 통해 피상속인, 상속인 전부 통합하여 거래내역 항목 정리(입·출금지점, 상대 계좌번호 등)와 시간 순서로 자금의 흐름을 따라갑니다.

금융계좌 거래내역 필수 검토 사항

- (상속 금융재산) 상속개시일 현재 계좌별 잔액을 확인하여 신고한 내용과 대사하여 신고 누락 여부 확인
- (2년 내 인출재산) 2년 내 계좌거래내역 중 순인출금(총출금액-재입금액)은 사용처를 반드시 확인하고 사용처 불분명한 금액은 소액이라도 소명요구함. → 추정상속재산 대상
- (사전증여) 입·출금 내역의 사전 증여 및 수증인지 귀속자 조사
- (소득 누락) 피상속인 사업소득이 있어 사업 관련 계좌의 경우 수입금액 신고 누락 여부를 통해 소득세까지 검토

국세청 내부에는 금융자산 분석 프로그램이 있어서 일별·월별 잔액 변동 내역을 그래프로 시각화하여 급격한 잔액 변동 등 변칙 금융거래

혐의를 직관적으로 파악이 가능합니다. 또한 계좌 간 내부적으로 이동하는 거래는 제거하고 실제 유출된 자금흐름과 급격한 자금 변동을 신속히 파악함으로써 금융조사를 효율적으로 진행합니다.

* **현금 입·출금 거래 확인 조사** : 고액의 현금 입·출금 거래는 대체거래(무통장 입금, 계좌이체, 수표발행)와 연결되는 경우가 많기 때문에 현금 입·출금 전표의 연결전표를 확인합니다.
* **자금 이체의 연결계좌를 확인** : 수상한 출금의 연결된 계좌가 타인 계좌인 경우 조사팀이 자유롭게 조회할 수 있는 것은 아니지만 지방국세청장(국장)의 별도 승인을 받아 조회 가능합니다.
* **해외 금융재산 확인** : 해외 금융계좌 신고서 및 외국환 거래자료 등을 통해 상속세 신고서의 해외재산 누락여부를 반드시 확인하게 되어있습니다. 필요한 경우 국가 간 금융정보나 국외소득 자료 등을 국가 간 정보교환 제도를 통하여 요청하기도 합니다.

금융조사가 무서운 이유는 과거의 흔적을 따라가는 것이기 때문에 조사를 받는 중에 사실관계를 재구성하거나 말을 지어낼 수가 없기 때문입니다. 피상속인 자금 흐름을 물 흐르듯 어디로 갔는지 추적해 가기 때문에 추정상속재산으로 인출액 사용처가 불분명하다고 소명하여도 조사팀은 금융조회 자료를 보고 귀속자를 최대한 찾습니다. 만약 귀속자가 상속인으로 밝혀지면 사용처 불분명한 추정상속재산이 아닌 사전증여재산이 되는 것이고 무신고 가산세와 납부지연 가산세까지 추징당하게 되는 것입니다.

금융의 흔적들은 피상속인의 발자취처럼 남기 때문에 일생의 정산 같은 과정이 됩니다. 만약 그동안 몰래 증여했던 내역들이 들키지 않았어도 상속이라는 이벤트를 통해 자금의 흐름으로 모두 드러나는 계기가 될 수 있습니다. 따라서 상속인들이 가장 긴장해야 하는 것이 바로 국세청의 금융조사이고 이 과정이 상속세 세무조사의 핵심입니다.

Chapter 2

증여세 조사

– 변칙 증여를 파헤치다

증여세 조사는 단순히 증여세 신고서의 숫자만을 확인하는 과정을 넘어섭니다. 국세청은 '실질과세의 원칙'에 따라 거래의 형식보다는 그 실질적인 내용에 주목하며, 재산 가치의 무상 이전이 발생했음에도 불구하고 이를 은폐하거나 축소하려는 모든 '변칙 거래'를 끈질기게 추적합니다.

1 실질은 증여이나 다른 형식을 띠고 있는 거래 추적 : 위장된 자금 흐름의 비밀

국세청은 납세자들이 증여세를 회피하기 위해 사용하는 다양한 변칙적 거래 형태를 이미 꿰뚫고 있습니다. 이들은 겉으로는 정상적인 거래처럼 보이지만, 그 본질은 재산의 무상 이전, 즉 증여에 해당하는 경우입니다. 국세청은 이러한 위장된 거래를 찾아내기 위해 거래 당사자 간의 관계, 자금의 원천과 흐름, 그리고 거래의 경제적 합리성 등을 다각도로 분석합니다.

저가 양도 또는 고가 매입 : 가격 조작을 통한 부의 이전

부모·자식 간에 가장 빈번히 시도하는 변칙 증여가 바로 고저가 거래입니다. 특수관계인 간에 시가보다 현저히 낮은 가격으로 재산을 양도하거나, 반대로 현저히 높은 가격으로 매입하는 행위는 실질적으로 증여가 발생한 것으로 간주될 수 있습니다. 이는 시가와의 차액만큼 증여가 이루어졌다고 보기 때문입니다. 고·저가 거래로 인한 저가양도 재산가액의 증여 또는 고가로 취득해 주는 재산의 증여 여부에 대한 조사가 필요하다고 판단되는 자료 등 형식은 양도세이나 증여세 조사가 필요한 경우에는 수증 혐의자를 증여세 조사대상자로 선정할 수 있습니다. 이게 무서운 이유는 증여세 조사 대상자로 선정되는 순간 거래 물건이 사안에 따라 감정평가의 대상이 될 수 있기 때문입니다.

* **시가와의 비교** : 해당 거래가액이 상속세 및 증여세법상 시가(불특정 다수인 간에 자유롭게 거래되는 통상적인 가액)와 얼마나 차이가 나는지 분석합니다. 시가와 거래가액의 차이가 일정 비율(30% 또는 3억 원) 이상이거나, 현저한 차이가 나는 경우 증여로 간주될 수 있습니다.

* **거래 당사자 간의 관계** : 거래 당사자가 부모-자녀, 형제-자매, 법인-주주 등 특수관계인인지 여부가 중요한 판단 기준이 됩니다.

* **거래의 합리성** : 해당 거래가 일반적인 경제 관념에 비추어 합리적인지 검토하기 때문에 시세보다 터무니없이 낮은 가격에 부동산을 매각했다면 의심을 받을 수 있습니다. 예를 들어, 자녀에게 시세 10억 원 아파트를 5억

원에 양도하는 경우나 부모가 자녀에게 부모의 비상장주식을 시세보다 훨씬 낮은 가격에 양도하여 자녀에게 이익을 주는 경우 등이 있습니다.

이 외에도 자녀가 재산 취득 후 해당 재산의 가치가 증가하게 하여 증여를 하는 방법이라던지 법에 예시로 드는 무수한 규정이 있습니다. 새로운 경제현상과 거래방식을 이용해서 변칙적으로 증여하는 것을 막고자 '증여세 완전포괄주의 제도'를 도입한 지 20년이 넘었고 국세청은 계속 납세자의 새로운 변칙 증여와 다툼을 이어나가고 있습니다.

2 재산 평가를 낮춰 증여세 낮추는 행위 조사 및 분석

증여세는 증여받은 재산의 가액을 기준으로 부과됩니다. 따라서 재산 가치를 의도적으로 낮게 평가하여 신고하면 증여세를 줄일 수 있습니다. 국세청은 이러한 '재산 저평가' 행위를 적발하기 위해 감정평가 사업과 재산평가심의위원회 등의 조치를 취하고 있습니다.

시가 불인정 및 재산 재평가 - 합리적이지 않은 가치는 용납되지 않는다.

상속세 조사 파트에서도 설명드렸지만, 승계되는 자산의 큰 두 가지 축은 부동산과 주식입니다. 부동산은 우리나라 부의 가장 큰 비중을 차지하고 있고, 평가 이슈가 있는 비상장 주식의 경우도 부동산을 과다소유하고 있는 법인 주식들이 주로 문제가 됩니다. 과거에는 아파트처럼 주변 시세와 비교될 수 없는 건물과 토지의 경우 기준시가로 시세보다 훨씬 낮게 신고하여 많은 세금을 줄일 수 있었습니다.

하지만 2019년 2월 상증세법 시행령의 개정으로 세무조사 중에 감정평가를 국세청 자체적으로 시행할 수 있게 되어 이제는 함부로 기준시가로 신고했다가는 세금 추징 리스크가 있습니다. 부동산 과다보유 법인 및 일반 법인에 대해서도 주식평가를 목적으로 국세청이 법인소유 부동산을 감정평가할 수 있기 때문에 주식평가 및 거래가액에 대해 계약서 작성 전에 전문가의 상담을 거치시길 권해드립니다.

Chapter 3

자금출처조사

– 당신의 돈, 어디서 왔는가?

국세청은 당신의 재산이 어떻게 형성되었는지, 그 자금의 원천을 끈질기게 추적합니다. 이는 합리적인 소득세 신고 없이, 상속이나 증여 없이도 당신의 재산이 급격히 증가했거나, 고액의 자산을 취득했을 때 시작됩니다. 또한 채무를 상환하는 등 자금의 이동이 포착되었을 때 그 원천이 정당한지 검증하는 과정이기도 합니다. 국세청은 소득세, 증여세, 상속세 등 여러 세목과의 연관성을 종합적으로 검토하며, '재산 취득액'과 '채무 상환액'이 '자력으로 마련한 자금 원천'보다 많은 경우 그 차액을 증여받은 것으로 추정하여 과세합니다.

조사사무처리규정

제3조 [정의]

31. "자금출처조사"란 거주자 또는 비거주자가 재산을 취득(해외유출 포함)하

거나 채무의 상환 또는 개업 등에 사용한 자금과 이와 유사한 자금의 원천이 직업·나이·소득 및 재산상태 등으로 보아 본인의 자금 능력에 의한 것이라고 인정하기 어려운 경우, 그 자금의 출처를 밝혀 증여세 등의 탈루 여부를 확인하기 위하여 행하는 세무조사를 말한다.

1 '수상한 자금' 포착 : 국세청의 분석 시스템과 조사 대상 선정의 비밀

국세청 본청 자산과세국(상속·증여세과)에서 전산으로 취득재산가액과 자금의 원천을 대사하여 자금출처 부족 혐의자를 추출하여 분석 대상자를 지방국세청으로 시달합니다. 시달받은 대상자들에 대해 지방국세청은 다시 서면분석을 시작하고 이 중에 실지조사 실익이 있을 혐의자를 조사대상으로 선정하게 됩니다.

이때 무서운 것은 조사대상자가 배우자 또는 직계존·비속으로부터 취득자금을 증여받은 혐의가 있어서 조사할 필요가 있는 경우에는 그 자금을 준 배우자 또는 직계존·비속을 조사대상자로 동시에 선정할 수 있다는 것입니다.

많은 분들이 착각하는 것인데, "부모한테 증여받은 것으로 증여세 신고 후 자금출처 만들었으니, 집 사면 문제없는 것 아니에요?" 이렇게 생각하시는 분들이 많습니다. 증여를 해준 부모나 특수관계인들이 소득세 신고나 양도세 신고 등 그 증여해준 자금의 출처가 명확하면 소명이 되겠으나, 이마저 출처가 불분명한 경우는 자금을 준 사람까지 조사를 동시에 받을 수 있다는 점입니다.

※ 사인 간 차용증의 자금원천 인정 : 차용증, 이자 지급 여부 및 금융거래내역뿐만 아니라 채권자의 금전대출 자력 여부까지 확인합니다.
 – 차용증을 자금원천으로 인정 시 빌려준 채권자의 비영업대금이익이 소득세에 반영되었는지, 채무자의 금전 무상대출 이익 등이 증여세 과세대상은 아닌지 여부까지 동시에 확인합니다.

(금전 무상대출 이익의 증여)
무상 또는 저리의 이익이 1천만 원 이상인 경우 적용
1) 무상 금전대출 : 증여재산가액 = 대출금액 × 적정이자율(4.6%)
2) 저율 대출 : 증여재산가액 = 대출금액×적정이자율(4.6%) – 실제 지급한 이자상당액
 – 증여시기 : 대출받은 날(대출받은 즉시 1년 치 선과세), 대출기간이 1년 이상인 경우 1년이 되는 날의 다음 날에 매년 새로 대출받은 것으로 봄

※ 자금출처 부족 금액의 분석

'소득-지출 분석시스템'은 PCI 분석시스템이라고도 불리며, 국세청에서 보유하고 있는 과세정보자료를 체계적으로 통합 관리하여 일정 기간 신고소득(Income)과 재산증가(Property), 소비지출액(Consumption)을 비교·분석하는 시스템입니다. 대사를 하는 대상은 '① 자금의 운용(사용액), ② 자금의 원천' 두 그룹을 비교하여 자금출처 부족 금액을 산정합니다.

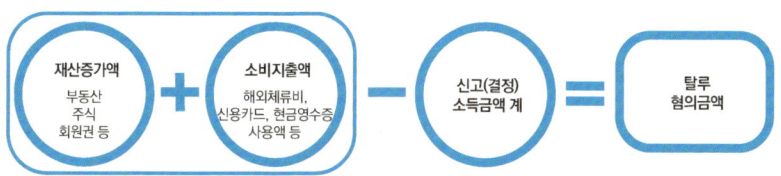

일정 기간의 소득금액과 재산증가액, 소비지출액을 비교·분석하여 탈루혐의금액을 도출

① 자금의 운용(사용액) : 부동산 취득, 주식 취득, 골프회원권 취득, 부채 상환, 현금·예금 증여, 해외송금, 신용카드·현금 영수증 사용액, 소득세·증여세 납부액, 금융자산 환산액(분석시점 기준부터 5년 내 금액) 등을 합산합니다.

② 자금의 원천 : 부동산 양도, 주식 양도, 골프회원권 양도, 부채 발생, 현금·예금 수증, 해외입금, 신고 소득금액, 근저당 채무, 금융자산 환산액(분식시점 기준 5년 밖까지 금액)

여기서 주의하셔야 할 사항이 있습니다. 전산으로 분석 대상자를 선정하는 로직은 전체 사용액과 원천액의 차이를 기준으로 하지만 일단 조사 선정이 되면, 실제 조사 때 재산취득자금 등의 검증방법은 취득재산 건별 검증이 원칙입니다. 즉, 대상기간 내 취득한 재산 및 자금 사용처에 대하여 금융조회를 통해 개별 항목별로 직접 대응하는 자금원천을 구체적으로 확인하기 때문에 고액의 소득발생이 있었거나, 자산의 양도차익 및 현금 수증 등으로 자력이 충분한 경우라도 취득한 재산과 현금 원천이 대응하는지 원천을 개별적으로 따라간다는 것입니다.

만약 서울 아파트를 취득해서 자금출처조사받는 경우라면, 조사팀이 소명하라고 해서 고소득자이니 소득금액증명원 제출하고 소명 끝나는 것이 아닙니다. 조사팀은 계좌조회를 통해 실제 구매 자금이 근로소득을 원천으로 하여 지급이 된 것인지, 몰래 자금을 증여받아 다른 자금으로 지급된 것은 아닌지 그 뿌리까지 확인한다는 것입니다.

＊증여자를 특정할 수 없는 경우 : 재산을 취득하긴 했는데 그 구입을 현금거래 등으로 하여 조사팀이 그 구입자금의 원천을 확인하기 어려운 경우가 있을 수 있습니다. 이때는 상증법 제45조에 따라 증여추정 규정을 적용합니다.[8] 다만, 이 경우에도 국세청이 무조건 과세할 수 있는 것은 아니고 직계존비속이나 배우자 등에게 재산을 증여할 만한 재력이 있다는 사실 등 증여자의 존재여부를 조사팀이 먼저 입증해야 합니다. 만약, 직계존비속이나 배우자 등이 재산을 증여할 만한 재력이 없는 경우 증여추정 규정에 따른 과세는 어렵고 이 경우 취득자금이 수증받은 것이 아닌 소득누락이나 취득재산이 제3자의 차명재산은 아닌지 여부를 고려해서 결정하게 됩니다.

---

8 **상속세 및 증여세법**
제45조 [재산 취득자금 등의 증여 추정] (2010.1.1. 제목개정)
① 재산 취득자의 직업, 연령, 소득 및 재산 상태 등으로 볼 때 재산을 자력으로 취득하였다고 인정하기 어려운 경우로서 대통령령으로 정하는 경우에는 그 재산을 취득한 때에 그 재산의 취득자금을 그 재산 취득자가 증여받은 것으로 추정하여 이를 그 재산 취득자의 증여재산가액으로 한다. (2015.12.15. 개정)
② 채무자의 직업, 연령, 소득, 재산 상태 등으로 볼 때 채무를 자력으로 상환(일부 상환을 포함한다. 이하 이 항에서 같다)하였다고 인정하기 어려운 경우로서 대통령령으로 정하는 경우에는 그 채무를 상환한 때에 그 상환자금을 그 채무자가 증여받은 것으로 추정하여 이를 그 채무자의 증여재산가액으로 한다. (2015.12.15. 개정)
③ 취득자금 또는 상환자금이 직업, 연령, 소득, 재산 상태 등을 고려하여 대통령령으로 정하는 금액 이하인 경우와 취득자금 또는 상환자금의 출처에 관한 충분한 소명(疏明)이 있는 경우에는 제1항과 제2항을 적용하지 아니한다. (2010.1.1. 개정)
④「금융실명거래 및 비밀보장에 관한 법률」제3조에 따라 실명이 확인된 계좌 또는 외국의 관계 법령에 따라 이와 유사한 방법으로 실명이 확인된 계좌에 보유하고 있는 재산은 명의자가 그 재산을 취득한 것으로 추정하여 제1항을 적용한다. (2013.1.1. 신설)

제34조 [재산 취득자금 등의 증여추정] (2010.2.18. 제목개정)

① 법 제45조 제1항 및 제2항에서 "대통령령으로 정하는 경우"란 다음 각 호에 따라 입증된 금액의 합계액이 취득재산의 가액 또는 채무의 상환금액에 미달하는 경우를 말한다. 다만, 입증되지 아니하는 금액이 취득재산의 가액 또는 채무의 상환금액의 100분의 20에 상당하는 금액과 2억 원 중 적은 금액에 미달하는 경우를 제외한다. (2010.2.18. 개정)

1. 신고하였거나 과세(비과세 또는 감면받은 경우를 포함한다. 이하 이 조에서 같다)받은 소득금액 (2003.12.30. 신설)

2. 신고하였거나 과세받은 상속 또는 수증재산의 가액 (2003.12.30. 신설)

3. 재산을 처분한 대가로 받은 금전이나 부채를 부담하고 받은 금전으로 당해 재산의 취득 또는 당해 채무의 상환에 직접 사용한 금액 (2003.12.30. 신설)

　　재산취득 자금을 증여추정 과세할 때 자금출처 미입증 금액을 전부 과세하는 것은 아니고 미입증 금액이 취득재산의 가액 또는 채무의 상환금액의 100분의 20에 상당하는 금액과 2억 원 중 적은 금액에 미달하는 경우에는 증여추정 제외로 보아 과세하지 않습니다. 하지만 증여추정으로 과세하는 경우 증여재산가액은 차감하는 금액 없이 미입증 금액 전액을 과세합니다.

제45조 [재산 취득자금 등의 증여 추정] (2010.1.1. 제목개정)

* 관련 집행기준 : 45-34-1 [입증금액 요건 및 증여재산가액]

증여추정 제외요건	입증하지 못한 금액 〈 Min [① 재산취득가액 × 20%, ② 2억 원]
증여재산가액	입증하지 못한 금액

* 관련 집행기준 : 45-34-2 [자금출처 증여추정 사례]

재산취득(채무상환)	입증금액	미입증 금액	증여추정
8억 원	7억 원	1억 원〈 Min[① 8억 원 × 20%, 2억 원] = 1.6억 원	제외
9억 원	6.5억 원	2.5억 원〈 Min[① 9억 원 × 20%, 2억 원] = 1.8억 원	2.5억 원
15억 원	13.5억 원	1.5억 원〈 Min[① 15억 원 × 20%, 2억 원] = 2억 원	제외
19억 원	16.5억 원	2.5억 원〈 Min[① 19억 원 × 20%, 2억 원] = 2억 원	2.5억 원

앞서 상속세 설명할 때 언급되었던 추정상속재산 가액과 계산 산식이 비슷하여 헷갈릴 수 있는데, 추정상속재산 가액은 소명 안 된 불분명 금액 전체를 과세대상으로 하지 않고 용도 미입증 금액에서 소명대상 전체 금액의 20%와 2억 원 중 적은 금액을 차감하여 과세합니다. 반면에 재산 취득자금 증여추정 과세 시는 미입증 금액이 추정 제외 요건에 해당되지 않으면 미입증 금액 전액이 과세된다는 것이 차이점입니다.

대법 2008두20598(2010.7.22.)

증여세 완전포괄주의 과세방식이 도입되어 증여자나 증여사실을 증명할 필요가 없다고 전제할 수 있으나 재산취득자금의 증여추정 규정에 있어서는 증여자에게 재산을 증여할 만한 재력이 있다는 점 등을 과세관청이 증명하여야 함.

대법 2007두9990(2007.8.9.)

일정한 직업이나 소득이 없는 사람이 당해 재산에 관하여 납득할 만한 자금출처를 대지 못하고, 그 직계존속 등이 증여할 만한 재력이 있는 경우에는 그 취득자금을 그 재력 있는 자로부터 증여받았다고 추정함이 옳다고 할 것임.

위와 같이 증여자가 불분명한 경우 실무적으로 가장 유력한 케이스는 조사대상자가 사업자인 경우로서 재산 취득자금에 대한 사업소득 누락혐의여서 조사팀은 사업자 조사 추가 선정을 하게 됩니다. 만약 조사 대상자가 사업자가 아닌 근로소득자인 경우는 제3자의 차명재산 여부를 판단하게 되는데 주로 금융자산인 경우가 많습니다. 대상자가 재직 중인 근무처 회사의 사주가 임·직원에게 명의신탁하는 가능성이 보통 높습니다.

2 '자금의 뿌리'를 캐다 : 국세청의 치밀한 분석 기법

최근에는 특허청과 자료수집 협의를 하여 특허권 취득 자료까지 비교합니다. 특히 자녀가 뚜렷한 소득이 없음에도 고액의 특허권을 매입하여 특수관계법인에 양도하고 고액의 특허권 매각 대가를 수령하는 경우가 주 타깃입니다.

그리고 부채의 상환을 국세청이 어떻게 분석하는지 궁금해 하실 텐데, 부동산 등기부상 근저당 채무가 설정되고 상환되는 자료를 분석하는 것입니다. 가장 대표적인 것이 고액 근저당 채무가 상환된 경우 부모가 채무를 대신 상환해준 것은 아닌지 혐의를 확인합니다.

📚 상속세 및 증여세법

제36조 [채무면제 등에 따른 증여] (2003.12.30. 제목개정)

① 채권자로부터 채무를 면제받거나 제3자로부터 채무의 인수 또는 변제를 받은 경우에는 그 면제, 인수 또는 변제(이하 이 조에서 "면제등"이라 한다)를 받은 날을 증여일로 하여 그 면제 등으로 인한 이익에 상당하는 금액(보상액을 지급한 경우에는 그 보상액을 뺀 금액으로 한다)을 그 이익을 얻은 자의 증여재산가액으로 한다. (2015.12.15. 개정)

부동산 등기부를 검토하는 유형 중 또 하나는 공동담보를 확인하는 것입니다. 부모 소유의 부동산을 무상 담보 제공받은 경우에도 무상담보로 인한 증여 혐의를 검토합니다.

📚 상속세 및 증여세법

제37조 [부동산 무상사용에 따른 이익의 증여] (2003.12.30. 제목개정)

② 타인의 부동산을 무상으로 담보로 이용하여 금전 등을 차입함에 따라 이익을 얻은 경우에는 그 부동산 담보 이용을 개시한 날을 증여일로 하여 그 이익에 상당하는 금액을 부동산을 담보로 이용한 자의 증여재산가액으로 한다. 다만, 그 이익에 상당하는 금액이 대통령령으로 정하는 기준금액 미만인 경우는 제외한다. (2015.12.15. 신설)

게다가 부채 사후관리를 받는 사람에 대해서는 매년 부채 변동사항을 당연히 검토하고 부동산 등본 및 종합소득세 신고서상 대차대조표(재무상태표)를 활용하여 금융부채를 확인합니다. 만약 부채를 확인하였는데, 감소된 것이 포착되면 정상 소득신고 된 자신의 자금으로 상환된 것인지 증여받은 재산으로 상환된 것인지 등을 확인하게 됩니다.

금융자산액의 경우 납세자의 잔고를 국세청 전산에서 바로 확인할 수 있는 것은 아닙니다. 금융권의 전산망까지 국세청 전산과 연동되어 있지는 않습니다. 국세청도 금융기관에 금융조회 요청 공문을 보내고 자료를 받아 확인할 수 있는 것이고 이마저도 조사나 체납처분 등의 명분이 있어야 조회요청이 가능한 것입니다. 따라서 국세청 내부의 자료를 활용하는 방법으로 이자·배당소득 지급명세서상 이자소득금액에 대하여 이자 지급 대상기간과 예금별 시중은행 평균이자율을 적용하여 환산해보는 것입니다. 이렇게 환산 추정한 금융자산의 진고 증감을 통해 자산 증감이 정상적인 소득신고를 통한 것인지 소득누락 내지는 증여신고를 누락한 것인지 등을 분석·비교하는 것입니다.

이전에 문의하신 분 중에 아내는 전업주부이고 남편은 고액 연봉자였는데, 아내의 명의 계좌에 그동안 예·적금이 상당히 많이 쌓인 상황이었습니다. 부동산을 취득한 것이 아닌데, 이러한 경우에도 자금출처 조사가 나올 수 있느냐는 질문이었습니다. 국세청은 예·적금을 통해 지급된 이자소득 지급명세서를 확보하고 있고, 이자율로 환산해보면 원금의 규모를 대충 파악할 수 있습니다. 배우자 증여공제 6억 원을 감안하고도 그 이상의 과한 원금이 배우자에게 증여된 것이 파악된다면 부동산 취득을 통해 노출이 안되더라도 당연히 문제가 될 수 있는 부분입니다. 따라서 금융자산으로 몰래 배우자나 자녀에게 이전되고 있는 것들도 당장 드러나지 않을 뿐이지 그 대사액의 차이가 커지는 순간이 와서 세무조사의 실익이 있다면, 자금출처조사가 나올 수 있는 것입니다.

또한 자산가들이 기억해야 할 중요한 점은 세금 납부액을 자금의 사용으로 분류한다는 것입니다. 만약 자녀에게 고액 부동산을 증여해주고 증여세 신고까지 했다면 깔끔한 것 아니냐 착각할 수 있는데, 자녀의 증여세 납부 자금 원천까지 본다는 점은 반드시 주의하셔야 합니다. 만약 자녀가 근로소득으로 증여세를 납부하기 힘든 상황이면 세금 납부액 또한 자금출처 소명 대상이 될 수 있는 것입니다.

따라서 조사팀은 증여세 결정 시 미성년자, 고령자, 소득이 없는 자가 부동산·주식 등을 수증받는 경우에 증여세 납부 자금의 원천을 반드시 확인하도록 지침이 되어 있고 증여세뿐만 아니라 관련 취득세, 등기비용 등을 수증자가 자신의 자금으로 납부했는지도 확인합니다. 만약 돈을 빌려 납부한 것(채무)으로 소명한 경우는 부채 사후관리 대상에 입력하여 매년 자력 상환 여부, 이자 지급 여부 등을 관리합니다.

실제 이러한 증여세액 납부를 자신의 소득으로 납부했는지가 조사로 이어진 심판례가 있습니다. 따라서 증여세 신고로 끝날 것이 아니라 증여 납부세액을 어떻게 조달할 것인지에 대한 전문가와의 상담이 반드시 필요합니다.

[제목] 청구인이 부(父)로 부터 쟁점금액을 증여받았는지 여부

[이유]

1. 처분개요

가. 청구인은 2014.3.14. 부(父) 최OO으로부터 OOO의 지분 10분의 6(이하 "쟁점부동산"이라 한다)을 증여받아 2014.6.30. 증여세 OOO원을 신고하고, 2014.6.25. 분납1차분 증여세 OOO원(이하 "쟁점금액"이라 한다) 및 2014.8.26. 분납2차분 증여세 OOO원을 납부하였다.

나. 처분청은 청구인이 쟁점금액을 최OO으로부터 증여받은 것으로 보아 2015.9.9. 청구인에게 2014.6.25. 증여분 증여세 OOO원을 결정·고지하였다.

다. 청구인은 이에 불복하여 2015.11.30. 이의신청을 거쳐 2016.3.17. 심판청구를 제기하였다.

한편, 경매로 부동산을 취득하면 자금출처조사를 피할 수 있다는 말을 하고 다니는 분들이 있는데, 이는 잘못된 것입니다. 경·공매 사이트를 확인하면 경락가액을 확인할 수 있는 곳이 많습니다(옥션원, 지지옥션, 마이옥션 등등). 분석하는 조사관들도 이를 확인하여 낙찰가액과 해당 물건의 근저당 설정가액을 비교하면 낙찰자가 얼마의 자기자금으로 물건을 취득한 것인지 역산이 가능합니다. 따라서 소요된 자기자금과 소득원천 자료들을 비교하면 혐의가 파악되는 것입니다.

마지막으로 자금출처조사 중 가장 무서운 것 중 하나가 사업소득(개인·법인) 조사로의 확대입니다. 자금출처조사 대상자의 취득자금 원천이 개인 사업소득 또는 법인자금의 유출임이 명백하여 그 취득자금의 원천이 사업체의 매출누락이나 허위·부당 비용처리 등으로 인한 것이어서 조사가 필요한 경우는 사업체로 세무조사가 확대될 수 있습

니다. 과거 국세청 근무 시절 강성인 납세자들에게 이러한 사업체 조사로의 확대를 말씀드리면, "지금 자금출처를 조사하는데 사업체까지 확대한다면 월권 아니냐, 협박하는 것이냐?" 등 강하게 따지는 분들도 있었는데 절차상 혐의가 있으면 당연히 조사 가능한 사항입니다. 이런 경우 본인이 명백한 혐의가 있으면 어느 정도 인정을 하고 일을 키우지 않는 것도 전략입니다. 사람이 하는 일이다 보니 조사관 기분을 상하게 해서 좋을 것은 없습니다.

Part 3

자산가들의 3대 증여세 탈세 시나리오와 국세청의 추적법

국세청 보도자료를 중심으로

국세청은 자산가들이 흔히 사용하는 복잡하고 교묘한 탈세 시나리오를 이미 꿰뚫고 있습니다. 이 파트에서는 가장 빈번하게 적발되는 세 가지 유형의 '변칙 증여 시나리오'를 깊이 있게 해부합니다. 법인이라는 방패 뒤에 숨은 재산부터, 가족 간의 가장된 거래, 그리고 국경을 넘나드는 자금 흐름까지. 국세청의 정밀한 추적망을 알고 리스크 관리를 할 수 있도록, 국세청 보도자료를 통한 조사사례를 분석하여 국세청의 공격 시나리오를 소개해 드립니다.

Chapter 1

국제거래와
외국인 신분 이용

– 국경 없는 추적의 시작

해외 금융 계좌를 이용하거나 외국인 신분, 해외 법인을 이용해 재산을 은닉하는 행위는 더 이상 안전하지 않습니다. '역외 탈세'에 대한 국세청의 강력한 의지와 국제 공조 시스템의 작동 원리를 이해해야 합니다. 이 챕터는 국제적인 자산 흐름에 대한 국세청의 추적 과정을 다룹니다.

1 외국 국적을 이용해 세금 피하는 '꼼수 증여' :
자녀의 외국인 신분을 악용

자산가들 중에는 자녀들이 미국 시민권자 등 국적이 외국인인 경우가 많습니다. 외국인은 부동산 취득 과정에서 외국인등록번호와 여권번호를 혼용할 수 있어 과세감시망을 피하기 용이합니다. 해외 계좌에 대해서도 금융당국이나 과세관청의 접근이 국내 계좌에 비해 상대적으로 쉽지 않다는 점 등을 적극 이용하기도 합니다. 특히 이 조사사례는 자금추적이 어려운 해외 계좌 등을 적극 이용하여 고가의 아파트 취득 자금을 편법으로 증여받은 경우입니다.

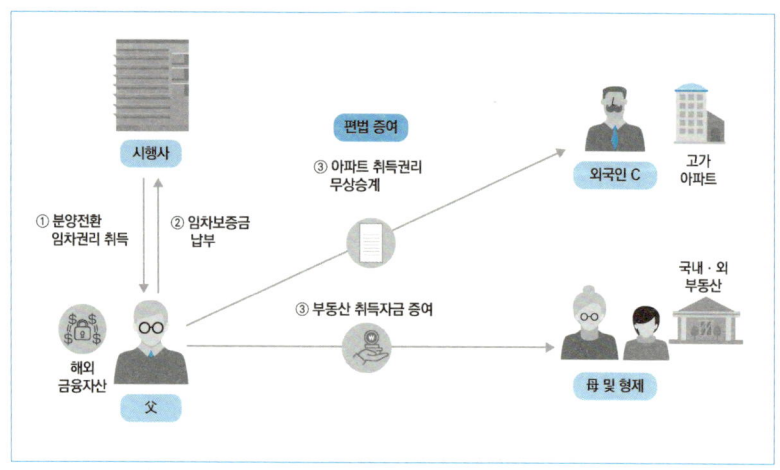

이 사례에서는 두 가지의 편법 증여가 있었습니다. 소득이 없는 외국 국적의 자녀에게 부친이 취득했던 분양전환권[9]을 무상승계 해주고 외국인 자녀가 본인 명의로 분양전환하여 수십억 원대의 고가 아파트를 취득하게 한 것이 첫 번째입니다. 이 과정에서 부친이 분양전환권을 최초 취득할 때 ○○억 원의 임차보증금을 시행사에 납부하였는데, 외국인 자녀는 증여세 신고 없이 이를 승계받고 임대 종료 후 분양전환 시 고가 아파트를 자기 명의로 취득한 것입니다.

---

9 '임대 후 분양'으로
   입주 시 당초 확정한 분양가로 분양전환할 수 있는 권리를 보유하며, 별다른 절차 없이 건설사 (시행사)와의 임대차계약서 갱신으로 승계

만약 자녀가 한국인이었다면, 주민등록번호로 국세청의 '소득·지출 분석시스템'을 통해 신고된 소득이나 증여세 신고와 비교하여 혐의금액 도출 후 자금출처조사를 나왔을 것입니다. 외국인이 외국인등록증이나 국내 거소증이 있다면, 국세청은 해당 번호로 외국인의 소득 등을 관리합니다. 하지만 이를 등록하지 않았어도 '외국인의 부동산 등기용 등록번호'를 통해 외국인이 부동산을 취득할 수 있습니다. 외국인의 부동산 등기용 등록번호 발급대상은 해외거주 중인 외국인, 국내에 비자 없이 단기체류 중인 외국인이기 때문에 외국인 자녀가 외국에 살다가 국내에 잠깐 들어와 부동산만 취득하고 출국해도 아무 문제가 없으니 이를 이용한 것으로 보입니다.

국세청 입장에서는 조사를 하기 전에 전산상으로는 그냥 일반 외국인이 국내 투자목적으로 부동산 취득한 것과 차이가 없기 때문에 걸러지기가 쉽지 않았을 것입니다. 하지만 처음부터 분석대상을 외국인 고액 부동산 취득자로 필터링한 후에 검증을 시작하면 역으로 추적이 가능합니다. 이런 조사를 기획조사라 하는데, 사회적으로 이슈되는 문제점을 테마로 합니다. 외국인은 대출의 규제를 받지 않는 점 등 역차별적인 현상과 국내 정책에 부정적 영향을 미치는 사회 현상을 시정하기 위해 국토교통부 등 국내 유관기관과 긴밀한 공조를 통해 진행되기도 합니다. 이렇게 당장은 걸리지 않더라도 사회문제로 이슈화되면 언제 국세청의 감시망에 걸릴지 모릅니다.

두 번째 혐의는 다른 자녀에게도 해외 금융계좌를 통해 ○○억 원대의 해외 부동산 취득자금을 지원한 것입니다. 부친은 국내 자금이 해외로 나가면 외국환거래법 등을 통해 전부 국가에 신고가 들어가기 때문에 해외에 있는 금융자산을 이용했습니다. 자녀 입장에서도 해외의 부동산을 취득하면 자진해서 신고하지 않는 이상 당장 국세청 전산으로 확인할 수 있는 사항도 아니기 때문에 부친의 해외 계좌에서 바로 부동산 취득하는 나라의 해외 계좌로 송금하여 해외 부동산을 취득하고 증여세를 탈루한 것입니다.

여기서 해외 금융계좌 내역을 어떻게 파악하는지 궁금하실 수 있는데, 국가 간 정보교환이라는 제도가 있습니다. 우리나라와 조세협약을 체결한 국가와 조세정보를 상호 교환하는 제도인데, 외국 과세당국의 신고자료나 재무정보, 국외 금융기관을 통해 확인할 수 있는 계좌정보, 계좌거래 내역 등의 정보요청이 가능합니다. 따라서 국세청의 조사 타깃에 걸리지 않은 경우에는 국내 과세 인프라에 드러나지 않으니 상관이 없겠지만, 이렇게 기획조사로 타깃이 되어 선정되면 국세청이 쓸 수 있는 모든 칼을 다 쓰기 때문에 속된 말로 탈탈 털릴 수 있습니다.

이처럼 과세 망을 피하는 식의 컨설팅은 당장 눈에 안 띄어도 언제 걸릴지 모릅니다. 단계를 적법하게 만들어가고 보수적으로 법의 테두리 안에서 행하는 절세여야지 법을 어기는 탈세가 되어서는 안 되겠습니다.

조세회피처의 페이퍼컴퍼니를 이용하는 수법은 전통적인 탈세수단
이었습니다. 해외로 돈을 빼돌려도 왜 걸릴 수밖에 없는지 이 사례를
통해 설명드리겠습니다.

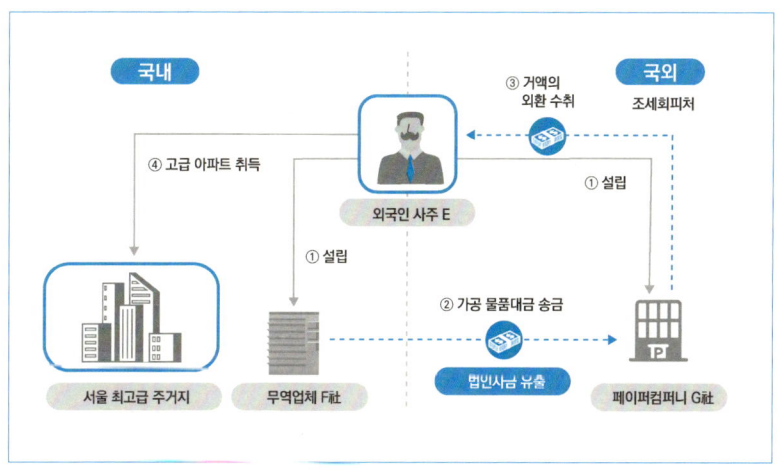

해당 사례에서 국내 전자부품 무역업체의 법인 사주가 외국인이었
고, 그 법인에서 발생되는 매출을 배당이나 근로소득세 없이 빼돌리기
위해 페이퍼컴퍼니를 이용하였습니다. 조세회피처에 페이퍼컴퍼니를
만들고 가공으로 국내 법인과 거래계약을 하여 물품대금을 지급하는
형식으로 국내 법인의 자금을 해외로 보냈습니다. 페이퍼컴퍼니를 조
세회피처에 만들었기 때문에 법인세가 거의 없이 매출액을 유보할 수
있었고 이 돈을 마찬가지로 본인이 주주이기 때문에 배당소득세 원천
징수 없이 빼 올 수 있었을 것입니다.

이렇게 국내에 다시 들어온 외환은 근로소득세, 배당소득세, 법인세도 거의 부담한 것 없이 국내 법인의 자금이 자신에게 인출된 것입니다. 외국인 사주는 이 자금으로 국내 고급 아파트를 취득한 것입니다. 국내의 고급 주거용 부동산 취득 및 국내 법인설립을 한 것으로 보아 국적만 외국인이고 실상은 한국인으로 추정됩니다.

만약 이 사주의 국적이 한국인이었다면, 외국환 반입자료가 국세청 전산에 확인되었을 것이고 외국에서 이 돈이 왜 들어왔는지 각종 소명 요청이 사전에 있었을 것입니다. 외국인이 외환을 받았으니 그럴 수 있다고 넘어갈 확률이 높겠지만, 앞 사례와 마찬가지로 이러한 기획조사의 타깃이 된다면 종합적 분석이 들어갑니다.

이 외국인의 경우 국내 법인대표이기 때문에 국내 거소증이 있을 것이고 이 번호로 국세청은 근로소득과 등기자료 및 각종 정보를 내국인과 똑같이 분석·활용할 수 있었을 것입니다. 국내 고급 아파트를 취득한 외국인으로 모수를 타깃한 후에 그중에 탈세정황이 의심되는 사람으로 좁힌다면, 결국 세무조사를 피해가기 어렵습니다.

3 해외 법인 탈세로 '해외 아파트' 물려준 아빠 : 해외 현지법인을 탈세 통로로 이용한 편법

이전에도 일부 자산가를 중심으로 해외 현지법인을 이용한 세금탈세가 있어 왔으나, 이제는 다수의 자산가가 이용하면서 새로운 역외탈세 통로로 고착화되고 있으며, 인위적 거래를 만들어 정상적인 법인으로 위장하는 등 수법이 더욱 정교해지고 은밀하게 진화하고 있습니다.

국제거래를 이용한 탈세는 상당한 경제력이 필요하여 일반인들은 시도하기 어려운 탈세 방법인데, 탈세 전 과정을 처음부터 철저하게 기획하여 실행하기 때문에 국세청은 전형적인 부자탈세로 보고 있습니다. 해외에 꼭두각시 현지법인을 설립하여 이익을 유보시킨 뒤 역외 비밀지갑처럼 자금을 빼내어 해외자산을 취득하거나 자녀에게 증여하는 등 현지법인을 새로운 탈세 통로로 이용하고 있어 국세청은 더욱 주목하고 있습니다.

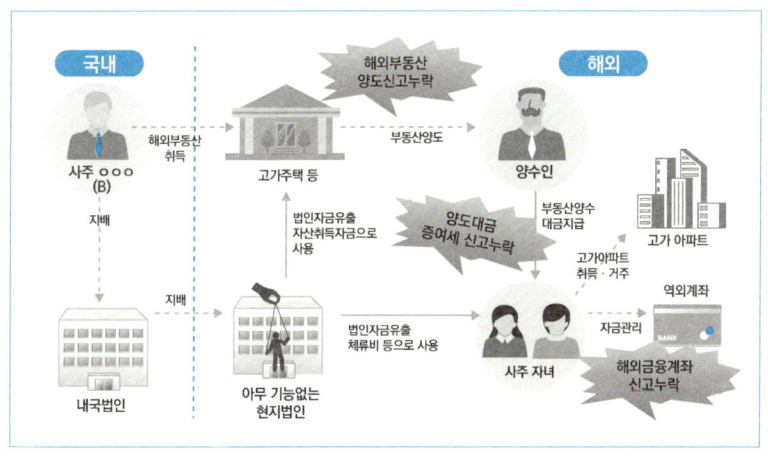

이 사례는 아무 기능 없는 해외 현지법인을 설립해 국내 법인의 자금을 빼내고 이 자금을 원천으로 자녀에게 현지 부동산 처분대금을 증여하는 등 결과적으로는 증여세 신고나 정당한 대가 없이 자녀의 부를 증식시킨 케이스입니다.

국내 법인을 지배하고 있는 사주인 부친이 해외에 거주하고 있는 자녀에게 재산을 물려주기 위해 국내 법인을 주주로 하여 현지에 아무 사업기능이 없는 명목상의 현지법인을 설립하였습니다. 국내 법인과 현지법인 간의 형식상 거래 계약을 만들고 이 계약을 통해 국내 법인의 돈이 현지법인에 흘러가 차곡히 이익을 쌓아 유보시키는 전형적인 수법을 써서 국내 법인의 자금을 해외로 빼돌렸습니다. 부친은 현지법인의 자금을 편취하여 해외 고가주택을 취득하는 용도로 쓰고 일부는 자녀들의 현지 체류비로 사용하였습니다.

부친은 이 자금으로 취득한 해외 부동산을 매각하면서 국내에 양도세신고 의무가 있음에도 이를 누락하였고 부동산 매각자금이 본인의 계좌가 아닌 자녀의 계좌로 들어가게 하면서 증여세 신고도 누락하였습니다. 자녀들은 이 자금으로 해외 현지의 유명학군의 고가 아파트를 취득하고 거주하면서 고액의 교육비를 지출하는 등 교육대물림을 강화하면서 재산도 증식하였는데, 자녀 명의의 이 자금들은 다른 역외계좌에 파킹 해두고 자금관리를 받았습니다.

사주인 부친과 자녀는 해외 부동산 양도세 신고, 현금 증여세 신고, 해외 금융계좌 보유 신고 전부 하지 않아 국세청은 세금과 과태료를 부과한 사례입니다. 이러한 조사는 개인분석으로 시작되기보다는 법인조사를 시작으로 확장됩니다. 내국법인을 조사하면서 법인의 자금이 해외 특수관계법인에 지급되니 국세청은 거래의 적정성에 대해 우선 조사를 할 것입니다. 조사결과 아무런 기능 없는 현지법인에 명목만 만들어서 지급된 것이니 관련 자료나 거래의 실질성을 입증할 근거가 아무것도 없었을 것입니다.

결국 해외 현지법인의 계좌와 자금을 따라 조사를 시작하게 될 것이고 자금의 흐름을 따라가니 자연스레 사주인 부친의 현지법인 자금의 편취 내역과 자녀에게도 자금이 흘러간 근거들이 나오게 된 것입니다. 이 경우에도 "해외에서 일어나는 일들을 국세청이 어떻게 알고 분석하겠어? 이건 완전 범죄야!"라고 생각했겠지만, 폭탄의 도화선은 국내법인 조사에서 시작된 것입니다. 이렇게 복잡한 거래구조를 만들고 모든 변수를 통제한다는 것은 사실상 불가능하기 때문에 항상 보수적으로 법적 테두리 내에서 절세를 시도해야 하겠습니다.

4 자녀의 '비밀 지갑'이 되어준 수상한 해외 법인 : 자녀의 개인자금 편법 조달

해외 현지법인으로서 페이퍼컴퍼니를 만드는 것은 늘 단골 수법입니다. 법인에 대해 실제성 조사를 하기 전에는 문제를 삼기 쉽지 않아서 즉각적으로 걸리지 않는다는 점을 이용하는 것입니다. 하지만 페이퍼컴퍼니는 조사를 하면 문제거리가 생길 수밖에 없기 때문에 늘 리스크가 동반되는 것입니다.

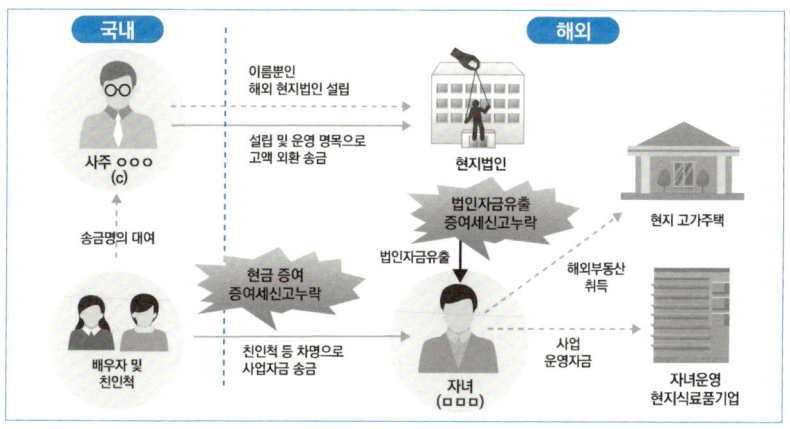

이 사례에서는 페이퍼컴퍼니와 차명의 외환송금까지 이용하였습니다. 국내 중견 법인의 사주인 자산가 부친이 페이퍼컴퍼니인 해외 현지법인을 설립하였고 현지법인의 운영 및 설립 명목으로 고액의 외환을 송금하였습니다. 여기까지는 문제가 없으나, 자녀가 현지에서 식료품 기업을 운영하고 있었는데 부친이 설립한 현지법인에서 법인의 자금을 자녀가 개인 유출하여 자신이 운영하는 기업의 사업자금으로 사용하였습니다. 이 과정에서 자녀는 기업 운영비 등 사업자금으로 사용하고 남은 자금으로 현지에서 고가주택을 취득하여 거주하였습니다. 또한 부친은 배우자와 친·인척의 명의를 빌려 해외에 있는 자녀에게 수년에 걸쳐 사업자금을 송금하였습니다.

부친은 자신의 명의로 현지법인 설립 등 이미 고액의 외환송금이 많이 나갔고 자녀에게 보내는 외환송금 자료를 국가에 남기기 싫었을 것입니다. 그렇기 때문에 친·인척 명의를 이용하여 차명으로 자녀에게 사업자금을 송금하여 주면서 증여세 신고를 누락하였습니다.

국세청은 세무조사를 하면서 부친이 해외 현지법인으로 송금한 자금도 실질적으로는 법인 사업목적 사용 없이 단순히 해외 자녀에게 보내기 위한 형식상 구실이었기 때문에 거래 형식을 무시하고 실질과세 원칙을 적용하여 자녀를 수증자로 한 증여세를 과세하였을 것입니다. 많은 사람들이 해외로 돈을 보내는 과정에서 외환송금 행위가 문제 생기지 않으면, 돈이 해외로 나간 뒤에는 국세청이 추적 못 할 것이라고 생각합니다.

하지만 일단 외환 송금 자료로 수취인이 누구인지, 법인인지, 자녀

등 특수관계자인지 확인이 가능하기 때문에 조사의 단초가 될 수 있습니다. 외국과 정보교환을 통해 금융기관 자료 수취가 가능하기 때문에 외환거래 자금흐름을 따라가면 결국 자녀에게 자금이 귀속되었고 자녀 명의로 자산취득과 사용이 이루어졌다는 걸 확인할 수 있습니다.

5 강남 부자들의 역외보험으로 돈 빼돌린 '검은 재테크' : 역외보험상품(속칭 '강남부자보험') 편법 증여

속칭 '강남부자보험'으로 불리는 상품이 있습니다. 바로 역외보험인데, 위 기사에서도 보듯이 대표적인 것이 홍콩보험으로 국내에는 거의 없는 유배당 상품입니다.

'역외보험상품'이란 국내에서 보험업 허가를 받지 않은 외국보험회사와 체결하는 보험인데, 국내 보험설계사의 역외보험 모집행위는 보험업법상 허용되지 않기 때문에 소비자가 해외보험을 직구하는 개념으로 보시면 됩니다. 역외보험을 찾는 주된 이유는 수익성 때문이고 이러한 수익성의 비밀은 배당금에 있는데, 국내의 보험상품과 달리 역외보험 대부분은 유배당 상품이고 저축성보험 성격으로 연평균 6~7%의 배당률로 이익을 분배해 줍니다.

따라서 국내 금융제도권 밖의 상품이기 때문에 보험사의 자료가 국세청에 정보수집 되지도 않고 해외에서 보험가입부터 배당지급 등 모든 것이 이루어지게 할 수 있기 때문에 자산가들이 국세청의 눈을 피해 편법 증여를 목적으로 이러한 상품을 활용했던 사례입니다. 만약 국내 보험상품이었다면 책의 앞부분에서 소개했듯이 국내 보험사는 보험금 지급내역뿐만 아니라 생명보험 및 손해보험의 계약자 또는 수익자의 명의자 변경자료, 보험 명의변경을 취급하는 자는 보험 계약자 등 명의변경 명세서를 국세청에 주기적으로 제출해야 합니다.

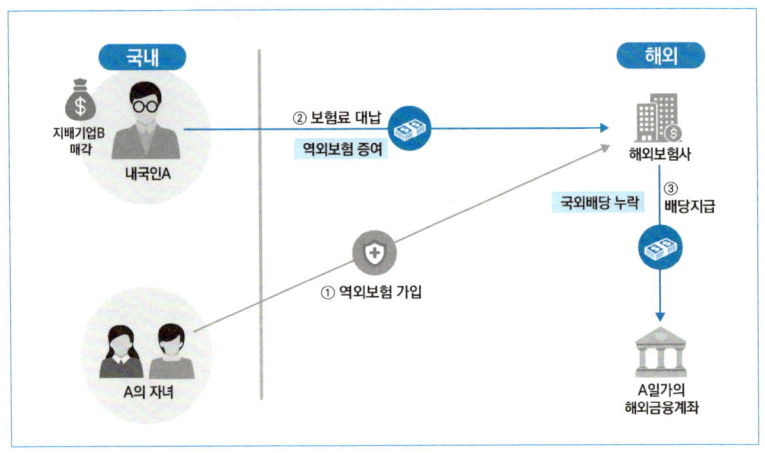

이 조사사례에서는 국내기업의 사주로서 부친이 투자회사에 기업을 매각하였고 거액의 지분매각 차익을 얻게 되었습니다. 거액의 자금이 생기자 부친은 자녀에게 증여를 하고 싶었는데, 최고세율 50%나 되

는 국내 증여세율을 부담해 가면서 자산을 이전하기는 아까웠기 때문에 유배당 역외보험상품을 자녀 명의로 가입한 것이었습니다. 국내 보험으로 가입했다면 바로 국세청에 증여혐의가 포착되었겠지만, 해외 보험사를 통해 해외에서 가입을 진행하였고 보험상품의 배당금 지급 또한 자녀들의 해외 금융계좌로 받도록 하여 국세청의 눈에 띄지 않도록 조치를 취했습니다.

하지만 해외 계좌가 우리나라 거주자 명의인 경우는 '금융정보 자동교환 협정'에 따라 정보수집이 되고 있습니다. 한국과 금융정보를 교환하는 국가는 110개국에 이르고 홍콩을 비롯하여 주요 국가는 대부분 포함되며, 점차 참여 국가가 확장되고 있습니다.

〈총 110개국〉

가	나	건지	그레나다	그리스	그린란드	나우루
나이지리아	남아프리카공화국	네덜란드	노르웨이	뉴질랜드	뉴칼레도니아	
니우에	덴마크	도미니카연방	독일	라트비아	러시아	
레바논	루마니아	룩셈부르크	리투아니아	리히텐슈타인	마셜제도	
마카오	말레이시아	맨섬	멕시코	모나코	모리셔스	
몬트세랫	몰디브	몰타	바누아투	바레인	바베이도스	
바하마	버뮤다	벨기에	벨리즈	불가리아	브라질	
브루나이	사모아	사우디아라비아	사이프러스	산마리노	세이셸	
세인트루시아	세인트빈센트그레나딘	세인트키츠네비스	스웨덴	스위스	스페인	
슬로바키아	슬로베니아	신트마르턴	싱가포르	아랍에미리트	아루바	
아르헨티나	아이슬란드	아일랜드	아제르바이잔	안도라	알바니아	
앤티가바부다	앵귈라	에스토니아	에콰도르	영국	영국령버진아일랜드	
오만	오스트리아	우루과이	이스라엘	이탈리아	인도	
인도네시아	일본	저지	중국	지브롤터	체코	
칠레	카자흐스탄	카타르	캐나다	케이맨제도	코스타리카	
콜롬비아	쿠웨이트	쿡제도	퀴라소	크로아티아	터키스케이커스	
터키	트리니다드토바고	파나마	파키스탄	페로제도	페루	
포르투갈	폴란드	프랑스	핀란드	헝가리	호주	
홍콩	미국					

협정된 국가 간에는 금융계좌 보유자의 신원을 확인할 수 있는 기본정보와 금융계좌정보가 교환됩니다.

> * 기본정보 : 이름, 주소, 납세자번호, 생년월일
> * 금융계좌 정보 : 금융기관명, 계좌번호, 연도 말 계좌잔액, 해당 계좌와 관련하여 발생한 이자·배당 등 소득총액, 해당 계좌와 관련된 자산(주식 등)의 매각 또는 상환액, 해지계좌의 경우 해지사실 등

이렇게 세세한 정보가 협정 국가 간 교환되고 국세청에 수집되는데, "배당금을 해외 계좌로 받아서, 국내에 반입시키지 않으면 모르겠지?" 이런 생각으로 역외보험을 가입했다면, 순진한 생각이 아닐 수 없습니다. 국세청은 자녀 명의의 해외 금융계좌 정보가 수집되어서 분석해 보면 증여세 신고 내역이나 해외로 송금했었던 내역, 소득신고 내역 등 해외금융 자산의 원천이 되는 신고자료가 하나도 없을 것이었기 때문에 조사대상자로 선정되었을 것입니다. 그 결과 자녀는 부친이 대납해 준 역외보험료에 대해 증여세 과세, 해당 보험에서 발생한 배당수익에 대해 소득세 과세를 받은 것입니다.

6 이민 간 줄 알았는데... 해외에서 재산 몰래 준 아빠 :
해외이주를 악용한 편법 증여

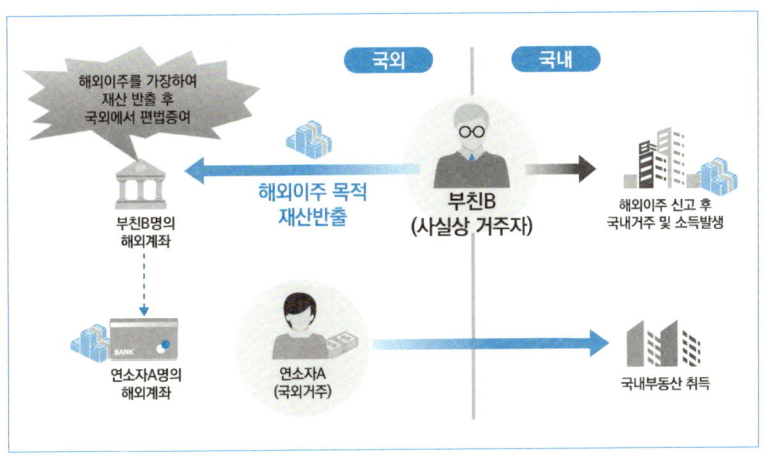

이번 사례는 세법을 잘 알고 자문을 받아 계획적 의도를 갖고 실행한 것으로 보입니다. 비거주자 신분을 이용해서 증여세를 피하고자 하는 경우 증여자, 수증자 모두 비거주자이어야 가능하고 증여재산도 국외재산이어야 합니다.

증여세의 경우 받는 자(수증자) 기준으로 납세의무를 판단하기 때문에, 받는 자가 유학가서 해외에 자리잡은 자녀 즉, 비거주자인 경우에 이를 이용한 절세방법이 없는지 문의를 많이 합니다.

수증자 (해외자녀)	증여자 (부모)	증여재산	과세대상	납부의무자
거주자	거주자/ 비거주자	국내	과세	수증자
	거주자/ 비거주자	국외	과세	수증자
비거주자	거주자/ 비거주자	국내	과세	수증자(연대의무)
	거주자	국외	과세	증여자
	비거주자	국외	비과세	n/a

하지만 상담을 받아봐도 부모가 거주자이거나 국내 재산을 증여하거나 하면, 증여세를 피할 수 없다는 것을 알게 됩니다. 이 사례의 부친은 증여세를 안 내고자 해외이주 신고를 하고 해외이주 명목으로 외환을 반출한 후 이 외환을 국외에 거주하는 자녀의 해외 계좌로 이체했습니다.

국외에 거주하는 자녀는 이 외환 자금을 이용하여 고가의 국내 부동산을 취득하였고 결국 국세청의 소득지출분석 시스템에 감지되었습니다. 조사결과 쟁점은 부친이 국내 거주자인지 여부였습니다. 만약 비거주자 부친이 비거주자인 자녀에게 해외재산(해외예금)을 준 것이라면 국내에서 증여세를 부과할 수 없습니다.

하지만 부친의 해외이주 신고는 서류상 꾸민 것이었고 실제는 해외이주가 아닌 국내에 거주하면서 사업을 영위하였고 국내에서 신용카드 사용도 계속하였습니다. 결국 부친은 비거주자로 가장하여 자녀에게 국외에서 자금을 증여한 혐의로 증여세를 과세 받았고, 이 경우 납세의무자는 앞의 표에서 보듯이 증여자(부친)입니다. 비거주자(자녀)가 거주자(부친)로부터 국외 예금을 증여받은 경우 납세의무자는 증여자이기 때문에 이 경우는 조사통지서도 부친을 대상으로 나왔습니다.

비거주자 이슈는 법리보다는 사실관계 판단이 더 중요하기 때문에 증거수집이 수사에 가깝습니다. 조사팀은 국세청의 방대한 전산과 권한으로 최대한의 증거를 모으기 때문에 무늬만 비거주자라면 빠져나가기 힘듭니다.

7 수상한 외환 반입 : 해외 계좌로 돌린 편법 증여

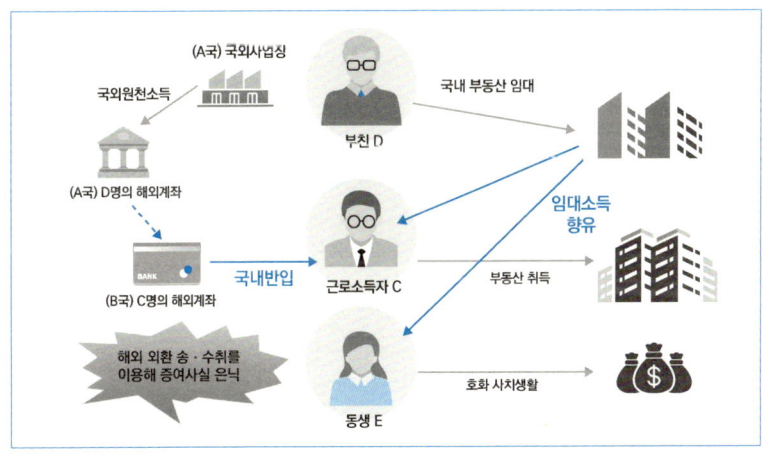

사례에서 자녀는 평범한 근로소득자로 소득대비 고가의 부동산을 취득하였습니다. 또한 해외에서 사업 이력 등이 없음에도 본인의 해외

계좌로부터 고액의 외환을 국내에 반입한 사실이 있어 자금출처 분석 대상으로 선정되었습니다.

조사 결과 해외에서의 자금 거래를 포착하기 어려운 점을 이용하여 부친이 자신의 국외사업장에서 발생되는 국외원천소득을 부친의 해외 계좌에서 자녀의 다른 나라 해외 계좌로 이체 시킨 후에 자녀는 이를 다시 국내의 본인 계좌로 들여온 것이었습니다.

또한 부친은 국내에 부동산임대 사업장이 있었는데, 부친의 임대소득을 자녀들이 쓰고 있었습니다. 첫째 자녀는 국내 반입한 외환 및 부친의 국내 임대소득을 원천으로 국내 고가 부동산을 취득하였고 둘째 자녀 역시 신고소득이 미미함에도 고가의 외제차를 취득하고 매년 고액의 신용카드를 사용하는 등 편법 증여받은 혐의로 자녀들에게 각 증여세가 과세되었습니다.

세무조사의 시작은 첫째 자녀의 부동산 취득에 대한 소득지출 분석이었지만, 고액의 외환반입 자료가 가장 이상했기 때문에 이를 단초로 해외 계좌의 정보교환을 통해 자금의 흐름을 따라가면 결국 부친의 해외 계좌에서 자금이 흘러왔다는 것을 확인할 수 있었을 것입니다. 따라서 단순히 국세청이 해외의 계좌 흐름은 확인 못할 것이라 생각하면 큰 오산입니다.

**이민 간 부모님의 임대소득을 대신 쓴 아들 :
해외 이주자의 국내 부동산 임대소득 변칙 증여**

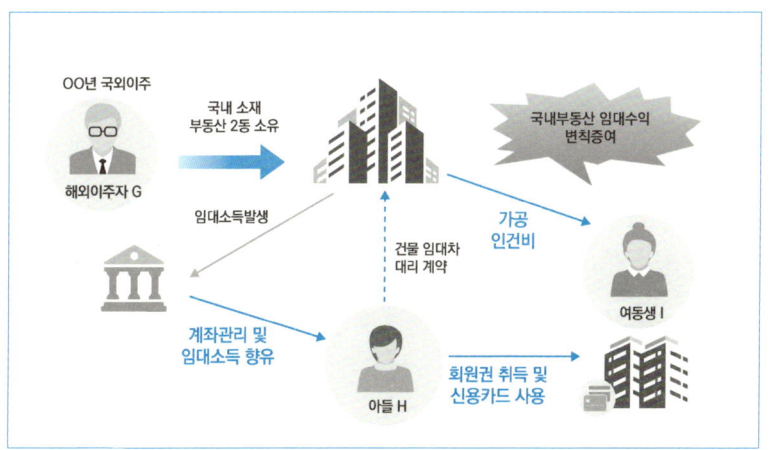

자녀들이 유학가서 비거주자로 있는 경우가 보통인데, 이번 케이스는 반대로 부모가 국외이주를 하여 비거주자로 있는 상황이었습니다. 아마도 국내에 자산을 남겨둔 채 은퇴이민으로 비거주자가 된 걸로 보입니다. 부모는 해외이주를 하였으나 국내에 임대부동산 2채가 있었고 아들이 국내에서 임대건물의 임대차 대리계약과 임대계좌 및 건물 관리를 하고 있는 상황이었습니다.

이 사례에서는 자녀가 건물 취득을 하지도 않았고 자녀가 최초 분석 대상자가 아니었습니다. 아마도 앞의 해외이민을 가장한 사례와 연계해서 비거주자 중에 무늬만 비거주자이고 실제는 거주자인 사람을 찾기 위해 국내에서 소득이 계속 발생되고 있는 유형을 분석하면서 혐의를 착안한 것으로 보입니다. 해외이주자이면서 국내에서 임대소득이 계속 발생하니 비거주자가 맞기는 한데, 해외로 송금하는 금액은 미미하여 자금 사용처를 분석한 것이 계기였습니다.

계좌조회 결과 아들이 부모님의 임대소득을 자기 신용카드 결제 대금으로 유용하였고 또한 부모님은 최근 몇 년간 입국 사실이 없는데도 해외이주한 부모님 명의로 콘도회원권, 고급외제차를 취득하여 아들이 사용하였습니다. 부모님의 임대사업장에서는 근로사실이 없는 딸의 명의로 가공 인건비를 계상하는 방법으로 소득세를 탈루한 혐의가 있었습니다. 국내사업장이 없는 비거주자라고 해도 국내에서 발생되는 부동산임대소득에 대해서는 거주자와 같이 종합과세하게 되어있습니다. 결국 부모님 임대소득을 유용한 혐의가 있는 아들에 대한 자금출처조사와 가공 인건비 계상을 통한 소득세 탈루 혐의 확인을 위해 해외이주자 부모님에 대한 개인통합조사를 동시 착수하였습니다.

9 외국 시민권 가진 자녀의 신분세탁 : 비거주자로 위장한 자녀에게 해외 부동산 편법 증여

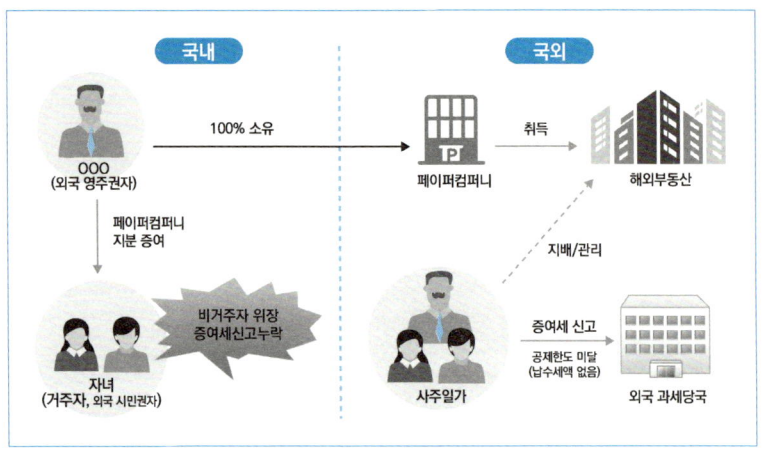

부친은 외국 영주권을 취득한 후 자녀에게 물려줄 해외 부동산을 매입하기 위해 현지에 페이퍼컴퍼니를 설립하고 페이퍼컴퍼니 명의로 부동산을 사들였습니다. 그 후, 페이퍼컴퍼니 법인 지분을 자녀에게 이전하는 방식으로 해외 부동산을 자녀에게 편법 증여하였고 법인의 지분 증여에 대해 현지의 과세당국에도 증여세 신고를 하였으나 해당 국가의 증여공제액이 워낙 커서 납부한 세금은 없었습니다.

국내에서 자녀들은 유학 기간을 제외하면 대부분 국내 거주한 거주자임에도 외국 시민권자라는 신분을 이용하여 국내에서 비거주자로 위장하고 증여받은 부동산 상당액에 대해 증여세 신고를 누락하였습니다. 수증자인 자녀와 증여자인 부모가 모두 비거주자이고 증여재산도 국내가 아닌 해외재산인 경우는 국내에 과세권이 없습니다. 반면에 미국은 평생 증여세 면제한도가 2025년 기준으로 $13,990,000(약 195억 원)이기 때문에 의도적으로 증여세 면제 한도가 높은 현지법을 최대한 이용하고 국내 증여세는 탈루하기 위해 이러한 모양새를 갖춘 것으로 보입니다.

국세청은 국·내외 수집정보, 국가 간 정보교환자료, 해외 금융계좌 신고자료 등 과세 인프라를 최대한 활용하여 조사대상자를 분석하였습니다. 그 결과 자녀들은 외국 시민권자이지만 국내 거주자라는 것, 부모도 비거주자인 것으로 보이기 위해 해외 영주권을 취득한 것, 부모명의 해외 부동산 직접취득을 피하기 위해 페이퍼컴퍼니를 설립했다는 것, 법인의 지분 이전을 이용해서 간접적으로 자녀에게 자산승계를 할 수 있고 이러한 지분 증여는 현지국가에서 증여세 면제 한도 이내여서 세금을 안내도 된다는 것, 이렇게 국내 증여세 과세제외 대상인 것처럼 모양새를 만들기 위해 모든 판을 기획했다는 것을 밝혔습니다.

치밀하게 탈세를 위해 기획했음에도 이들은 국세청의 실질과세라는 가장 무섭고도 기본적인 칼을 간과했습니다. 특히 거주성 부분은 국세청이 증거 자료를 손쉽게 수집해서 밝힐 수 있는 부분이고 거주성이 드러나는 순간 이 모든 기획이 물거품 된다는 것을 간과했습니다. 반복해서 말씀드리지만 국세청의 눈을 피하는 것은 언제 어떤 국가적 기획과 사건으로 드러날지 모릅니다. 당장은 완전범죄 같이 보일지는 몰라도 법의 테두리를 벗어나서 한 것이면 절대 안전한 결과를 장담할 수 없는 것입니다. 사전 전략을 세우고 컨설팅을 받더라도, 어느 정도 세금을 내더라도, 적어도 법의 테두리 안에서 보수적으로 접근하시길 권해드립니다.

귀속된 것으로 보아 소득세까지 과세됩니다. 또한, 조사법인에 대출이자가 있었다면 업무무관 가지급금으로 인해 지급이자에 대한 일부 비용까지 부인됩니다.

법인세 집행기준 67-106-10

【가지급금에 대한 인정이자의 처분】

① 영 제89조 제3항 및 제5항에 따라 익금에 산입한 금액은 금전을 대여받은 자의 구분에 따라 다음과 같이 처분한다.

1. 출자자(출자임원 제외) : 배당

2. 직원(임원 포함) : 상여

3. 법인 또는 사업을 영위하는 개인 : 기타사외유출

4. 이외의 개인 : 기타소득

법인세 집행기준 67-106-9

【가지급금 등의 소득처분】

① 특수관계인과의 자금거래에서 발생한 가지급금 등과 동 이자상당액으로 영 제11조 제9호에 따라 익금에 산입한 금액은 그 귀속자에 따라 다음에 해당하는 날이 속하는 사업연도에 처분한다.

1. 가지급금 등 : 특수관계가 소멸하는 날

2. 미수이자 : 발생일이 속하는 사업연도 종료일로부터 1년이 되는 날. 다만, 1년 이내에 특수관계가 소멸하는 경우 특수관계가 소멸하는 날

Chapter 2

법인사업체를 악용한 증여

– '가족회사'라는 가면 뒤의 비밀

법인사업체는 그 자체로 강력한 자산 증식의 도구이지만, 동시에 증여세를 회피하기 위한 가상 흔한 통로가 되기도 합니다. 국세청은 법인과 개인의 자금을 혼용하거나 법인의 가치를 조작하여 증여하는 행위를 집중적으로 감시합니다. 특히 부모가 사주로써 법인을 성장시키고 이를 이용하여 자녀에게 재산을 증가시킬 수 있게 하는 과정에서 세금 탈루는 없는지 사주 자녀의 재산증가 추이에 관심이 많습니다.[10]

---

10 **국세청 보도자료**
2021. 11. 9. '코로나 경제위기에 호황업종을 영위하면서 반사이익을 독점하고 부를 편법 대물림한 대기업 및 사주일가 30명 세무조사 실시'

☞ 사주 자녀 재산증가 추이 ['16~'20년]
(연령별. 재산별)

구분	1순위	2순위	3순위	4순위
10대	주식(508.2%)	금융(373.7%)	-	-
20대	부동산(202.5%)	주식(160.1%)	금융(151.9%)	-
30대	주식(290.4%)	부동산(185.1%)	금융(116.2%)	기타(100.0%)
40대	금융(205.7%)	부동산(158.6%)	기타(125.9%)	주식(103.2%)

연령별 재산 증감률			
506.3%	161.7%	282.8%	106.6%
10대	20대	30대	40대

* 기타재산 : 고급 자동차, 회원권 등 사치성 재산

☞ (의미) **10대**에 부모찬스를 통해 **법인 주식과 종잣돈**을 증여 받고 **20대**에 **일감몰아주기**·**사업기회** 제공으로 주식가치를 부풀린 후 **30~40대**에는 **고액급여·배당**을 통해 수월하게 재산을 증식하는 양상

* 주식·금융재산(종잣돈) → 부동산·주식(투자이익) → 금융재산(고액급여·배당 등)

언론에서 '일감 몰아주기, 일감 떼어주기'라는 용어를 들어보신 적이 있을 겁니다. '일감 몰아주기'는 건실한 부모법인이 자녀법인의 이익을 손쉽게 늘리고, 이를 통해 자녀가 보유한 법인 지분의 가치를 상승시켜 간접적으로 증여하는 대표적인 편법 중 하나입니다. 그러나 국세청은 이러한 행위를 이미 오래전부터 주시해 왔고 상증세법에도 제재하는 내용[11]이 있기 때문에, 자녀가 지배하는 법인(수혜법인)에 부모

---

11 **상속세 및 증여세법**
제45조의3 [특수관계법인과의 거래를 통한 이익의 증여 의제]
① 법인이 제1호에 해당하는 경우에는 그 법인(이하 이 조 및 제68조에서 "수혜법인"이라 한다)의 지배주주와 그 지배주주의 친족[수혜법인의 발행주식총수 또는 출자총액에 대하여 직접 또는 간접으로 보유하는 주식보유비율(이하 이 조에서 "주식보유비율"이라 한다)이 대통령령으로 정하는 보유비율(이하 이 조에서 "한계보유비율"이라 한다)을 초과하는 주주에 한정한다. 이하 이 조에서 같다]이 제2호의 이익(이하 이 조 및 제55조에서 "증여의제이익"이라 한다)을 각각 증여받은 것으로 본다. 이 경우 수혜법인이 사업부문별로 회계를 구분하여 기록하는 등 대통령령으로 정하는 요건을 갖춘 경우에는 제1호 및 제2호를 적용할 때 대통령령으로 정하는 바에 따라 사업부문별로 특수관계법인거래비율 및 세후영업이익 등을 계산할 수 있다. (2022.12.31. 후단신설)
 1. 법인이 다음 각 목의 어느 하나에 해당하는 경우 (2017.12.19. 개정)
 가. 법인이 대통령령으로 정하는 중소기업(이하 이 조에서 "중소기업"이라 한다) 또는 대통령령으로 정하는 중견기업(이하 이 조에서 "중견기업"이라 한다)에 해당하는 경우 : 법인의 사업연도 매출액(「법인세법」 제43조의 기업회계기준에 따라 계산한 매출액을 말한다. 이하 이 조에서 같다) 중에서 그 법인의 지배주주와 대통령령으로 정하는 특수관계에 있는 법

의 회사가 일감을 몰아주어 이익을 발생시키면, 그 이익의 일부를 자녀가 증여받은 것으로 간주합니다.

여기서 주의할 점은 부모법인과 자녀법인 즉, 특수관계법인 간에 정상적인 시가대로 거래를 하여도 일감 몰아주기 요건에 해당되면 주주에게 증여세가 과세 되는 것이라는 점입니다.[12]

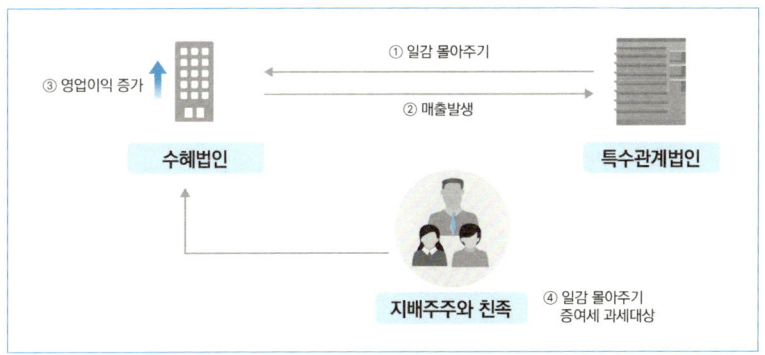

만약, 특수관계법인 간에 시가대로 거래하지 않고 자녀법인에 고·저가 거래를 통해 경제적인 합리성이 결여되게 자녀법인에게 부당히

인(이하 이 조에서 "특수관계법인"이라 한다)에 대한 매출액(「독점규제 및 공정거래에 관한 법률」 제31조에 따른 공시대상기업집단 간의 교차거래 등으로서 대통령령으로 정하는 거래에서 발생한 매출액을 포함한다. 이하 이 조에서 같다)이 차지하는 비율(이하 이 조에서 "특수관계법인거래비율"이라 한다)이 그 법인의 규모 등을 고려하여 대통령령으로 정하는 비율(이하 이 조에서 "정상거래비율"이라 한다)을 초과하는 경우 (2020.12.29. 개정) <독점규제 및 공정거래에 관한 법률 전부개정법률>

　나. 법인이 중소기업 및 중견기업에 해당하지 아니하는 경우 : 다음의 어느 하나에 해당하는 경우 (2017.12.19. 개정)
　　1) 가목에 따른 사유에 해당하는 경우
　　2) 특수관계법인거래비율이 정상거래비율의 3분의 2를 초과하는 경우로서 특수관계법인에 대한 매출액이 법인의 규모 등을 고려하여 대통령령으로 정하는 금액을 초과하는 경우

12 국세청
2025년 일감 몰아주기·일감 떼어주기 증여세 신고안내, 10p.

이익이 가는 거래구조를 만들었다면, 법인세법상 부당행위계산 부인이 적용되어 부당히 이익을 준 부모법인에게 법인세가 별도로 과세됩니다.

법인세법상 '부당행위계산부인'이란 특수관계에 있는 회사끼리 의도적으로 비정상적인 거래를 했을 때, 그 거래를 인정하지 않고 세금을 정상 시가대로 다시 계산하는 것'을 말합니다. 만약 부모법인이 자녀법인에게 비싸게 영업상 뭔가를 사줬다면 자녀법인 입장에서는 더 이익을 얻었겠지만, 부모법인 입장에서는 원가가 더 많이 들어가면서 부모법인의 영업이익은 낮아지고 부모법인의 법인세 과표 및 법인세는 낮아지게 됩니다. 따라서 국세청은 이 거래는 정상적이지 않고 부모법인의 세금만 줄어들었다고 판단하여 당사자들이 합의한 거래 가격을 무시하고 원래 시장 가격(시가)으로 거래한 것처럼 간주해 세금을 다시 부과하는 제도입니다. (하지만 자녀법인이 이익을 본 것에 대해 법인세 더 낸 것을 시가거래로 조정하여 낮춰주지는 않습니다) 그렇기 때문에 특수관계인 간에 거래를 할 때는 시가대로 거래하는 것이 중요합니다. 더구나 '부당행위계산부인' 규정은 법인세법에만 있는 것이 아니라 소득세법, 부가세법에도 전부 있기 때문에 주의가 필요합니다.

1 아들 회사에 '공짜' 사업 넘겨준 회장님 : 자녀법인에 사업 기회 및 통행세 제공, 전환사채 저가 인수 편법 경영권 승계

탄탄한 부모법인의 사업거래에 자녀 신생법인을 끼워주고 주주인 자녀들이 편익을 보게하는 콘셉트는 이전부터 많이 해오던 전통적인 방식입니다. 다만 앞서 언급했듯이 과세가 될 때 일감 몰아주기 요건이

(증여세) 되느냐 부당행위계산부인 요건이(법인세) 되느냐는 사실관계에 따라 달라집니다.

이 보도자료 사례에서는 일감 몰아주기 이슈는 아니었고 부모법인이 부당히 이익을 자녀법인에게 몰아준 쟁점이었습니다. 일감 몰아주기는 과세요건이 까다롭기 때문에 보도자료의 사실관계만으로 일감몰아주기 과세요건에 해당이 되는지는 알 수 없지만, 부당행위계산부인만 쟁점이 된 것으로 보입니다.

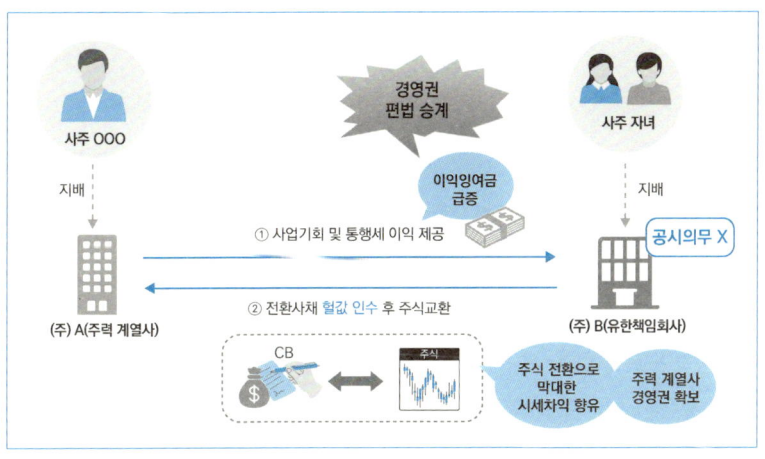

자녀를 주주로 하여 공시의무가 없는 유한책임회사(자녀법인)를 설립하고 부모법인의 사주인 부친은 이 자녀법인을 기존 매입처와의 거래에 끼워 넣어 사업기회를 제공하였습니다. 자녀법인은 유한책임회사로서 공시의무가 없다는 점을 활용하여 사업기회 제공 등 내부거래 관계를 감추고 실제 주요 업무는 부모법인이 대신 수행하도록 하였습니다. 자녀법인은 실제로는 아무런 역할이 없었고 부모법인은 기존 매입처에서 직접 구매해도 되지만, 자녀법인을 통해 매입함으로써 같은 품목을 매입함에도 더 비싸게 거래하여 자녀법인에 통행세처럼 마진을 남겨주었습니다.

이러한 거래구조를 조사할 때 국세청은 중간에 끼워진 특수관계법인의 실제 역할이 있는지 여부, 역할이 있다면 그 거래가격이 합리적인 시가인지 여부 등을 판단합니다. 이 사례에서는 자녀법인에 인위적으로 이익을 만들어주려는 것이 목적이었기 때문에 거래의 합리성과 자녀법인의 실제 역할 등 아무런 근거를 제시할 수 없었을 것입니다. 결국 부모법인은 같은 품목을 구입하면서도 지출하지 않아도 되는 자녀법인의 마진까지 지급함으로써 원가비용이 높아져 법인세는 낮추고 자녀법인에 자금이 쌓이게 한 것입니다. 지급할 이유가 없는 지출을 한 것에 대해 경제적 합리성이 결여되었다고 보아 법인세법상 부당행위계산부인을 적용하여 부모법인에 법인세를 과세한 것으로 보입니다.

또한 자녀법인은 이렇게 부모법인으로부터 분여 받은 통행세 이익을 통해 누적된 이익잉여금을 재원으로 상장사인 부모법인이 저가로 발행한 사모 전환사채를 인수한 후 나중에 주식으로 전환하여 부모법인의 경영권을 편법 승계하는 것까지 실행하였습니다. 이때 자녀법인에 전환사채를 저가로 발행한 부모법인은 시가와 대가와의 차액을 자녀법인에게 분여한 것으로 보아 부당행위계산부인을 적용하여 과세대상입니다.

서이 46012-10183(2003.1.24.)

[특수관계 있는 법인이 발행한 전환사채 취득시 부당행위계산 부인의 해당 여부]

법인이 시가보다 낮은 가액으로 발행한 전환사채를 특수관계에 있는 자가 전량 인수·취득하여 이익을 분여받은 경우는 부당행위계산의 부인을 적용하며 시가가 불분명한 경우는 상증법상 평가한 가액으로 분여된 이익을 산정하는 것임.

만약 전환사채를 저가로 인수하고 주식전환으로 얻은 이익이 자녀 법인이 아닌 자녀였다면, 상속세 및 증여세법 제40조 [전환사채 등의 주식전환 등에 따른 이익의 증여][13]에 의해 자녀에게 증여세까지 과세

---

13 **상속세 및 증여세법**

제40조 [전환사채 등의 주식전환 등에 따른 이익의 증여] (2010.1.1. 제목개정)

① 전환사채, 신주인수권부사채(신주인수권증권이 분리된 경우에는 신주인수권증권을 말한다) 또는 그 밖의 주식으로 전환·교환하거나 주식을 인수할 수 있는 권리가 부여된 사채(이하 이 조 및 제41조의3에서 "전환사채등"이라 한다)를 인수·취득·양도하거나, 전환사채등에 의하여 주식으로 전환·교환 또는 주식의 인수(이하 이 조에서 "주식전환등"이라 한다)를 함으로써 다음 각 호의 어느 하나에 해당하는 이익을 얻은 경우에는 그 이익에 상당하는 금액을 그 이익을 얻은 자의 증여재산가액으로 한다. 다만, 그 이익에 상당하는 금액이 대통령령으로 정하는 기준금액 미만인 경우는 제외한다. (2015.12.15. 개정)

1. 전환사채등을 인수·취득함으로써 인수·취득을 한 날에 얻은 다음 각 목의 어느 하나에 해당하는 이익 (2015.12.15. 개정)

   가. 특수관계인으로부터 전환사채등을 시가보다 낮은 가액으로 취득함으로써 얻은 이익 (2015.12.15. 개정)

   나. 전환사채등을 발행한 법인(「자본시장과 금융투자업에 관한 법률」에 따른 주권상장법인으로서 같은 법 제9조 제7항에 따른 유가증권의 모집방법(대통령령으로 정하는 경우를 제외한다)으로 전환사채등을 발행한 법인은 제외한다. 이하 이 항에서 같다)의 최대주주나 그의 특수관계인인 주주가 그 법인으로부터 전환사채등을 시가보다 낮은 가액으로 그 소유 주식 수에 비례하여 균등한 조건으로 배정받을 수 있는 수를 초과하여 인수·취득(「자본시장과 금융투자업에 관한 법률」 제9조 제12항에 따른 인수인으로부터 인수·취득하는 경우와 그 밖에 대통령령으로 정하는 방법으로 인수·취득한 경우를 포함한다. 이하 이 항에서 "인수등"이라 한다)함으로써 얻은 이익 (2016.12.2. 개정)

   다. 전환사채등을 발행한 법인의 최대주주의 특수관계인(그 법인의 주주는 제외한다)이 그 법인으로부터 전환사채등을 시가보다 낮은 가액으로 인수등을 함으로써 얻은 이익 (2015. 12.15. 개정)

2. 전환사채등에 의하여 주식전환등을 함으로써 주식전환등을 한 날에 얻은 다음 각 목의 어느 하나에 해당하는 이익 (2015.12.15. 개정)

   가. 전환사채등을 특수관계인으로부터 취득한 자가 전환사채등에 의하여 교부받았거나 교부받을 주식의 가액이 전환·교환 또는 인수 가액(이하 이 항에서 "전환가액등"이라 한다)을

되었을 텐데, 해당 사례에서는 전환사채로 이익을 얻은 주체가 자녀법인이었기 때문에 주주인 자녀에게 증여세가 과세가 되지 않았습니다.

하지만 2025.5.7. 이후부터는 부모법인이 이렇게 특혜를 주어 자녀법인이 전환사채 등 자본거래로 인한 이익을 본 경우에도 간접이익을 본 주주인 자녀에게 증여세가 과세될 수 있습니다.[14] 세법은 문제되는 사회 현상을 통해 개정되고 새로운 경제 현상을 받아들여 매번 진화하

초과함으로써 얻은 이익 (2015.12.15. 개정)
　나. 전환사채등을 발행한 법인의 최대주주나 그의 특수관계인인 주주가 그 법인으로부터 전환사채등을 그 소유주식 수에 비례하여 균등한 조건으로 배정받을 수 있는 수를 초과하여 인수등을 한 경우로서 전환사채등에 의하여 교부받았거나 교부받을 주식의 가액이 전환가액등을 초과함으로써 얻은 이익 (2015.12.15. 개정)
　다. 전환사채등을 발행한 법인의 최대주주의 특수관계인(그 법인의 주주는 제외한다)이 그 법인으로부터 전환사채등의 인수등을 한 경우로서 전환사채등에 의하여 교부받았거나 교부받을 주식의 가액이 전환가액등을 초과함으로써 얻은 이익 (2015.12.15. 개정)
　라. 전환사채등에 의하여 교부받은 주식의 가액이 전환가액등보다 낮게 됨으로써 그 주식을 교부받은 자의 특수관계인이 얻은 이익 (2015.12.15. 개정)
　마. 삭제 (2015.12.15.)
　3. 전환사채등을 특수관계인에게 양도한 경우로서 전환사채등의 양도일에 양도가액이 시가를 초과함으로써 양도인이 얻은 이익 (2015.12.15. 개정)

14　**상속세 및 증여세법**
제45조의5 [특정법인과의 거래를 통한 이익의 증여 의제] (2019.12.31. 제목개정)
① 지배주주와 그 친족(이하 이 조에서 "지배주주등"이라 한다)이 직접 또는 간접으로 보유하는 주식보유비율이 100분의 30 이상인 법인(이하 이 조 및 제68조에서 "특정법인"이라 한다)이 지배주주의 특수관계인과 다음 각 호에 따른 거래를 하는 경우에는 거래한 날을 증여일로 하여 그 특정법인의 이익에 특정법인의 지배주주등이 직접 또는 간접으로 보유하는 주식보유비율을 곱하여 계산한 금액을 그 특정법인의 지배주주등이 증여받은 것으로 본다. (2023.12.31. 개정)
3의2. 불균등 감자 등 대통령령으로 정하는 자본거래를 통하여 이익을 분여 받는 것 (2025. 3.14. 신설)

상속세 및 증여세법 시행령
제34조의5 [특정법인과의 거래를 통한 이익의 증여 의제] (2020.2.11. 조번개정)
② 법 제45조의5 제1항 제3호의2에서 "불균등 감자 등 대통령령으로 정하는 자본거래"란 같은 항 각 호 외의 부분에 따른 특정법인(이하 이 조에서 "특정법인"이라 한다)과 지배주주의 특수관계인 사이에 이루어지거나 지배주주의 특수관계인 사이에 이루어지는 다음 각 호의 어느 하나에 해당하는 자본거래를 말한다. (2025.5.7. 신설)
　5. 전환사채등을 시가보다 높거나 낮은 가액으로 인수·취득·양도하거나 전환사채등에 의해 주식으로 전환·교환 또는 주식의 인수를 할 때 그 전환사채등에 의해 교부받았거나 교부받을 주식의 가액이 전환가액등보다 높거나 낮은 거래 (2025.5.7. 신설)

기 때문에 중요한 의사결정을 할 때는 늘 최신 세법과 개정 방향을 모니터링해야 합니다.

2 내부 정보로 '주식 대박' 터뜨린 자녀 : 주식 상장차익을 변칙 증여

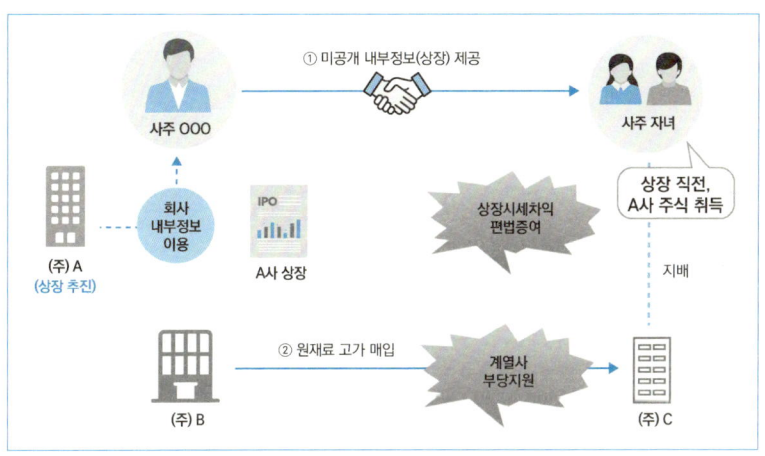

이 사례에서 상장추진 중인 법인의 사주인 부친이 상장 이후 주가가 급등할 것을 예상하고, 자녀들에게 곧 상장할 것이라는 회사 내부정보를 제공하였습니다. 사주 자녀들은 상장 직전 부친 법인의 주식을 취득하였으며, 이후 상장으로 단기간에 주가상승에 따른 막대한 시세차익을 향유하였습니다.[15]

---

15 **상속세 및 증여세법**
제41조의3 [주식등의 상장 등에 따른 이익의 증여] (2015.12.15. 제목개정)
① 기업의 경영 등에 관하여 공개되지 아니한 정보를 이용할 수 있는 지위에 있다고 인정되는 다음 각 호의 어느 하나에 해당하는 자(이하 이 조 및 제41조의5에서 "최대주주등"이라 한다)의 특수관계인이 제2항에 따라 해당 법인의 주식등을 증여받거나 취득한 경우 그 주식등을 증여

[제목] 증여받은 비상장주식이 상장되는 경우 상장차익 정산방법

상장차익을 당초 증여세 과세가액에 가산하여 정산하는 것임
[질의]

(사실관계)

□ ('21.12.2.) 갑은 A법인 비상장주식 300,000주를 특수관계자인 A법인 최대
　　주주로부터 수증

□ ('22.3월) 증여세 신고·납부(증여재산가액 1,396백만원)

□ ('23.4.26.) 해당 주식이 코스닥시장에 상장

□ ('23.10월) '23.7.25.을 정산기준일로 하여 증여세 신고·납부

받거나 취득한 날부터 5년 이내에 그 주식등이 「자본시장과 금융투자업에 관한 법률」 제8조의
2 제4항 제1호에 따른 증권시장으로서 대통령령으로 정하는 증권시장(이하 이 조에서 "증권시
장"이라 한다)에 상장됨에 따라 그 가액이 증가한 경우로서 그 주식등을 증여받거나 취득한 자
가 당초 증여세 과세가액(제2항 제2호에 따라 증여받은 재산으로 주식등을 취득한 경우는 제
외한다) 또는 취득가액을 초과하여 이익을 얻은 경우에는 그 이익에 상당하는 금액을 그 이익
을 얻은 자의 증여재산가액으로 한다. 다만, 그 이익에 상당하는 금액이 대통령령으로 정하는
기준금액 미만인 경우는 제외한다. (2016.12.20. 개정)
1. 제22조 제2항에 따른 최대주주 또는 최대출자자 (2010.1.1. 개정)
2. 내국법인의 발행주식총수 또는 출자총액의 100분의 25 이상을 소유한 자로서 대통령령으
　로 정하는 자 (2010.1.1. 개정)
② 제1항에 따른 주식등을 증여받거나 취득한 경우는 다음 각 호의 어느 하나에 해당하는 경우
로 한다. (2015.12.15. 신설)
1. 최대주주등으로부터 해당 법인의 주식등을 증여받거나 유상으로 취득한 경우 (2015.12.15.
　신설)
2. 증여받은 재산(주식등을 유상으로 취득한 날부터 소급하여 3년 이내에 최대주주등으로부터
　증여받은 재산을 말한다. 이하 이 조 및 제41조의5에서 같다)으로 최대주주등이 아닌 자로부
　터 해당 법인의 주식등을 취득한 경우 (2015.12.15. 신설)
③ 제1항에 따른 이익은 해당 주식등의 상장일부터 3개월이 되는 날(그 주식등을 보유한 자가
상장일부터 3개월 이내에 사망하거나 그 주식등을 증여 또는 양도한 경우에는 그 사망일, 증여
일 또는 양도일을 말한다. 이하 이 조와 제68조에서 "정산기준일"이라 한다)을 기준으로 계산
한다. (2015.12.15. 항번개정)
④ 제1항에 따른 이익을 얻은 자에 대해서는 그 이익을 당초의 증여세 과세가액(증여받은 재산
으로 주식등을 취득한 경우에는 그 증여받은 재산에 대한 증여세 과세가액을 말한다. 이하 이
조에서 같다)에 가산하여 증여세 과세표준과 세액을 정산한다. 다만, 정산기준일 현재의 주식
등의 가액이 당초의 증여세 과세가액보다 적은 경우로서 그 차액이 대통령령으로 정하는 기준
이상인 경우에는 그 차액에 상당하는 증여세액(증여받은 때에 납부한 당초의 증여세액을 말한
다)을 환급받을 수 있다. (2015.12.15. 항번개정)

(질의내용)

◇ (질의) 상증법 제41조의3에 따른 상장이익 과세(정산) 방법

ㅇ (1안) 상장이익을 당초 증여세 과세가액에 가산하여 정산

ㅇ (2안) 상장이익을 당초 증여세 과세가액에 가산하지 않고 상장이익만으로 정산

[회신]

귀 질의의 경우 제1안이 타당합니다.

사실 '주식 등의 상장 등에 따른 이익의 증여' 규정은 법이 들어온지 20년도 넘었습니다. 법에 증여세를 과세한다는 규정이 있음에도 불구하고 납세자가 이를 대놓고 시도했다는 것은 '국세청이 이걸 파악할까? 설마 과세하겠어?' 이런 안일한 생각을 한 게 아닌가 싶습니다. 주식의 주주 변동 명세는 변동 상황이 있을 때 법인세 신고 시 필수 제출 서식입니다. 자녀들이 상장추진 중인 부친의 법인 주주에 들어온 연도가 바로 파악될 것이고 비상장 주식의 주식양도세 신고 및 증권거래세 신고서로도 바로 국세청에서 주주 변동 현황을 파악 가능합니다. 만약 5년 이내 실제 상장하여 주가가 상승하였다면, 바로 증여세 과세대상을 좁힐 수 있는 것입니다.

본청에서 전산으로 매년 상장되어 주가가 상승한 법인을 추리고 이 법인들을 대상으로 5년 내 주식이동 상황을 파악하여 사주 및 특수관계자만 필터링하면, 매년 기획 분석이 가능합니다. 그렇기 때문에 상장차익에 대한 증여세 혐의자 명단 추리는 것은 복잡한 일이 아니며, 결과적으로 사주의 자녀에게는 증여세를 과세하였습니다.

또한 이 사례에서는 부친 회사그룹의 주력 계열사인 다른 법인이 사주의 자녀가 지배하는 자녀법인으로부터 원재료를 시가보다 고가 매입하는 방법으로 자녀법인을 부당하게 지원하였습니다. 원재료를 비싸게 매입해 줌으로써 사주 자녀가 지배하는 법인에게 이익을 분여해 준 주력 계열사 법인은 부당지원에 따른 법인세를 추징당했습니다.

보도자료에서는 여기까지만 나왔지만 만약, 여기서 자녀법인에게 고가 매입으로 이익을 분여한 행위가 '상속세 및 증여세법 제45조의5 [특정법인과의 거래를 통한 이익의 증여 의제]'에 해당된다면 자녀법인의 주주인 자녀에게 증여세까지 추가로 과세 될 수도 있습니다. 세법이 촘촘한 그물망 같이 짜여 있기 때문에 특수관계자 간에 거래구조를 짤 때는 많은 고민이 선행되어야 하고 전문가의 검증이 반드시 필요합니다.

3 핵심 사업 '통째로 무상 증여'한 회장님의 편법 : 핵심사업부 자녀법인 무상 이전 및 경영권 편법 승계

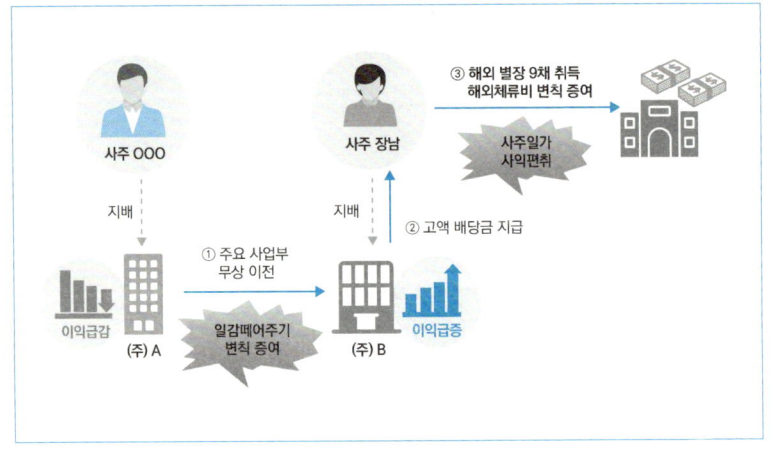

이 사례에서 부친은 건실한 법인을 운영 중이었는데, 부모법인의 주식 승계 등 상속·증여세 고민을 하다 장남을 사주로 하여 동일 업종의 법인을 설립하게 한 후 부모법인의 주요 사업부를 순차적으로 무상이전하였습니다. 이에 따라 부모법인의 매출은 점차 감소하는 반면 자녀법인의 매출은 급증하면서 세 부담 없는 경영권 승계가 완료되었습니다.

이후 장남은 자녀법인에 쌓인 이익잉여금을 재원으로 하여 수백억 원의 배당금을 수취하였습니다. 이를 통해 해외 고가주택 9채를 취득하여 해외 장기간 체류 중인 배우자가 무상으로 사용하게 하고, 체류비를 우회 지원하는 등 장남 가족 내의 변칙 증여에도 활용하였습니다.

주요 사업부를 정상적으로 자녀의 법인에 이전한다면, 사업부 매각 등 대가를 받고 이전이 이루어져야 합니다. 자녀법인은 이에 대해 적정한 시가를 지급해야 하지만 이러한 과정 없이 해당 부서 직원의 흡수이동, 자료와 노하우, 거래처에 대한 영업권 등 무형적 가치를 무상으로 받아 부서 공간만 자녀법인 내에 세팅했을 것입니다. 부모법인이 거래하던 거래처에 똑같은 매출을 자녀법인이 대신 발생시키고 대가 없는 경영권 승계와 영업이익이 그냥 이전된 것입니다. 부모법인의 이익은 이후 급감하였기 때문에 미처분 이익잉여금만 줄이면 부친이 보유하던 부모법인의 주식가치는 줄어들어 상속세 부담 또한 거의 사라졌을 것입니다.

국세청이 분석할 때 장남의 소득분석과 부모법인의 매출 급감 등의 상관성을 같이 보았을 것입니다. 부모법인의 매출이 갑자기 줄어드니 법인세 신고서 분석만 하더라도 이상하였을 텐데, 상대적으로 자녀의 배당이익이 그 뒤로 급증하니 뭔가 상관성이 보이고 어떠한 이전이 있었구나 혐의가 눈에 띄었을 것입니다. 부모법인 입장에서 대가를 높게 사주거나 자녀법인과 거래가 있던 게 아니고 그냥 부서가 조용히 사라진 것이니 혐의는 보이나 세법적으로 숫자화 하여 부모법인에 부당행위 등으로 과세하긴 힘들었을 것입니다. 보도자료에 과세를 한 근거를 보면 사업기회의 제공(일감 떼어주기)으로 자녀법인의 사주인 장남에게 증여세를 추징하였습니다.

일감 떼어주기란 부모가 가진 부모법인의 지배력을 이용하여 자녀가 지배주주로 있는 자녀법인에 사업기회를 제공하는 등 편법적인 방법으로 부를 이전하는 경우에 적용됩니다. 부모법인으로부터 제공받은 사업기회로 인해 증가한 수혜법인 지배주주(자녀법인의 주주)의 재산가치 증가이익을 증여로 의제하여 증여세를 과세하는 규정으로 2015. 12.15. 상증세법에 신설되었습니다.[16]

---

16 **상속세 및 증여세법**
제45조의4 [특수관계법인으로부터 제공받은 사업기회로 발생한 이익의 증여 의제] (2015.12.15. 신설)
① 지배주주와 그 친족(이하 이 조에서 "지배주주등"이라 한다)이 직접 또는 간접으로 보유하는 주식보유비율이 100분의 30 이상인 법인(이하 이 조에서 "수혜법인"이라 한다)이 지배주주와 대통령령으로 정하는 특수관계에 있는 법인(대통령령으로 정하는 중소기업과 그 밖에 대통령령으로 정하는 법인은 제외한다)으로부터 대통령령으로 정하는 방법으로 사업기회를 제공받는 경우에는 그 사업기회를 제공받은 날(이하 이 조에서 "사업기회제공일"이라 한다)이 속하는 사업연도(이하 이 조에서 "개시 사업연도"라 한다)의 종료일에 그 수혜법인의 지배주주등이 다음 계산식에 따라 계산한 금액(이하 이 조에서 "증여의제이익"이라 한다)을 증여받은 것으로 본다. (2019.12.31. 개정)
[{(제공받은 사업기회로 인하여 발생한 개시 사업연도의 수혜법인의 이익 × 지배주주등의 주식보유비율) - 개시 사업연도분의 법인세 납부세액 중 상당액} ÷ 개시 사업연도의 월 수 × 12] × 3

사업기회 제공에 따른 증여 유형(임대차 계약 등 전제)[17]

○ 시혜법인이 매출·매입 거래처를 수혜법인으로 대체

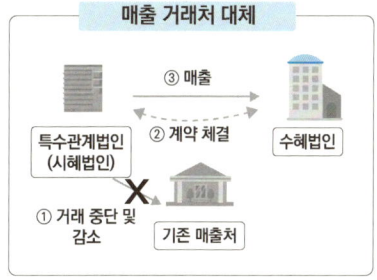
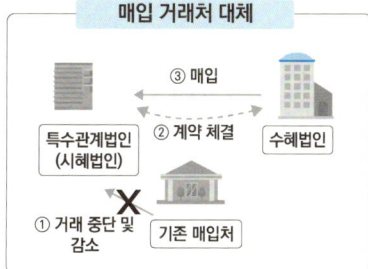

○ 시혜법인의 거래단계에 수혜법인을 끼워넣기

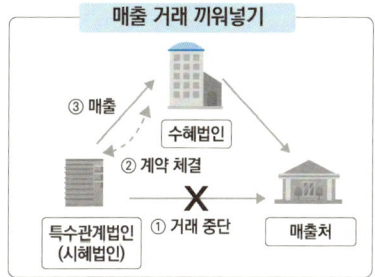
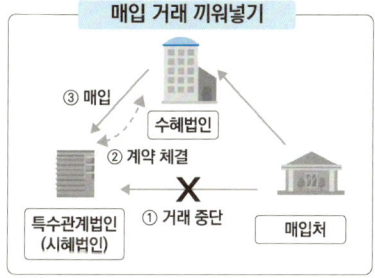

○ 시혜법인이 매출·매입거래를 중단하고 수혜법인으로 대체

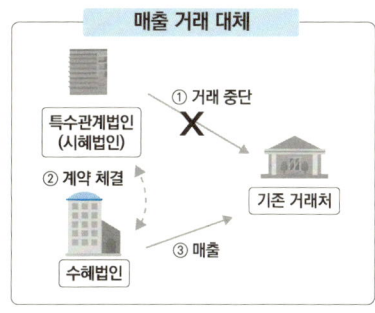
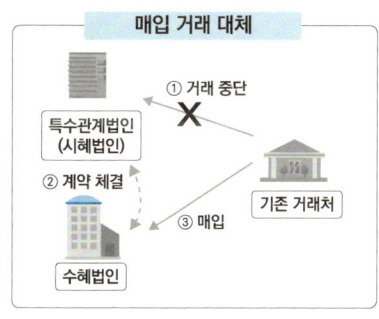

* 시혜법인 = 부모법인, 수혜법인 = 자녀법인

---

17 국세청
    2025년 일감 몰아주기·일감 떼어주기 증여세 신고안내, 91p.

일감 떼어주기의 대표적인 대기업 사례가 영화관을 운영하는 법인이 영화관 내 팝콘 등 스낵코너 입점 운영하던 임차인을 내보내고 자녀법인이 입점하여 스낵 판매 사업을 할 수 있도록 해준 것입니다.

여기서 사업기회를 제공받는 경우란 특수관계법인이 직접 수행하거나 다른 사업자가 수행하고 있던 사업기회를 임대차계약, 입점계약, 대리점계약 및 프랜차이즈 계약 등 명칭 여하를 불문한 약정이라고 되어 있습니다. 그런데 보도자료 사례에서는 부모법인·자녀법인 간 별도의 약정을 하거나 계약에 따라 주력 사업부서가 자녀법인에 이동된 것은 아닌 것으로 보입니다. 하지만 국세청은 실질과세라는 무서운 칼이 있기 때문에 거래의 형식과 상관없이 실질적으로 사업의 기회를 부모법인으로부터 무상 이전받고 기존 거래처에 매출할 수 있는 기회를 받은 것으로 보아 자녀법인(수혜법인) 주주인 장남에게 증여세를 과세하였을 것입니다.

4 아들 회사 '월급'까지 대준 아빠 회사 : 자녀법인 재산 증식 간접지원

지금까지 유형을 보시면 방향성이 다 비슷하다고 느껴지실 겁니다. 부모가 법인사업체의 사주이면서 운영의 의사결정을 하고 있고 부모법인을 이용하여 자녀법인이 사업기회를 물려받던지, 부모법인이 매출이든 비용이든 뭔가 이익을 자녀법인에 지원하는 방식으로 자녀들이 재산을 증식하여 증여세 없는 자산승계를 하고 있습니다. 이번 사례에서는 매출을 몰아주는 거나 자녀법인 확장 기회를 주기보다는 비용을 지원해 준 사례입니다.

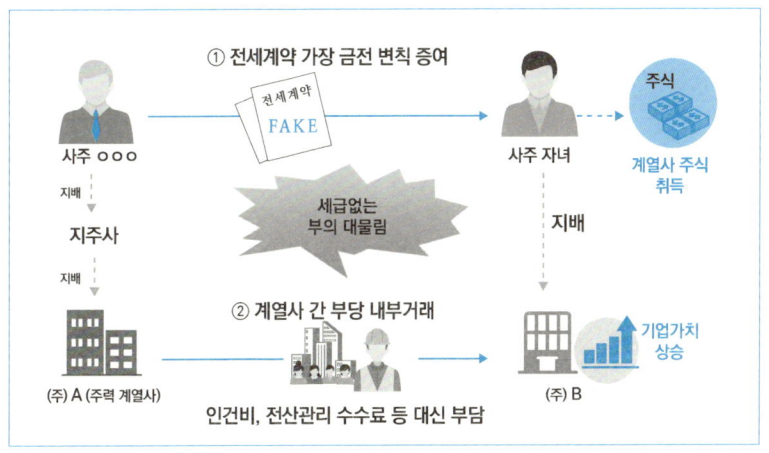

부친은 우선 자녀 소유 주택에 전세입자로 들어가는 것처럼 계약형식을 만들어 전세보증금 명목으로 ○○억 원을 무상 제공하고 자녀는 이 자금으로 계열사 중 한 곳의 주식을 변칙 취득합니다.

그 후 부친은 지주사의 사주이기 때문에 영향력을 발휘하여 지주사가 지배하고 있는 주력 계열사를 통해 자녀가 주식을 취득한 계열사(자녀법인)에 인력을 무상 제공하도록 하고, 전산관리 수수료 등 공통경비를 대신 부담하게 하는 등 사주 자녀의 재산증식을 간접지원하도록 하였습니다. 비용을 대신 부담해 주면 자녀법인의 영업이익과 이익잉여금이 상승하고 이를 통해 자녀가 취득한 계열사의 주식가치가 상승하여 자녀의 재산가치도 같이 올라갑니다. 조사결과 자녀법인의 비용을 대신 부담해 준 주력 계열사는 부당행위계산 부인에 해당하여 법인세를 추징당하였습니다.

또한 자녀는 실제로 부친이 세입자로 들어와 산 것이 아니기 때문에 전세보증금을 받을 명목도 없는데 변칙으로 돈을 받아서 주식을 취득하였으므로 부친의 자금을 변칙 증여받은 것으로 과세 받거나, 정말 최선으로 대응했다면 전세보증금을 돌려줘야 할 채무로 인정받아 무상으로 부친의 자금을 대여받은 것으로 보아 '금전 무상 대출에 의한 증여이익'으로 증여세를 추징당했을 것으로 보입니다.

국세청에서 부모·자식 간 전세계약은 가장 단골로 확인하는 사항입니다. 보통은 실제 부모가 전세입자로 들어가는 경우도 없고 정말 들어간다 하더라도 자녀가 부모와 같이 살고 있는 경우가 많습니다. 집주인이 세입자와 같이 살고 있는데 전세보증금을 일부가 아닌 전체 집 면적에 대해 다 받는다면 인정될 수 없는 부분입니다.

국세청은 실제 조사 시 부모와 자녀 실제 거주지를 서류 및 형식상 전입 내역뿐만 아니라 각종 전기, 수도 사용 등 고지서와 차량 입·출차 기록, 신용카드 사용 동선 등으로 파악하여 검증합니다. 또한 자녀법인을 대신하여 부담하는 비용의 경우 법인세 조사 과정 중 비용증빙과 품의서 등 근거를 대사하면 사업 관련성이 없는 것을 추려낼 수 있기 때문에 어렵지 않게 파악이 가능합니다.

5 회삿돈 빼돌려 '자녀 명품·슈퍼카' 사준 부모님 : 부모 사업체 이용한 소득탈루와 편법 유출

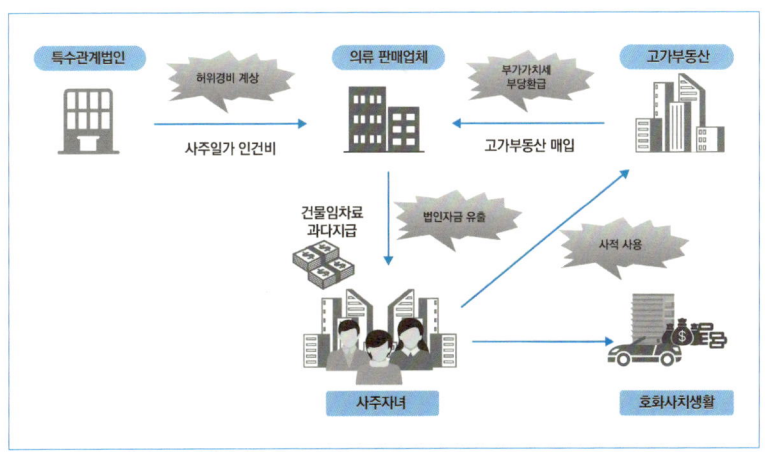

조사대상 법인은 수도권 임대 상가·아파트 등 수백억 원대의 부동산을 소유하고 있는 의류 판매회사입니다. 법인은 사업 관련 있는 자산과 비용을 지출해야 함에도 사주일가가 사적으로 이용할 고급 거주용 오피스텔을 매입하여 사업용인 것처럼 부가가치세 매입공제를 받았고 법인 비용처리를 위해 사주일가 가족들의 인건비를 조사법인에도 계상하고 별도로 설립한 특수관계법인에도 가족들의 인건비를 중복 계상하였습니다.

여기서 조사대상 법인 외 특수관계법인이 등장하는데, 가족법인 사업자들이 가장 많이 쓰는 방법 중 하나입니다. 법인의 매출이 커지기 시작하면 세금이 아까우니 비용처리 할 것을 찾게 되고, 법인의 물품소싱 기능 등 특수관계법인에 별도 역할을 만들어서 비용 이체 후 일부

이익을 특수관계법인에 파킹합니다. 특수관계법인이 실재성 있게 운영되기도 하지만, 아예 허위 비용처리를 목적으로 기능 없는 법인을 따로 설립하는 경우도 있습니다.

특수관계법인에 자금이 흘러가면 결국 특수관계법인도 허위 비용처리를 통해 세금을 줄여야 실질 이익이 파킹됩니다. 그렇기 때문에 이 사례에서도 사주일가 친·인척 등 인건비가 조사대상 법인에도 특수관계법인에도 이중으로 계상되어 비용처리를 했던 겁니다. 인건비 명단에서 성씨만 봐도 대충 느낌이 옵니다. 이들이 실제 일을 했는지 조사하기 위해 통상 호출하여 문답서를 받습니다. 문답 받으면서 기록을 하면 중간에 말을 바꿀 수도 없고 했던 말이 근거로 기록되기 때문에 심리적인 압박도 있어서 대부분 사실대로 자백을 합니다.

또한 조사대상 법인(부모법인)은 사주의 자녀가 소유하고 있는 역세권 빌딩을 임차하여 사용하고 있었는데, 고의로 시세(약 50억 원)보다 약 3배 높은 150억 원에 임차하는 방법으로 부모법인 돈이 자녀에게 약 100억 원 편법 유출되게 하였습니다. 자녀들은 이 돈을 무상으로 사용하면서, 슈퍼카·명품 등 호화사치생활을 영위하고 장기간 해외 체류 중인 손자녀에게 고액의 유학자금을 송금하였습니다.

여기서 조사법인의 자금이 보증금 명목으로 나간 것이지만, 시세 초과분의 가액은 부당히 지급된 것이기 때문에 초과분에 대해서는 일반 돌려받을 보증금 자산이 아닌 특수관계자에 대한 업무무관 가지급금이 될 것이고 이에 따라 특수관계자들에 대한 가지급금 인정이자가 4.6% 법인에게 과세되고, 소득처분이라 하여 이자상당액이 특수관계자에게

법인세법 제28조 [지급이자의 손금불산입]
* 관련 집행기준 : 28-53-1 [업무무관 자산 등에 지급이자의 계산]

업무무관 자산 등에 대한 지급이자로서 손금에 산입하지 아니하는 지급이자는 다음과 같이 계산한다.

$$\text{손금불산입 지급이자} = \text{지급이자} \times \frac{\text{(업무무관 자산가액 적수 + 업무무관 가지급금 적수)}}{\text{차입금 적수}}$$

* ㉠ (업무무관 자산가액 적수 + 업무무관 가지급금 적수)는 차입금 적수를 한도로 한다.
  ㉡ (가지급금 적수 계산시 가지급금이 발생한 초일은 산입하고 회수된 날은 제외한다.
  ㉢ 동일인에 대한 가지급금과 가수금이 함께 있는 경우에는 이를 상계한 금액으로 한다. 다만, 발생시에 각각 상환기간 및 이자율 등에 관한 약정이 있어 상계할 수 없는 경우에는 이를 상계하지 아니한다.

6 '가짜 회사' 차려 병원 돈으로 집 사준 원장님 : 병원소득 빼돌려 자녀 아파트 증여 (병원의 MSO 법인 추징 사례)

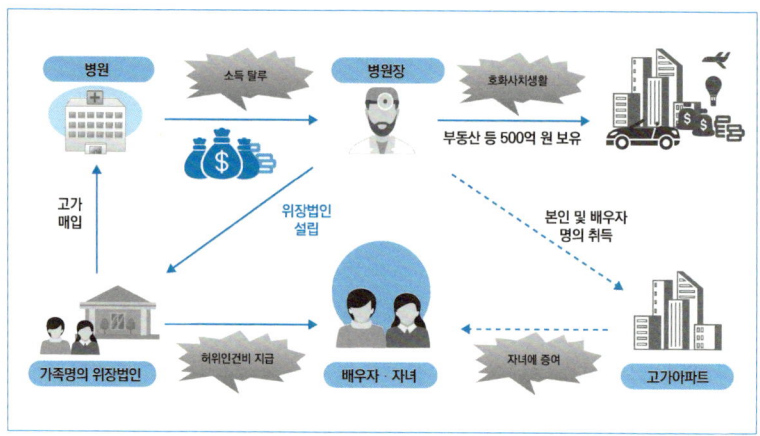

이 보도자료에 나온 조사업체는 매년 수백억 원의 매출을 올리는 전문병원으로 치밀한 계획하에 설립한 가족명의 위장법인으로부터 수년

간 의료 소모품을 시가보다 고가 매입하는 방식으로 수십억 원을 탈루하였습니다.

또한 병원에 의료 소모품을 비싸게 팔아 높은 매출을 올리는 가족명의 위장법인에서도 법인세를 줄이고 현금을 빼야 하므로 근무사실이 없는 배우자와 자녀 등 병원장의 일가족을 직원으로 허위 등재하여 수억 원의 가공급여를 계상하는 등 소득을 탈루하였습니다. 이 가족명의 위장법인에서 허위 인건비 등 빼돌린 돈으로 병원장은 수십억 원이 넘는 강남 고가아파트를 3채나 취득하고 1채는 본인 소유, 자녀 2명에게 1채씩 각각 증여하였습니다. 아마도 가족명의 위장법인에서 자녀에게 급여를 지급한 내역이 많았을 것이기 때문에 아파트 증여를 받은 후 증여세의 납부 재원 자금출처는 이 자녀의 근로소득으로 소명했을 것으로 보입니다.

병원장은 시세차익을 노려 투기지역의 주택도 취득하는 등 총 5채의 주택을 보유하고, 가족법인 명의로 고가 외제차(4대)를 사적 사용하며 호화·사치생활을 영위하기도 하였습니다.

국세청은 병원의 특수관계법인(가족법인)으로부터의 고가 매입·가공매입 등 부당거래 혐의로 병원 비용 부인하여 병원장 소득세를 추징하고 가족법인의 경우 배우자와 자녀 등 허위 인건비 계상에 따른 인건비 부인으로 법인세를 추징하였습니다.

전문직 중에서도 병원은 국세청이 늘 주시하고 있으며, 높은 소득을 올리는 병원들을 중심으로 최근에 MSO(Management Service Organization)

법인 컨설팅이 유행이었습니다. MSO 법인은 원래 병원의 경영 지원을 목적으로 설립된 회사입니다. MSO 법인은 의료법상 의료인이 직접 수행해야 하는 의료 행위를 제외하고, 병원의 회계, 세무, 인사, 노무, 마케팅, 구매 등 비의료 분야의 경영 업무를 대행하여 병원의 효율성을 높이는 역할을 합니다. MSO 법인 설립의 주된 목적은 병원의 소득을 분산하여 병원장의 종합소득세를 절감하고, 가족에게 합법적인 방법으로 소득을 이전하거나 상속 및 증여를 위한 기반을 마련하는 것이기에 이를 홍보하여 병원들을 상대로 수많은 컨설팅이 성행하였습니다.

실재성 있게 기능과 역할을 하고 취지에 맞게 운영된다면, MSO 법인은 합법적으로 운영될 수 있지만, 부적절하게 운영될 경우 의료법 위반 및 세무상 리스크에 노출될 수 있습니다. 국세청은 이러한 위법 행위에 대해 정밀 조사와 추징을 강화하고 있습니다. 조사의 시작은 병원 소득세 조사부터 출발합니다. 병원의 매출은 과거에는 현금으로 받는 등 매출 누락이 많았으나, 한때 현금 영수증 미발급 과태료 이슈로(과거 미발급 금액의 50%를 과태료로 부과) 세무조사 때 세금보다 과태료를 더 많이 추징당하다 보니 이제는 대부분 병원 매출을 투명하게 노출시키는 경향입니다.

병원 매출을 노출시키다 보니 결국 세금을 줄일 것은 비용 밖에 없고 비용을 어떻게 늘려서 세금을 줄일까 하고 나온 것이 MSO 법인 컨설팅입니다. 서울의 규모 있는 고소득자영업자 경우 서울지방국세청 조사2국에서 조사를 많이 나가는데, 조사 착수 전 단계에서부터 병원의 비용항목을 분석하고 그중에 MSO 법인 거래가 있다면 병원비용의 비중이 단연 높을 것이기 때문에 별도 쟁점으로 점 찍어둡니다. MSO 법인의 임·직원, 주주 사항을 분석하면 대부분 병원장의 가족으로 이루어진 경우가 대부분이어서 여기까지 확인되면, MSO 법인 기능의 실재성 조사만 파면되기 때문에 만약 형식만 구색갖추기로 운영된다면 게임 끝입니다.

컨설팅 단계에서 아무리 신신당부하고 운영 시 주의사항을 병원장에게 알려줘도 정석대로 하면 비용으로 빼낼 수 있는 돈도 적어지고, 실재성 갖춰 법인을 운영한다는 것이 쉬운 일이 아니기 때문에 시간이 지나면 결국 법인운영 실행의 문제가 드러나게 됩니다. 병원 하나 운영하기도 쉬운 일이 아닌데, 법인을 하나 더 챙겨서 가격 책정하고 거래 구조 만들고 거래처 정하고 직원 세팅하고 높은 비용처리에 맞는 제대로 된 용역을 제공하려면 일이 너무 많기 때문입니다. 그렇다고 전문 경영인을 뽑아서 인건비를 주자니 그건 또 아깝고 병원에서 MSO 법인을 통해 나가는 돈은 다 내가 병원으로 번 돈인데, 가족명의 급여로 회수는 해오고 싶고 욕심을 따라가다 보니 이도 저도 안 되는 것입니다.

따라서 조사 단계에서 MSO 법인과 병원 간의 용역 거래가 실질 없이 이뤄지거나, 제공된 용역에 비해 과도하게 높은 수수료가 오가는 경우를 확인하는 것이 조사의 핵심입니다. 대부분의 조사업체들이 병원 소득을 MSO 법인에 과도한 용역료 형태로 지급하여 절세를 시도했으나, 용역의 실체가 없거나 높은 거래금액에 대한 근거가 불명확하여 세무조사 시 세금이 추징되는 케이스가 대다수입니다.

7 아버지 돈으로 회사에 '가짜 빚' 만든 아들 : 부친 자금을 아들명의로 세탁한 편법 증여

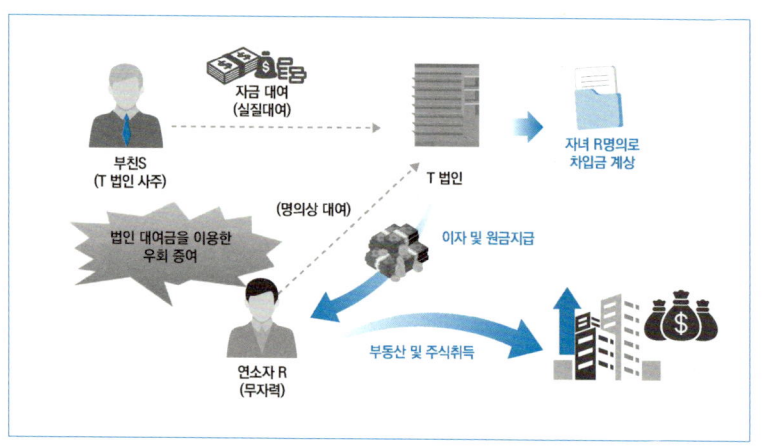

이 사례에서 법인의 사주인 부친은 자신의 자금을 아들에게 증여해 주고 싶은데 증여세를 내기는 아까웠기 때문에 자신의 법인을 이용한 자금 세탁을 시도했습니다.

부친 본인의 자금으로 법인에 대여금을 지급하였음에도 법인 장부에는 채권자 명의를 아들로 계상하는 편법을 썼습니다. 부친이 지배하는 법인에 아들의 명의로 수십억 원의 대여금이 설정되었고, 그 대가로 고액의 대여금 이자를 법인으로부터 수취하고 원금까지 아들이 상환받았습니다.

아들은 별다른 소득 및 재산이 없어 법인에 고액의 자금을 대여할 자력이 부족함에도 법인으로부터 받은 이자와 대여금 상환 원금으로 고액의 부동산과 주식을 취득하였고 당연히 국세청의 소득지출분석 시스템에 포착되었습니다. 결국 자금출처조사 대상자로 선정되었고 금융조회 분석과 조사를 하면서, 아들이 법인으로부터 대여금 상환과 이자를 받기 비슷한 시점에 부친의 예금자산은 감소한 사실이 밝혀졌습니다.

아버지가 받았어야 할 이자와 대여금 원금이 아들에게 증여된 것이므로 아들의 이자소득은 취소되고 아버지의 이자소득으로 부친 소득세 결정 및 아들의 증여세 과세로 조사 종결하였을 것입니다.

이 케이스도 국세청의 소득지출분석 시스템에 대해 부친이 알고 있었더라면 섣불리 이러한 편법 증여는 시도 안 했을 것입니다. 적법한 범위 내에서 전문가의 컨설팅을 받는 것이 현명한 절세가 되겠습니다.

Chapter 3

'부모찬스' 편법 증여

– 국세청이 주목하는 수상한 가족 거래

"부모 잘 만난 것도 복이다." 이 당연한 말이 서민들에게는 깊은 박탈감을 안겨주는 시대입니다. 평생을 일해도 갖기 힘든 자산을, 누군가는 부모의 '은밀한 지원'으로 손쉽게 얻습니다. 국세청은 서민들은 기대할 수 없는 '금수저들의 부모찬스'에 대해 편법 증여 여부를 밝혀 과거부터 철퇴를 내려왔습니다. 가족이라는 방패 뒤에 숨어 이루어진 모든 수상한 거래들이 국세청의 전산과 분석기법, 정밀한 추적망에 포착되고 있습니다.

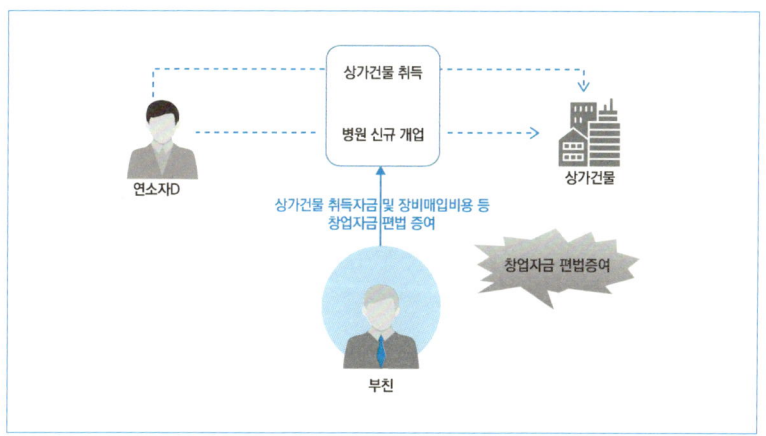

자녀에게 편법 증여는 대부분 자녀의 자금출처조사에서 걸립니다. 이 사례에서도 의사로서 사회초년생을 시작하는 자녀의 자금출처조사에서 적발되었습니다. 의사 개원을 준비하는 자녀는 유동인구가 많은 대도시 중심권에 상가건물을 취득하고 해당 상가건물에 병원을 개업하였습니다. 부동산 임대업자인 고액 자산가 부친으로부터 상가건물 취득 자금 및 장비 매입비용 등 병원 창업 자금을 증여받은 혐의였는데, 이것은 국세청 시스템에 대해 너무 무지한 결과였습니다.

자녀는 사회초년생으로서 갓 개원을 했기 때문에 소득 원천 등 아무런 자금출처로서 댈 수 있는 것이 없는데, 대도시 중심권의 상가건물을 취득한 것만으로도 당연히 자금출처조사 대상자에 선정됩니다. 또한 병원 개원을 위해서는 고가의 장비 매입과 인테리어 등 많은 돈이 소요되는데, 자녀의 대출 없이 장비 구입 및 공사비 지급이 이루어졌으면 자금출처조사 시 계좌를 분석하기 때문에 이러한 돈이 누구의 돈으로 지급된 것인지 확인이 가능합니다. 당연히 자금의 원천은 부친이었던 것이고 이에 대해 증여세 신고를 누락했기 때문에 증여세가 추징된 사안입니다.

만약 여기서 부친의 소득신고 마저 증여자금보다 적게 되어 있었다면, 부친을 추가 조사대상자로 선정하여 자녀에게 증여한 돈의 원천이 어디서 난 것인지, 부친 소득신고를 누락한 것인지 등을 추가로 조사하게 됩니다.

2 부모님이 대신 갚아준 '수상한 빚' : 무상담보 제공 및 자녀 대출 대신 상환

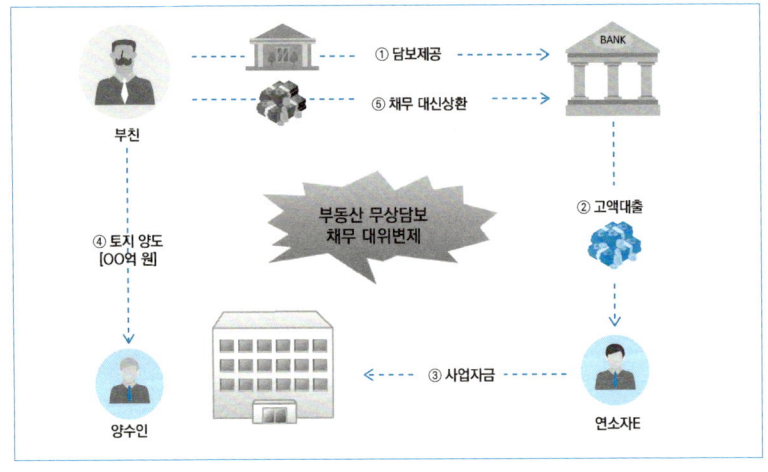

자녀는 사업자금 마련을 위해 금융기관에 부친의 부동산을 담보로 제공하고 ○억 원을 차입하여 본인의 사업자금으로 사용하였습니다. 부친은 담보 제공 이후 수년간 대출이자를 자녀 대신 상환하고, 담보로 제공하였던 해당 부동산을 양도하고 받은 매각대금 ○○억 원으로 자녀의 대출 원금 ○억 원을 대신 상환하는 등 편법 증여한 혐의로 자녀가 증여세를 추징당한 사례입니다.

사실 이자를 대신 갚아준 것뿐만 아니라 담보를 무상 제공한 것 자체도 일정 기준을 넘으면 증여세 대상입니다.

📚 상속세 및 증여세법

제37조 [부동산 무상사용에 따른 이익의 증여] (2003.12.30. 제목개정)

② 타인의 부동산을 무상으로 담보로 이용하여 금전 등을 차입함에 따라 이익을 얻은 경우에는 그 부동산 담보 이용을 개시한 날을 증여일로 하여 그 이익에 상당하는 금액을 부동산을 담보로 이용한 자의 증여재산가액으로 한다. 다만, 그 이익에 상당하는 금액이 대통령령으로 정하는 기준금액 미만인 경우는 제외한다. (2015.12.15. 신설)

---

* 관련 집행기준 : 37-0-1 [부동산 무상사용에 따른 이익의 증여]
타인이 소유한 부동산을 무상으로 사용하는 경우로서 그 부동산 무상사용이익이 1억 원 이상(무상 담보 사용인 경우 담보 제공에 따른 이익은 1천만 원 이상)인 때에는 무상사용을 개시한 날(담보이용을 개시한 날)에 당해 이익에 상당하는 가액을 부동산 무상사용자(부동산을 담보로 이용한 자)에게 증여한 것으로 본다.

부동산 담보 제공 이익이 1천만 원 이상이어야 함.
(차입금 × 적정이자율*) − 실제로 지급하였거나 지급할 이자

* 적정이자율 : 법인세법상 당좌대출이자율(4.6%)

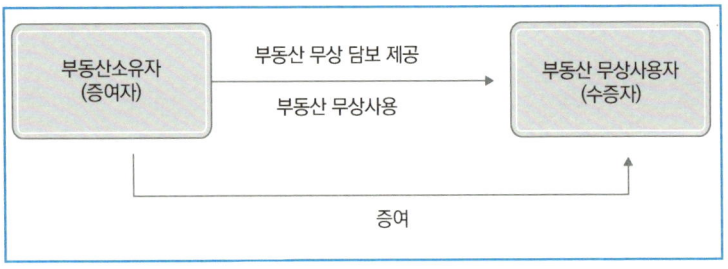

국세청에서는 부동산 등기부의 근저당 상환내역도 전산분석을 하기 때문에 등기부상 부친의 부동산이 담보로 되어 있고 차주는 자녀 명의로 되어있던 자료에서 근저당 대출이 상환된 것을 파악하였을 것입니다. 자녀의 상환 능력으로 볼 수 있는 자금의 원천 등 소득신고 내역이 없었기 때문에 결국 자금출처조사 선정이 되면서 계좌분석을 통해 부친이 이자를 대신 내줬던 것들과 최종 채무원금까지 갚아 준 것이 드러났을 것입니다.

3 회삿돈 빼돌려 '자녀 명의'로 집 산 비밀 : 법인 매출 누락과 자금 편법 증여

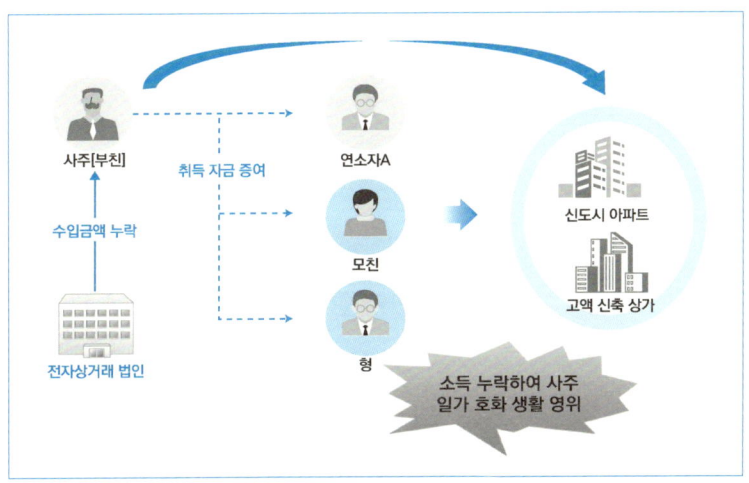

부친은 전자상거래업을 운영하는 법인의 사주였고, 법인을 운영하면서 현금 소매 매출 등에 대해 법인 매출을 누락하고 해당 자금을 빼돌렸습니다. 이 돈으로 본인은 물론 자녀와 모친, 형에게 전달하여 가족들이 고액 부동산 취득자금으로 쓰게 하였습니다.

국세청 조사의 시작은 각 개인의 자금출처조사로 시작되었을 것입니다. 부동산 취득 대비 각자의 자금 출처가 부족하였을 것이고 부족한 돈의 출처를 따라가다 보니 결국 법인사업자의 매출 자금이 유출된 것으로 확인되었을 것입니다. 자금출처조사가 무서운 점은 바로 이렇게 사업자 조사로 확대된다는 것입니다.

법인의 매출 누락자금이 차명계좌나 대표이사의 개인 계좌로 흘러왔을 것이고 이 자금들이 다시 자녀나 모친, 형에게 흘러간 것들이 확인되고 결국 모친과 형의 자금출처조사까지 관련인 동시 조사 선정하여 법인통합조사 및 온 가족의 자금출처조사로 확대된 케이스입니다.

매출 누락 된 자금이 커지면, 소비만으로 사용되어지는 것에는 한계가 있고 결국 부동산 등 자산의 취득으로 언젠가는 이어지게 되어 있습니다. 현금을 마늘밭에 묻어두고 쓰지 않는 이상 그 돈으로 자산을 취득한다면, 지금 당장은 아니어도 드러나는 때가 옵니다. 또한 이 돈들이 금융계좌에 담긴다면, 마지막까지 안 들키더라도 죽는 때 상속세 조사를 하면서 금융조사를 통해 최종 세금정산이 일어날 수도 있습니다. 세법은 촘촘한 그물망 같이 이어지기 때문에 큰 자금의 경우는 쉽게 빠져나갈 수 없으므로 탈세가 아닌 적법한 절세로 세금을 줄여야 하겠습니다.

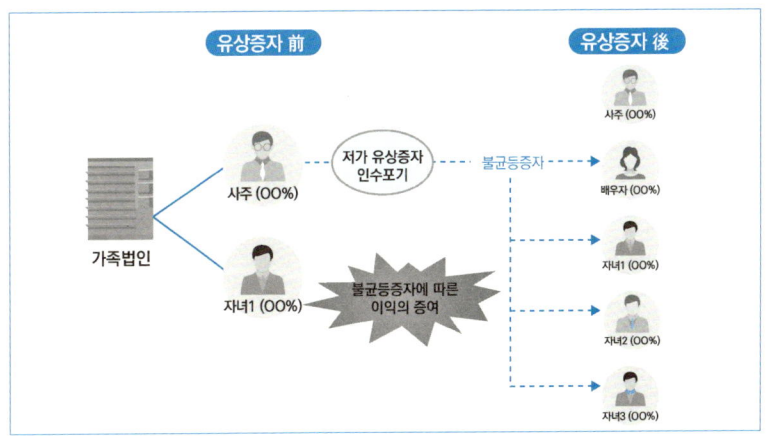

사주인 부친은 연소자 자녀 1인과 함께 가족법인의 지분 100%를 소유하고 있었고 자신이 지분을 많이 갖고 있으면 향후 상속세 부담 및 배당소득의 누진 소득세율 등이 마음에 걸렸을 것입니다.

이에 따라 가족법인에 대해 저가로 유상증자를 실시하게 하면서, 본인은 참여를 포기하고 본인 대신 배우자와 자녀들이 인수하게 하여 저가발행 이익을 편법적으로 분여하였습니다.

주식을 이용한 자본거래로 증여하는 것은 상당히 고급지식이 활용되는 것이어서 과거에는 대기업이나 중견기업 이상의 법인 계열사 사주들이나 쓰던 방법이었습니다. 요즘은 이러한 지식도 대중화 되어서 중소기업 컨설팅에서도 이를 많이 활용하지만 국세청도 '주식변동조사'라는 무섭고 예리한 칼이 있기 때문에 바로 걸리기 십상입니다.

조사사무처리규정

제3조 [정의]

17. "주식변동"이란 출자, 증자, 감자, 매매, 상속, 증여, 신탁, 주식배당, 합병, 전환사채·신주인수권부사채·교환사채·기타 유사한 사채의 출자전환(전환·인수·교환 등) 등에 따라 주주 또는 출자자가 회사에 대하여 갖는 법적지위권 또는 소유지분율 및 소유주식수·출자지분이 변동되는 것을 말한다.

30. "주식변동조사"란 제17호에 정한 주식변동 과정에서 관련 주주 및 해당 법인의 제세 탈루 여부를 확인하는 세무조사를 말한다.

국세청 전산은 주식발행 법인의 주주 변동사항에 대해 변동이 있는 년도 별로 자료를 다 갖고 있습니다. 법인설립 때 최초의 주주 발기인 현황부터 법인세 신고 때 이러한 주식 변동사항을 필수적으로 신고해야 하기 때문입니다.

■ 법인세법 시행규칙[별지 제54호서식] (개정 2021. 3. 16.)

주식등변동상황명세서

(앞쪽)

1. 제출법인 기본사항

① 법인명		② 사업자등록번호		③ 대표자 성명	
④ 상장변경일		⑤ 합병·분할일		⑥ 사업연도	. . ~ . .
⑦ 주권상장여부	(1) 유가증권시장상장 (2) 코스닥 (3) 그 외(비상장 등)	⑧ 무액면주식 발행여부	(1) 여 (2) 부		

2. 자본금(출자금) 변동상황

⑨ 일자	⑩ 원인코드	증가(감소)한 주식의 내용				⑮ 증가(감소) 자본금	⑨ 일자	⑩ 원인코드	증가(감소)한 주식의 내용				⑮ 증가(감소) 자본금
		⑪ 종류	⑫ 주식수(출자좌수)	⑬ 주당 액면가액	⑭ 주당발행(인수)가액				⑪ 종류	⑫ 주식수(출자좌수)	⑬ 주당 액면가액	⑭ 주당발행(인수)가액	
⑯ 기초							. .						
. .							. .						
. .							. .						
. .							. .						
. .							⑰ 기말						

3. 자본금(출자금) 세부 변동 내역

⑱ 일련번호	주주·출자자					기초		변동상황(주식수·출자좌수)														기말		㊷ 지배주주와의 관계코드
								증가주식수(출자좌수)								감소주식수(출자좌수)								
	⑲ 구분	⑳ 성명(법인명)	㉑ 주민등록번호(사업자번호)	㉒ 거주지국	㉓ 거주지국코드	㉔ 주식수(출자좌수)	㉕ 지분율	㉖ 양수	㉗ 유상증자	㉘ 무상증자	㉙ 상속	㉚ 증여	㉛ 전환사채 등 출자전환	㉜ 명의신탁 등 실명전환	㉝ 기타	㉞ 양도	㉟ 상속	㊱ 증여	㊲ 감자	㊳ 명의신탁 등 실명전환	㊴ 기타	㊵ 주식수(출자좌수)	㊶ 지분율	
01	합계																							
02	제출의무 면제주주소계																							
03																								
04																								
05																								
06																								
07																								
08																								
09																								
10																								

지배주주와의 관계코드 본인(00) 배우자(01) 자(02) 부모(03) 형제자매(04) 손(05) 조부모(06) 02~06의 배우자(07) 01~07이외의 친족(08) 기타(09) 특수관계법인(10)

4. 주식발행법인의 자기주식 보유현황 : 보유여부 (1) 여 (2) 부

㊸ 자기주식 수(주)		㊹ 소각 목적 자기주식수		㊺ 소각 목적 외 자기주식수	

「법인세법」 제60조 · 제119조, 같은 법 시행령 제97조 · 제161조에 따라 위와 같이 주식등변동상황명세서를 제출합니다.

년 월 일

대표자 : (서명 또는 인)

세무서장 귀하

297㎜×420㎜[백상지 80g/㎡ 또는 중질지 80g/㎡]

이렇게 주식 등 변동상황명세서라 하여 증감의 원인부터 누가 누구에게 어떤 명목으로 이전하였는지 다 신고하게 되어있습니다. 따라서 전산으로 이동의 현황을 분석하는 것은 조회만 하면 금방 나옵니다. 특히 시가대로 증자하는 것이 아닌 특정주주에게만 불균등 저가 유상증자를 한다면 이것은 이익을 분여 하려는 의도가 뻔한 것입니다. 증여세법에도 당연히 이러한 주식의 자본거래를 통한 증여에 대해 규정하고 있습니다.

제39조 [증자에 따른 이익의 증여] (2003.12.30. 제목개정)

① 법인이 자본금(출자액을 포함한다. 이하 같다)을 증가시키기 위하여 새로운 주식 또는 지분[이하 이 조에서 "신주"(新株)라 한다]을 발행함으로써 다음 각 호의 어느 하나에 해당하는 이익을 얻은 경우에는 주식대금 납입일 등 대통령령으로 정하는 날을 증여일로 하여 그 이익에 상당하는 금액을 그 이익을 얻은 자의 증여재산가액으로 한다. (2015.12.15. 개정)

1. 신주를 시가(제60조와 제63조에 따라 평가한 가액을 말한다. 이하 이 조, 제39조의2, 제39조의3 및 제40조에서 같다)보다 낮은 가액으로 발행하는 경우 : 다음 각 목의 어느 하나에 해당하는 이익 (2015.12.15. 개정)

가. 해당 법인의 주주등이 신주를 배정받을 수 있는 권리(이하 이 조에서 "신주인수권"이라 한다)의 전부 또는 일부를 포기한 경우로서 해당 법인이 그 포기한 신주[이하 이 항에서 "실권주"(失權株)라 한다]를 배정(「자본시장과 금융투자업에 관한 법률」에 따른 주권상장법인이 같은 법 제9조 제7항에 따른 유가증권의 모집방법(대통령령으로 정하는 경우를 제외한다)으로 배정하는 경우는 제외한다. 이하 이 항에서 같다)하는 경우에는 그 실권주를 배정받은 자가 실권주를 배정받음으로써 얻은 이익 (2015.12.15. 개정)

나. 해당 법인의 주주등이 신주인수권의 전부 또는 일부를 포기한 경우로서 해당 법인이 실권주를 배정하지 아니한 경우에는 그 신주 인수를 포기한 자의 특수관계인이 신주를 인수함으로써 얻은 이익 (2015.12.15. 개정)

다. 해당 법인의 주주등이 아닌 자가 해당 법인으로부터 신주를 직접 배정(「자본시장과 금융투자업에 관한 법률」 제9조 제12항에 따른 인수인으로부터 인수·취득하는 경우와 그 밖에 대통령령으로 정하는 방법으로 인수·취득하는 경우를 포함한다. 이하 이 항에서 같다)받음으로써 얻은 이익 (2016. 12.20. 개정)

라. 해당 법인의 주주등이 소유한 주식등의 수에 비례하여 균등한 조건으로 배정받을 수 있는 수를 초과하여 신주를 직접 배정받음으로써 얻은 이익 (2015.12.15. 신설)

5 **미성년 자녀에게 '부자 되는 법'을 몰래 알려준 아빠 :**
미공개 투자정보 이용하기 위해 펀드출자금을 증여

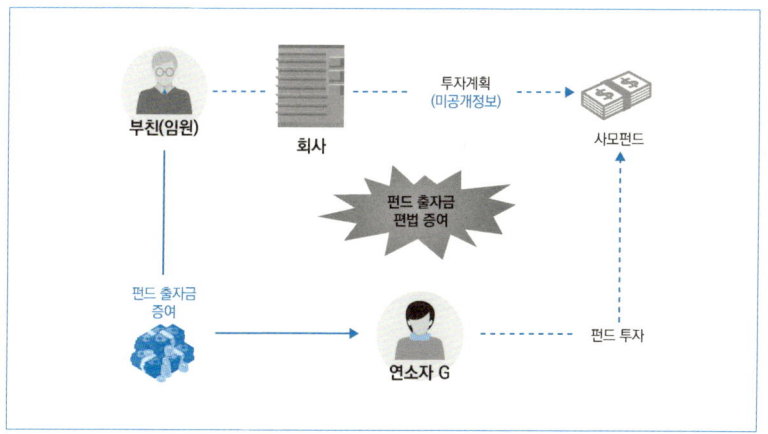

부친은 기업의 임원이며, 재직 중인 기업이 부동산 사모펀드에 투자한다는 내부정보를 입수하였고 이 사모펀드가 가격이 상승할 것이라는 기회를 이용하고지 하였습니다.

부친은 미성년 자녀에게 사모펀드 출자금을 현금으로 증여하고 증여세를 무신고 하였습니다. 여기서 포인트가 부동산이나 주식과 달리 펀드의 출자금 등 금융상품에 대한 것은 일일이 세원포착이 쉽지 않다는 점을 이용했다는 것입니다.

국세청에서 금융기관의 계좌나 정보를 실시간으로 조회할 수 있는 것이 아니고 조사나 체납처분 등의 명분이 있어야 승인을 받고 조회할 수 있습니다. 또한 금융계좌에서 발생하는 이자, 배당 지급명세서를 제출받지만, 발생한 이자·배당 소득에 대한 정보와 발생한 금융기관의 계좌번호 정도의 정보만 있기 때문에 잔고를 알기 위해서는 환산하는 과정을 수동으로 거쳐야 합니다.

따라서 이렇게 미성년자에게 거액의 배당이 발생된 경우는 펀드에 출자금을 넣은 당시 바로 발견되기는 어렵지만, 펀드에서 분배금을 받고 배당소득이 발생된 후에 이상 혐의를 감지할 수 있습니다. "어? 미성년자가 증여세 신고도 없었는데 거액의 배당소득이 들어왔네? 무슨 돈으로 투자한거지?" 결국 당장은 걸리지 않더라도 가액이 크면 혐의가 언젠가는 포착될 가능성이 높기 때문에 처음부터 투자시드를 증여세 신고하고 안전하게 진행하시는 것이 좋습니다.

6 가짜 월급으로 자녀 부동산 사준 '의사 아빠'의 후회 : 자녀 자금출처조사에서 시작된 병원 개인통합조사

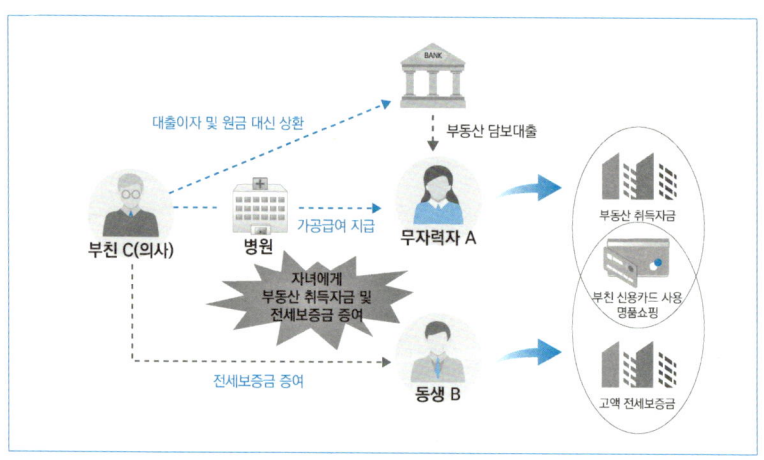

의사 부친을 두었다는 것 외에 자신 스스로 큰 돈을 벌 능력이 없는 금수저 자녀들이 부모찬스로 고가 아파트를 취득하고 이에 대한 자금 출처조사를 받아 드러난 사실들입니다.

의사 부친이 아파트 취득자금과 오피스텔 전세보증금 등을 편법으로 증여하고, 이후 아파트 취득 시 설정한 근저당 대출이자 및 원금을 부친이 대신 상환한 혐의가 확인되었고, 또한 자녀들은 부친의 병원 사업장에 근무한 사실이 없음에도 가공급여를 지급받고, 부친 명의의 신용카드를 이용하여 호화 사치생활을 영위하는 등 변칙 증여를 받았습니다.

그 결과 자녀들의 부동산 취득 자금출처조사로 시작되었지만, 가공급여 계상으로 병원 사업장의 부친 개인통합조사 확대까지 일이 커지고 조사 진행 중 자녀들의 다른 편법 증여 혐의까지 더해져 추징세액이 눈덩이로 불어났습니다.

국세청 입장에서 분석할 때 처음에는 자녀가 취득한 부동산의 취득자금과 자녀의 소득신고 내역 차이 정도만 분석을 하였을 것입니다. 부동산의 근저당 대출과 자녀의 근로소득 내역으로는 부동산 전체 자금대비 출처가 부족하기 때문에 조사대상자로 선정이 되었을 것이고 조사를 시작하면서 나머지 사실들이 확인되었을 것입니다.

우선 자녀의 근로소득처가 부친의 병원 사업장인 것 자체가 실제 근무 여부에 대한 조사관의 의심을 발동시켰을 것이고 이러한 것은 병원의 가공경비와 부친의 소득세까지 이어지기 때문에 병원 사업장에 대한 개인통합조사까지 확대 선정하였을 것입니다.

병원에서 실제 어떠한 일을 하였는지, 자녀의 전공은 무엇인지 등등 문답 받으면서 하나씩 조사단계를 밟아가면 실제 업무 근거가 있지 않은 이상 가공급여에 대한 혐의를 인정할 수밖에 없습니다. 또한 계좌내역을 조회하여 흐름을 따라가면 부친이 자녀 명의로 취득한 아파트의 대출이자와 원금을 대신 갚아주고 있다는 것은 손쉽게 확인이 가능하며, 자녀들의 전세보증금 및 아파트 취득자금 지원금이 흘러간 흔적까지도 확인이 가능합니다.

부친의 개인조사까지 확대되었기 때문에 부친 카드사용 내역과 병원 경비 처리 부분 확인이 가능하였을 것이고 확인 결과 부친의 카드로 자녀가 명품쇼핑한 내역이 확인이 되어서 이 부분도 증여혐의로 과세되었을 것입니다.

7 대출 다 갚았는데 '빚진 사람'으로 남겨진 이유 : 자녀대출을 부모가 상환 후 근저당권 유지하여 채무상환 사실 은닉

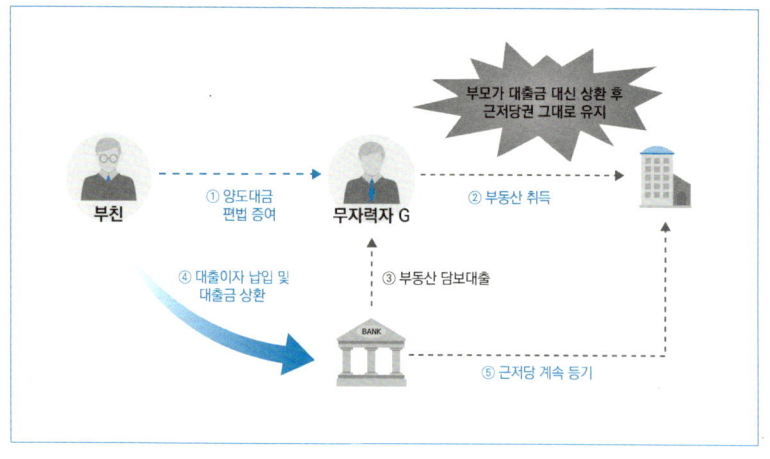

일정한 소득이 없는 자녀의 부동산 취득자금 및 사업 창업자금 등에 대한 자금출처를 분석한 결과, 고액 자산가인 부친으로부터 부친의 부동산 양도대금을 편법으로 증여받아 부동산을 취득하였습니다. 자녀는 매수한 부동산을 담보로 ○○억 원을 차입하여 부동산 취득자금에 보태고 남은 대출은 창업자금으로 사용하였습니다.

이후, 부친이 자녀의 부동산 담보 대출의 이자 및 대출 원금의 대부분을 대신 상환하였음에도 근저당은 당초 채권최고액으로 계속 등기하여 채무상환 사실을 은닉하고 채무를 대신 변제해 준 것에 대한 편법 증여 혐의로 과세되었습니다.

여기서 자녀가 의도적으로 머리를 쓴 것인지 아니면 그냥 근저당 상환에 대한 등기 정정 요청을 단순히 안 한 것인지 모르겠지만, 국세청의 채무상환 분석을 피하려 한 것이 인상적입니다. 누군가 컨설팅을 해준 것일 수도 있지만, 1차 적으로 국세청은 부동산 등기부의 근저당 상환내역을 정기적으로 수집하여 채무상환을 자력으로 했는지 자금출처 조사 선정 항목 중의 하나로 분석합니다.

그런데 맥락을 보면 채무상환 분석 구조를 알고 했다기보다는 단순히 상환 후 등기 정정을 안 한 것으로 보입니다. 이러한 자금출처 분석 시스템을 아는 사람이라면, 아버지한테 부동산 취득자금을 받고 증여세 신고를 누락했을 리가 없기 때문입니다. 아무리 근저당 대출을 받아도 매매가액의 100% 대출은 안 해주기 때문에 자신의 자금이 필요한데, 그동안 자신의 소득신고 내역이든, 근로소득 내역이든 매매 시 필요한 자기자금의 원천이 커버가 되어야 함에도 이걸 모르고 자금출처

조사 대상자로 선정된 것을 보면 의도적이거나 컨설팅을 받고 행한 것은 아닌 것 같습니다.

여기서 착각하시면 안 되는 것이 "아! 그럼 채무상환 대신해 주고 근저당 안 지우면 되겠네!" 단순히 이렇게 여기면 안 된다는 것입니다. 근저당 항목은 분석 툴 중의 하나이고 당장 안 걸리는 것이지 나중에 다음 물건으로 갈아타거나 상속이 일어나거나 미래의 어느 이벤트에서 걸릴지 알 수가 없습니다. 따라서 큰 물건의 취득 전에는 반드시 전문가의 상담을 거치고 자금의 원천을 스스로 점검해 봐야 합니다.

8 고의로 부채 늘려 '헐값'에 건물 넘긴 부모님 : 대출 및 임대보증금 과다 설정 후 자녀에게 저가 양도, 채무 대신 상환 혐의

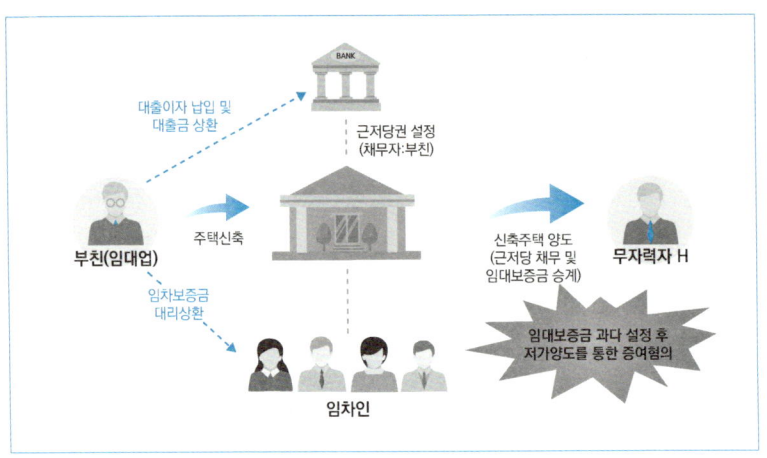

이번 사례는 양도세 조사와 자금출처조사의 혼합 분석입니다. 뚜렷한 소득이 없는 자녀가 부동산 임대업자인 부친으로부터 취득한 주택의 자금출처 및 부친으로부터의 매매 취득가액 ○○억 원의 적정 여부를 분석한 결과, 우선 자녀의 소득과 재산상태 등으로 볼 때 매매 취득자금 자체의 출처가 불분명하였습니다. 또한 부친의 양도세 신고 적정성에서 봐도 거래가격이 주변 시세보다 낮게 거래되었기에 저가양도에 따른 양도세 부당행위계산부인과 저가양도에 따른 자녀 증여세 문제가 동시에 대상이었을 겁니다.

또한 조사하면서 밝혀진 내용으로는 자녀가 부친으로부터 매수한 주택의 근저당 채무 및 임대보증금을 승계하면서 임대보증금을 실제보다 과다하게 설정하여 현금 정산금액을 임의로 낮춘 혐의가 확인되었습니다. 주택 양노 후에도 근저당권의 채무자를 부친에서 자녀로 변경하지 않고 부친이 대출이자를 계속 상환함으로써, 매매계약서상 채무를 자녀가 승계한 것처럼 매매 정산금액은 낮춰놓고 실질적으로는 부친이 채무이자를 대신 갚아준 편법 증여혐의가 있었습니다.

부모·자녀 간의 부동산 매매 거래 자체도 의심으로 눈여겨 보는데, 위험요소를 몇 가지나 갖고 거래한 사례입니다. 국세청에서 보는 혐의는 저가 양도에 따른 부친의 양도세 부당행위계산부인, 매수한 자녀의 저가양수 증여이익 혐의, 매수자금의 자금출처 불분명(매수자금 증여혐의), 채무승계 적정성과 채무 자력상환 여부 혐의 정도가 되겠습니다.

시세대로 거래하더라도 임대보증금과 근저당 대출을 최대한 높여서 거래한다면, 대출 및 임대보증금 상환을 자녀가 자력으로 하는지 부

채사후관리를 통해 매년 관리 및 확인을 할 것입니다. 그런데 사례에서
는 이마저도 부친이 대신 대출이자 상환을 하고 있었기 때문에 계좌조
회만 하면 바로 편법 증여 혐의가 드러나는 상황이었습니다. 또한 임대
보증금도 실제 상환할 금액보다 부풀려서 일부러 매매정산 금액을 낮
췄기 때문에 부풀린 금액만큼 증여혐의로 문제가 되었을 것입니다.

9 '가짜' 차용증 한 장으로 빚 갚아준 비밀 : 부모·자녀 간 허위 차용증 작성 후 자녀 금융채무 인수하는 편법 증여

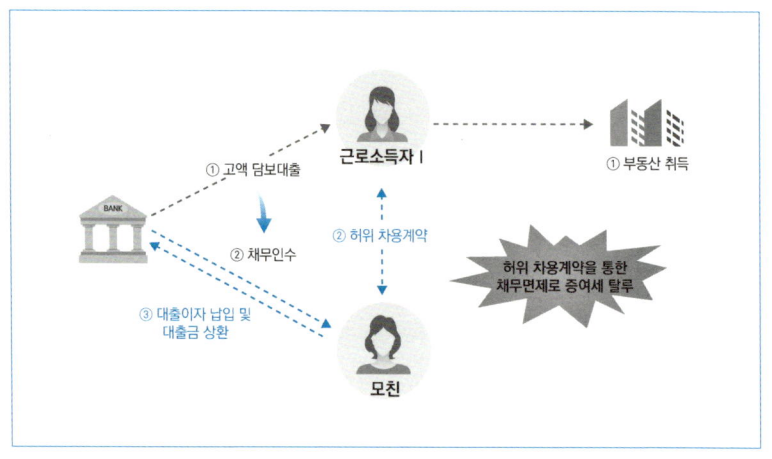

평범한 근로자인 자녀가 부동산을 취득하면서 고액의 담보대출 ○
○억 원을 받았는데, 자녀의 그동안 근로소득으로는 채무 변제가 불가
능한 상황임에도 채무가 전액 상환되어 자금출처 분석 대상자가 된 케
이스입니다. 부동산 등기부상 채무를 자녀의 자력으로 상환한 것은 아
니고 고액 자산가인 모친이 해당 채무를 인수하고, 자녀에게 동 금액을

빌려준 것처럼 금전대차계약을 체결한 것이었습니다. "네가 갚아야 할 은행 채무를 내가 우선 인수할 테니, 넌 나에게 돈을 갚아라." 형식상으로는 이렇게 말을 맞추고 자녀는 모친과 차용증을 작성하였지만, 자녀는 모친에게 이자 및 원금을 지급하지 않았습니다. 이에 따라 채무 면제를 통해 변칙 증여받은 혐의로 증여세를 과세한 사례입니다.

이 역시 부동산 등기부의 근저당 상환 분석만 하여도 혐의가 보이는 케이스라서 조사 선정 후에는 계좌분석으로 납세자의 모친과 차용증 작성이 진실인지 금방 알아낼 수 있기 때문에 쉽게 조사 종결하였을 것으로 보입니다.

Part 4

자산가들이 궁금해
하는 상속세 조사
포인트와 부동산 탈세
유관기간 공조 사례

Chapter 1

해외재산 은닉과 국경을 넘는 상속재산의 추적

바야흐로 국세청의 추적망이 국경을 넘어섰습니다. 해외에 재산을 두면 안전하다는 믿음은 이제 과거의 신화가 되었습니다. OECD가 주관하는 다자간 금융정보 자동교환 협정을 비롯한 국제 공조 시스템이 구축되면서, 해외 금융 계좌는 물론, 정보교환을 통한 외국 과세당국의 신고자료나 재무정보까지 국세청의 감시망에 실시간으로 포착되고 있습니다.

국세청은 더 이상 한정된 국내 정보만으로 움직이지 않습니다. 수십 년간 축적된 국내 자산 정보와 새로이 입수한 해외 자산 정보를 결합해, 자산가들의 가족 자산 이동 흐름을 추적하고 있습니다. 국세청은 자산가들이 해외로 보낸 송금액, 해외에서 취득한 부동산, 복잡한 신탁이나 페이퍼컴퍼니를 통해 숨겨둔 재산을 주타깃으로 하고 있습니다.

아마 자산가들이 가장 많이 해외에 계좌를 두고 있는 국가는 미국일 것입니다. 우리나라는 2015. 6. 10. 한미 금융정보 자동교환 협정(FATCA 협정)에 정식서명 하였는데, 이로 인해 한국 거주자가 보유하는 미국의 금융계좌에 대해서는 매년 정보를 교환하고 있습니다. FATCA 협정에 따라 미국에서는 우리나라 거주자의 금융정보를 제공하고 우리나라는 미국 거주자와 시민권자의 국내 계좌 정보를 미국에 제공합니다.

교환정보		미국 → 우리나라	우리나라 → 미국
계좌 보유자		• 우리나라 거주자	• 미국 시민권자, 미국 거주자 • 특정미국인이 실질적 지배자인 수동적 비금융단체
금융계좌	개인	• 연간이자 10달러 초과 예금계좌 • 미국원천소득 관련 기타 금융계좌	• 5만 달러 초과 기존 금융계좌 (보험·연금은 25만 달러 초과) • 5만 달러 초과 신규 예금·보험계좌 (기타계좌는 한도 없음)
	단체	• 미국원천소득 관련 금융계좌	• 25만 달러 초과 기존 금융계좌 (신규계좌는 제한 없음)
지급액 등		• 이자, 배당, 기타 원천소득	• 이자, 배당, 기타 원천소득, 계좌잔액

미국뿐만 아니라 '다자간 금융정보 자동교환 협정'[18]이라 하여, 우리나라는 2014. 10월 OECD가 주관하는 다자간 금융정보 자동교환(CRS) 협정에 서명하였고 영국·독일·케이만·BVI·스위스 등 협정을 체결한 국가들과 금융정보를 '매년' 교환하고 있습니다. 이를 통해 협

---

18   **다자간 금융정보 자동교환 제도란**
    다자간 금융정보 자동교환 협정(MCAA : Multilateral Competent Authority Agreement on Automatic Exchange of Financial Account Information)에 가입한 국가의 국세청이 상대국 거주자의 금융계좌정보를 매년 정기적으로 상호 교환하는 제도입니다.

정국에 있는 국내 거주자의 계좌정보 및 금융소득 정보를 수집하고 세무조사에 활용할 수 있다는 점을 아셔야 합니다.

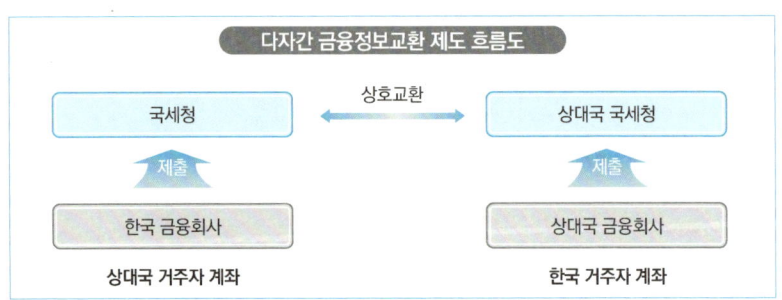

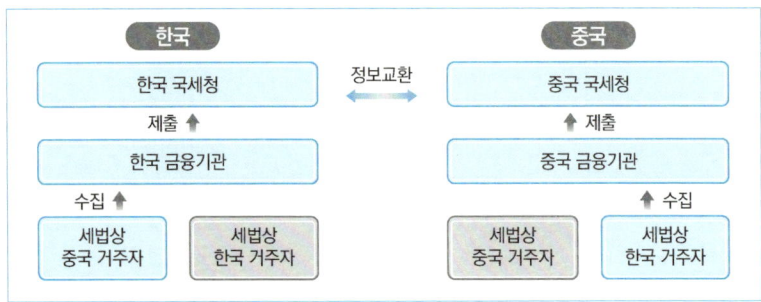

〈예 시〉

교환정보		체약상대국 → 우리나라	우리나라 → 체약상대국
계좌 보유자		• 우리나라 거주자 • 우리나라 거주자가 실질적 지배자인 수동적 비금융단체	• 체약상대국 거주자 • 체약상대국 거주자가 실질적 지배자인 수동적 비금융단체
금융 계좌	개인	• 모든 금융계좌	좌동
	단체	• 25만 달러 초과 기존 금융계좌 (신규계좌는 제한 없음)	좌동
지급액 등		• 이자, 배당, 기타 원천소득, 계좌잔액	좌동

"해외에서 거래하는 내역을 국세청이 어떻게 알아?" 이렇게 생각하고 해외 계좌를 신고하지 않거나 소득과 재산을 해외에 은닉하는 행위는 이제는 국가 간 공조망에 걸려 세금 추징을 당할 수 있습니다.

1 해외 신탁에 숨겨진 '검은 상속재산'의 비밀 : 해외 신탁(Trust)과 해외 상속재산 누락

이번에 소개하는 조사사례는 이러한 국제적 과세 인프라가 확장되기 전에 선친부터 누락시켰던 해외의 자산들이 드러나게 된 케이스입니다.

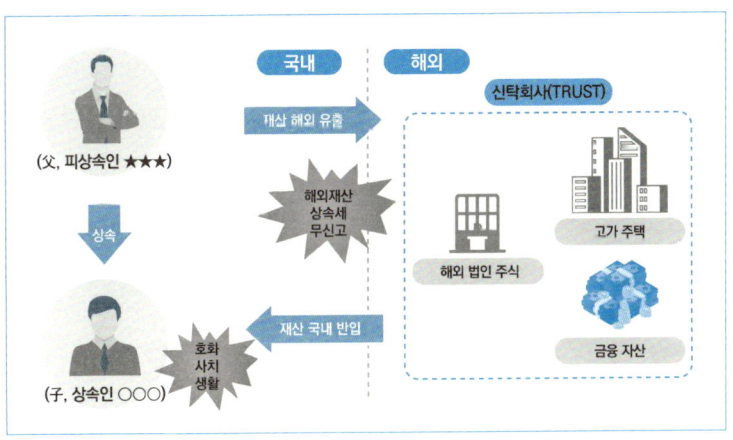

해외에서 사업을 하였던 선친(피상속인)은 국내에 소득 신고하지 않고 비자금을 조성하여 해외의 신탁회사(Trust)를 통해 해외법인 주식, 해외 고가주택, 금융자산이 관리되도록 하였습니다. 해외 신탁사 명의로 관리되는 자산은 국내 과세관청이 파악할 수 없다는 것을 이용하

여 피상속인의 명의의 재산이 아닌 것처럼 하여 상속이 발생된 후 상속세 신고에서도 누락하였습니다. 원래 피상속인이 신탁한 재산은 무조건 상속재산으로 보게 되어 있습니다.[19]

국내 거주자인 상속인은 실질적으로 상속받은 신탁재산들에서 발생된 해외 부동산의 양도소득과 해외주식 등에서 발생한 금융소득을 국외 계좌를 이용하여 수취하고 국세청이 알지 못하도록 은닉하여 국내로 자금이 들어오는 외국환 자료가 남지 않도록 치밀하게 관리하였습니다. 그중 일부만을 국내로 반입하여 고급주택에서 거주하며 호화 사치 생활을 영위해 왔습니다.

국외계좌의 정보가 교환되지 못한 시절에는 알 수 없었겠지만, 금융정보 자동교환 협정을 통해 이러한 자료를 수집하여 분석하면 국세청은 해외 계좌의 정보 및 잔고와 조회 내역을 알 수 있습니다. 해외 신탁회사 명의로 되어 있는 자산은 파악이 어렵겠지만, 상속인이 해외에서 수취하고 있는 해외 계좌의 정보는 국내 거주자의 자료이니 수집이 되었을 것이고 국세청은 상속인의 소득세 신고 내역이나 외환송금 내역,

---

19 **상속세 및 증여세법**
제9조 [상속재산으로 보는 신탁재산]
① 피상속인이 신탁한 재산은 상속재산으로 본다. 다만, 제33조 제1항에 따라 수익자의 증여재산가액으로 하는 해당 신탁의 이익을 받을 권리의 가액(價額)은 상속재산으로 보지 아니한다. (2020.12.22. 단서개정)
② 피상속인이 신탁으로 인하여 타인으로부터 신탁의 이익을 받을 권리를 소유하고 있는 경우에는 그 이익에 상당하는 가액을 상속재산에 포함한다. (2010.1.1. 개정)
③ 수익자연속신탁의 수익자가 사망함으로써 타인이 새로 신탁의 수익권을 취득하는 경우 그 타인이 취득한 신탁의 이익을 받을 권리의 가액은 사망한 수익자의 상속재산에 포함한다. (2020.12.22. 신설)
④ 신탁의 이익을 받을 권리를 소유하고 있는 경우의 판정 등 그 밖에 필요한 사항은 대통령령으로 정한다. (2020.12.22. 신설)

상속재산 신고 내역, 증여세 신고 내역을 다 비교해 보아도 해외금융 정보와 비교하였을 때 해외의 소득이나 자산의 원천이 확인되지 않으므로 조사 분석 대상자로 선정했을 것입니다.

이렇게 국세청의 감시망인 과세 인프라를 피해서 잘 숨겨왔다 하더라도 꼬리가 길면 언젠가는 드러나게 됩니다. 자산이 계속 축적되고 사라지지 않는 한 내 명의로 무언가의 흔적이 계속 생기기 때문입니다. 타인의 명의로 자산을 평생 돌릴 수도 없는 것이고 숨겼던 빙산들이 커지다 보면 드러날 수밖에 없습니다. 다만 그 시기와 단초가 무엇이 될지 미래를 예측할 수 없기 때문에 장기 재산 은닉이 지속되면, 과세 리스크는 늘 숨어서 따라오게 됩니다.

2 아버지의 '죽음'을 숨긴 아들 : 해외이주자 사망 사실 은폐를 통한 상속세 탈루

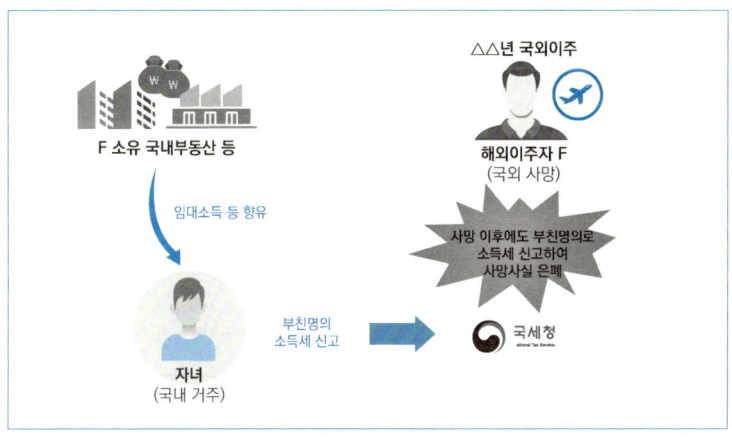

이 사례는 해외이주자 중에 국내 소득이 발생하는 사람 중 거주성 여부 및 변칙 증여 혐의를 분석하는 과정에서 발견된 것으로 보입니다. 피상속인인 부친은 해외이주자였고 국외에서 이미 사망하였습니다. 국세청은 전산으로 해외이주자인 부친이 최근 수년간 국내 출·입국 사실이 없고, 국내 보유 부동산에서 발생하는 임대소득으로 국내 재산을 취득하거나 해외로 송금한 이력이 없어 이상하게 여기고 자금 사용처를 분석하기 시작했습니다.

하지만 금융계좌 조회와 국가 간 정보교환 등 분석을 하면서 부친은 이주 국가 현지에서 수년 전 사망하였음에도, 국내 부동산에 대한 상속 등기 없이 피상속인 부친 명의로 계속 유지된 것이 밝혀졌습니다. 상속인인 자녀는 부친의 국내 임대소득과 관련된 부가세·소득세 등 관련 제세도 피상속인 명의로 신고하는 등 의도적으로 사망 사실을 은폐하고 상속세를 탈루한 혐의가 확인되었습니다. 또한, 부친의 사망 전 발생한 부동산 임대소득은 해외로 송금하지 않고 국내에 있는 자녀 등이 누리는 등 편법으로 사전 증여받은 혐의도 있었습니다.

결국 국내 거주 자녀에 대한 사전증여 포함하여 해외이주자 부친에 대한 상속세 조사를 착수하고 누락된 상속세 및 증여세를 추징하였습니다.

Chapter 2

그동안 안 걸렸는데...
상속세 조사 때 어디까지
과세될까?

"그동안은 문제가 없었는데, 왜 갑자기 세금을 내야 하죠?"

많은 상속인들이 상속세 조사를 받으면서 가장 낭황해하는 짐은 비로 '과거의 묻혔던 거래들'입니다. 그저 가족 간의 자연스러운 돈 거래라 생각했던 계좌이체, 배우자 명의의 부동산 취득, 자녀에게 보냈던 생활비, 부모님의 알 수 없는 무수한 사생활 관련 거래내역 등이 당시에는 문제가 안 되었으니 그냥 무사히 지나간 것이라 생각했을 것입니다. 하지만 상속이라는 이벤트로 다시 드러나게 되고 과세의 칼날로 돌아올 것이라고는 예상하지 못했기 때문입니다.

국세청의 상속세 조사는 망인의 사망 시점 재산만을 들여다보는 단순한 절차가 아닙니다. 그들의 진짜 시나리오는 사망일 이전 최대 10~15년 치에 달하는 모든 계좌 기록을 싹 훑어보는 것에서 시작됩니다.

지금까지 증여세를 신고하지 않아 '묻혀있었던' 모든 재산 흐름이 이 순간 수면 위로 올라옵니다. 그저 가족 간 정산이라고 치부했던 과거의 거래들이 국세청의 눈에는 하나하나 과세 가능한 증여 건으로 포착될 수 있는 것입니다.

이 챕터에서는 상속이라는 이벤트로 어떤 과거의 사건들이 과세가 많이 되었는지, 상속세 조사를 진행하면서 어떤 부분들이 문제로 많이 지적되었는지 자산가들이 궁금할 내용을 담았습니다. 그동안 국세청의 추적망에 안 걸렸다고 생각했던 자금들이 상속세 조사라는 '최후의 관문'에서 어떻게 드러나고 과세 되는지, 국세청의 추적 관점을 알아야 상속세 조사라는 예측 불가능한 상황에서 자녀들이 자산을 지킬 수 있게 향후 예방이 될 것입니다.

1 계좌에서 빠져나간 돈이 상속세 조사로 드러나는 순간 : 생활비의 경계선, 증여가 되는 경우들

'가족 간 계좌이체'는 유튜브에 정말 많이 나오는 주제입니다. 가족 간에 계좌이체는 여러 사유로 있을 수 있는 일이고, 실제 생활비로 썼는지 뭘 샀는지는 국세청도 조사하기 전엔 알 수가 없습니다. 과거에 그냥 묻혔던 피상속인 계좌에서 이체된 거래들이 상속세 조사를 계기로 쭉 검증을 받게 되는데, 특히 배우자에게 이체된 내역들은 거래도 많고 금액도 크기 때문에 주 타깃이 됩니다.

이체된 내역들을 소명하라 하면 생활비라고 주장하는 경우가 대부분인데, 증여세가 비과세되는 생활비라 함은 필요시마다 직접 이러한 생활비용에 충당하기 위하여 사용된 것을 말하기 때문에 받은 자금으로 생활비 이외의 재산 취득에 사용하는 경우는 증여에 해당됩니다. 따라서 조사팀은 해당 자금의 실제 사용처 검증을 하게 됩니다.

📚 상속세 및 증여세법

제46조 [비과세되는 증여재산]

5. 사회통념상 인정되는 이재구호금품, 치료비, 피부양자의 생활비, 교육비, 그 밖에 이와 유사한 것으로서 대통령령으로 정하는 것 (2010.1.1. 개정)

📚 상속세 및 증여세법 시행령

제35조 [비과세되는 증여재산의 범위등]

④ 법 제46조 제5호에서 "대통령령으로 정하는 것"이란 다음 각 호의 어느 하나에 해당하는 것으로서 해당 용도에 직접 지출한 것을 말한다. (2010.2.18. 개정)

2. 학자금 또는 장학금 기타 이와 유사한 금품 (1996.12.31. 개정)

3. 기념품·축하금·부의금 기타 이와 유사한 금품으로서 통상 필요하다고 인정되는 금품 (1996.12.31. 개정)

4. 혼수용품으로서 통상 필요하다고 인정되는 금품 (1996.12.31. 개정)

법에 비과세되는 증여재산에 생활비가 명시되어 있지만, 법을 잘보면 앞에 '사회통념상 인정되는'이라는 단서를 붙여놓았습니다. 문제는 이 '사회통념'이라는 기준이 매우 주관적이라는 것인데, 집이 부자이고 평소 씀씀이가 큰 집에서 쓰는 생활비와 가난한 가정의 생활비는 분명 차이가 있습니다. 세무조사하는 국세청 공무원이 "내가 볼 때 이 금액은 사회통념적이지 않은데?"하면 뭐라고 해야 할까요? 우리집은 이게 생활비 수준이다 이렇게 말하면 넘어갈까요?

조세심판례(조심 2018중2229)는 '상속세 조사'를 하면서 돌아가신 분의 10년 치 계좌를 분석하다가 생활비 증여세가 사전에 누락되었다고 보아 과세한 사례입니다. 국세청 조사관들은 돌아가신 분의 금융계좌 검토 중 상속인들인 배우자 및 자녀에게 송금한 내역들을 보고 어디에 쓴 것인지 사용처 소명을 하라했고, 소명하지 못하면 증여받은 것으로 보겠다 하였습니다. 상속인들은 입금받은 돈으로 생활비, 자녀 유학비, 자녀 결혼비용으로 썼다고 주장하였고 조사관들은 이 중에서 '실제' 유학비와 결혼비용만 인정했습니다.

그리고 생활비 주장 부분에 대해서는 실제 쓴 내역을 일일이 소명할 수 없기 때문에 최소 생활비를 감안하여 월별 소액 입금만 생활비로 인정하고 나머지는 다 사전 증여로 보았습니다. 말 그대로 사회통념의 기준에 답이 없기 때문에 돌아가신 분의 통장 월평균 지출 정도를 감안하여 세무조사관 임의의 기준으로 나눈 것으로 보입니다. 하지만 조세심판원에서는 생활비에 대해서 조금 더 인정을 해주어 '재조사 결정'을 내렸는데 이 케이스에서는 정황근거가 있기때문에 가능한 판단이었습니다. 상속인 중 배우자가 전업주부여서 무소득자였고 피상속인으로부터 입금받은 계좌에서 실제 카드대금, 관리비, 통신요금, 건강보험료 등이 지급된 사실이 나타났기 때문에 가족 생활비에 사용되었다는 합리적인 추정이 가능하다고 하였습니다.

그뒤 국세청은 재조사를 통해 일부를 생활비로 인정을 더 해주고 상속세와 증여세를 감액했지만, 납세자는 추가로 교육비, 결혼비용, 생활비를 더 인정해 달라며 행정소송을 했고 <u>생활비나 교육비 등 직접 지출의 연계성을 입증하지 못해서 납세자가 전부 패소했습니다. (의정부지방법원 2019구합14457)</u> 법원의 판단에서 보듯이 위에서 언급했던 상증 시행령의 단서 '해당 용도에 직접 지출한 것'에 유의하셔야 합니다. 상속인들이 사전에 받은 금원으로 생활비나 교육비로 직접 지출하지 않고 예·적금을 모아두거나, 주식이나 부동산을 매수했다면 이건 지급 목적이 직접 지출인 생활비나 교육비가 아닌 것이기 때문에 증여세 과세대상입니다.

생활비 외의 나머지 결혼비용과 교육비는 어떻게 판단했을까요? 생활비는 일일이 측정이 안되지만 교육비와 결혼비용은 지출증빙의 직접 연관성에 대해 어느 정도 추적이 가능합니다. 상속인 입장에서는 최대한 관련 비용을 많이 인정해달라며 심판원과 법원에 자료를 제출했지만, 혼수용품 및 생활비 등으로 사용하였음을 입증한 것으로 볼 수 없다고 보아 국세청의 판단대로 확정시켰습니다.

* **교육비의 판단 기준** : 보통 문제되는 교육비는 해외 유학비로 금액이 크기 때문에 조사 시 문제가 됩니다. 이 사례도 유학비였는데, 조세심판원은 통상적인 등록금과 현지 생활비용이 예상 가능하기 때문에 환전내역과 해외 송금 등 계좌추적 내역으로 입증되는 부분은 비과세되는 증여재산으로 볼 수 있다 했습니다. 하지만 어학연수비용, 대학원 졸업 후의 해외 인턴십 과정 기간 동안 이체 및 환전금액은 객관적인 유학 교육비도 아니고 비과세

되는 교육비로 인정하기 어렵다 하였습니다. 딱, 정규 학교 과정 기간의 등록금과 현지 생활비 정도만 인정해주었다고 보시면 되겠습니다.

위 사례는 자녀에 대한 교육비였고, 부양의무가 없는 손자에 대한 교육비는 더 주의해야 합니다. 실제 입증자료에 의해 유학비와 교육비로 썼다고 하더라도 부양능력이 있는 부모가 있다면, 조부의 손자에 대한 교육비 지원은 증여로 봅니다.

조심 2020서0143

청구인의 유학 당시 부모의 경제적 부양능력이 전혀 없어 피상속인이 그 부모를 대신하여 자신의 손녀인 청구인을 부양할 의무가 있었다고 보기는 어려운 점,

유학 당시 성년에 이르렀던 청구인의 경우 그가 소유한 상가의 임대수입 규모를 감안하면 유학경비를 자력으로 감당할 수 있었던 것으로 보이는 점 등에 비추어 청구주장을 받아들이기 어려움

조세심판원은 "부모에게 경제적 자력이 충분한 경우 조부모의 손자에 대한 민법상 부양의무가 인정될 수 없어 조부모가 손자에게 증여한 재산은 피부양자의 생활비나 교육비에 해당하지 않는다는 기존 심판례(조심 2016서4234, 2017.7.20.)를 들며 납세자의 주장을 기각했습니다.

* **결혼비용 판단 기준** : 상속인들은 청첩장과 가족관계증명서를 근거로 그 기간 즈음에 이체되었던 금액들을 다 관련 비용으로 인정해달라 하면서 시댁지참금, 결혼준비금 등을 사회통념적 인정되는 것이라 주장을 하였습니다. 하지만 국세청과 조세심판원은 식장 대여 비용 등 카드결제로 실제 입증되는 내역만을 인정해 주었습니다. 결혼시기 전·후 하여 자녀에게 이체한 금액은 별도 증빙이 없고, 실제 지출 사실이 명확하지도 않고 결혼비용과의 직접적 연관성이 없어 비과세되는 결혼비용으로 보기 어렵다 하였습니다. 법원 역시 시댁지참금을 통상적 혼수용품으로 인정되는 금품이라 보

기 어렵다고 하였으니, 사회통념 기준을 참고하셨으면 합니다.

사회통념이라는 기준이 무척 애매한데 법원의 판단을 보면 보수적이긴 합니다. 객관적 증빙과 정황근거가 뒷받침되어야지 추정적 끼워맞추는 상황으로는 인정도 안 해주거니와 사회통념이라는 기준을 폭넓게 봐주지도 않습니다. 실제 증여받은 것이 아니고 사용된 게 맞다면, 억울하지 않기 위해서 구체적으로 기록 관리해두는 것이 필요하겠습니다.

의정부지법 2019구합14457(2021.1.7.)

[요약]

처분청이 계좌입금액을 증여재산가액으로 본 금원에 대하여, 원고가 해당 금액의 사용처로 혼수용품 및 생활비 등으로 사용한 것을 입증한 것으로 볼 수 없어, 당초 처분 정당함

(교육비 부분 판단)

원고주장 출금액란 기재와 같은 각 돈 송금하였고, 원고 진○○이 2005년부터 2010년까지 그 명의의 각 계좌에 있던 돈을 환전하여 송금하거나 국내에 입국한 윤○○에게 송금하는 방법으로 위 <표2> 기재와 같이 합계 271,302,211원을 윤○○에게 송금하였다고 하더라도, 원고들이 드는 여러 사정이나 증거들만으로 위 각 돈을 모두 윤○○의 생활비나 교육비로 사용하였다고 보기는 어렵다.

(혼수용품으로서 통상 필요하다고 인정되는 금품으로 해당 용도에 직접 지출한 것의 판단)

1,200만 원을 시댁지참금으로 사용하였다고 하더라도, 시댁지참금을 '혼수용품으로서 통상 필요하다고 인정되는 금품'이라고 보기는 어렵다.

원고들은 '윤○○과 그 배우자가 싱가폴에서 거주하다가 혼인하게 되어 혼수 구입의 대부분이 싱가폴에서 이루어져 구매영수증, 신용카드 구매기록 제출이 어렵다.'는 취지로 주장하고 있을 뿐, 위 38,634,010원 중 시댁지참금 1,200만 원을 제외한 26,634,010원을 결혼준비금으로 지출하였음을 인정할 만한 객관적인 자료를 제출하지 못하였고, 갑 제13호증(윤○○ 결혼준비금 사용내역), 갑 제24호증(예산표 및 영수증)을 포함한 원고들이 제출한 증거만으로는 윤○○ 이 위 26,634,010원을 결혼준비금으로 사용하였다고 보기에 부족하다.

2 상속공제 치트키? 배우자 상속공제의 함정

상속 때 배우자가 있다는 것만으로도 엄청난 절세 혜택이 있습니다. 반대로 배우자가 없다면 상속세 부담이 매우 높아집니다. 배우자가 살아 있으면 배우자에게 상속재산을 분할하지 않아도 실제 상속받은 금액과 상관없이 최소 5억 원을 공제받을 수 있습니다. 그런데 배우자에게 '실제' 상속한 재산이 있다면, 배우자의 '법정상속지분을 한도'로 최대 30억 원까지 공제가 됩니다.

〈상증세법 집행기준 : 19-0-1 [배우자 상속공제]〉

구분	분할기한 내에 배우자 상속재산을 분할한 경우	무신고, 미분할
배우자 상속공제액	• 5억 원에 미달시 5억 원을 공제 • 배우자가 실제 상속받은 금액 • 한도 : Min ① (상속재산가액 × 법정지분율) − 배우자 사전증여재산의 증여세과세표준 　　　　　② 30억 원	5억 원

간단해 보이는데 실제 적용하면 주의할 사항이 많이 있고 국세청에서도 배우자 상속공제를 5억 원 초과해서 높게 받으면 조사 때 반드시 검토하게 되어 있습니다. 실제 배우자 상속공제 신고 후 한도 적용을 잘못하여 추징되는 케이스가 정말 많이 있기 때문에 주의가 필요합니다. 한도를 구하는 위 산식에서의 '상속재산가액'은 시행령에 별도 정의가 되어 있고 '배우자가 실제 상속받은 금액'의 정의도 별도로 확인하셔야 합니다.

* 관련 집행기준 : 19-17-2 [배우자 상속공제액 계산시 상속재산가액]

상속재산가액	유의사항
총상속재산가액	상속·유증·사인 증여한 재산, 간주상속재산, 추정상속재산
+ 상속개시 전 10년 이내에 상속인에게 증여한 새산가액	상속개시 전 5년 이내 상속인이 아닌 자에게 증여한 재산가액은 합산 제외
- 상속인이 아닌 자가 유증·사인증여받은 재산가액	상속인에게 유증·사인증여한 재산은 차감하지 않는다.
- 비과세되는 상속재산가액	비과세 상속재산
- 공과금·채무액	장례비는 차감하지 않음
- 과세가액 불산입액	공익법인등에 출연한 재산 및 공익신탁재산
= 상속재산의 가액	배우자 법정상속분 계산시 적용

① 배우자가 실제 상속받은 재산에 해당되는가?

말 그대로 실제 상속받은 금액을 뜻하는 것으로, 배우자가 상속받은 상속재산가액에서 승계하기로 한 채무나 공과금을 빼야 하는 것은 당연한데, 주의할 것은 '배우자가 상속받은 상속재산가액'에는 추정상속 재산이나 사전증여재산, 재산분할기한 내에 배우자에게 분할하지 않은 재산은 제외합니다.

---

* 관련 집행기준 : 19-17-1 [배우자가 실제 상속받은 금액]

배우자가 상속받은 상속재산가액(사전증여재산가액 및 추정상속재산가액 제외)
 – 배우자가 승계하기로 한 공과금 및 채무액
 – 배우자 상속재산 중 비과세 재산가액
 – 배우자 상속재산 중 과세가액불산입액

배우자가 실제 상속받은 금액

재재산-566(2007.5.15.)

배우자상속공제액 산정시 배우자가 상속받은 것으로 추정하여 상속세 과세가액에 산입되는 추정상속재산가액은 '배우자가 실제 상속받은 금액'에 포함하지 않음

신고한 재산 중 일부만 배우자 명의로 등기·등록했다면, 등기 분할된 재산만 배우자가 실제 상속받은 재산으로 인정하고 그 재산만 반영하여 배우자 상속공제가 됩니다. 또한, 배우자가 상속받은 것으로 신고한 재산을 과대·과소평가한 경우 상속세 결정 시 평가가액을 기준으로 재계산합니다. 그리고 상속세 신고 때 누락하였으나, 배우자 상속재산 분할기한까지 신고 및 분할등기 완료한 재산가액은 배우자 상속공제 계산 시 포함합니다.

「상속세 및 증여세법」 제19조 제1항 본문의 규정에 의한 배우자 상속공제액은 상속재산을 분할(등기·등록·명의개서 등을 요하는 재산의 경우에는 그 등기·등록·명의개서 등이 된 것에 한함)하여 같은 법 제67조의 규정에 의한 상속세 신고기한의 다음날부터 6월이 되는 날까지 배우자의 상속재산을 신고하거나 같은 조 제2항 단서의 규정에 의하여 신고한 배우자가 실제 상속받은 재산에 의하여 계산하는 것이며, 이 경우 상속재산은 상속세 신고기한 이내에 신고하지 아니한 재산을 포함하는 것입니다.

여기서 배우자는 가족관계등록부에 등재된 배우자에 한하여 공제대상이 되며, 사실혼 관계에 있는 배우자는 공제대상이 아닙니다. 그리고 가장 중요한 부분 중 하나가 상속세 신고할 때 공제를 많이 받기 위해 배우자가 상속받은 것처럼 하고 자녀들에게 재산을 더 몰아주는 경우가 있는데, 상속세 조사 때 이 부분도 검증한다는 것입니다. 배우자가 실제 상속받은 것으로 신고한 경우에도 상속세 신고 후 출금하여 다른 상속인에게 입금되었는지 여부를 금융조사 때 확인하여 사실관계에 따라 별도로 증여세를 과세하거나, 배우자의 실제 상속받은 재산가액에서 제외하여 배우자 상속공제 한도를 계산합니다.

② 배우자 '법정상속지분을 한도'로 한다는 의미

"자식들이 상속을 포기하고 배우자에게만 상속재산을 몰아줘서 배우자 공제를 최대치로 받고 상속세를 안낼 수 있을까?" 만약 이런 고민하는 분들이 있을 텐데 그렇게는 안 됩니다. 배우자의 법정지분율은 상속권자들이 포기하기 전의 지분을 의미하기 때문입니다.

③ 배우자 사전증여와 배우자 공제, 재상속 주의사항

돌아가시기 전에 미리 재산을 분산하면 좋다고 알고 있는게 상식인데, 이 배우자 공제 적용 시 실제 상속받은 재산의 내용과 배우자 상속공제 한도의 공식을 보면 꼭 그렇지는 않습니다. 배우자가 실제 상속받은 금액에서 사전 증여받은 금액은 제외하도록 되어 있고 배우자 공제 6억 원을 초과하여 사전증여하게 되면 그 증여세 과세표준은 배우자 상속공제 한도 계산 시 차감하게 되므로 상속재산 규모에 따라 사전증여가 오히려 역효과가 날 수 있습니다. 그리고 돌아가신 분의 배우자 역시 나이가 많으실 거라 상속이 또 발생될 수도 있기 때문에 배우자 공제 더 받겠다고 자식들 말고 배우자에게 상속을 많이 한다면, 재상속에 대한 문제도 고려를 하셔야 합니다. 특히 상속재산 중에서 강남 재건축 아파트같이 향후 높은 가치 상승이 기대되는 자산의 경우는 배우자에게 많은 지분을 상속분할 시, 당장은 배우자 상속공제로 상속세를 덜 내겠지만 머지않아 남은 배우자의 상속이 개시될 때는 배우자 상속공제가 없어 상속세가 높게 나옵니다. 이러한 부분도 종합적으로 고려해서 상속재산 분할 설계를 해야겠습니다.

④ 배우자 상속재산 분할기한

배우자 상속공제를 적용받기 위해서는 배우자가 그 재산을 실제로 상속받아야 해서 배우자 상속재산 분할기한까지 분할이 이루어져야 합니다. 상속재산 미분할 상태로 일단 배우자 상속공제를 받아 상속세 절감 후에 다시 협의분할을 거쳐 자녀에게 재산을 이전하는 방법으로 부를 무상이전하려는 시도를 방지하고자 함 때문입니다.

상속세 신고기한 + 9개월(상속일 + 1년 3개월)까지 배우자의 상속재산을 분할하여 등기등록 해야 하는데, 등기가 필요한 재산의 경우 "협의분할 상속등기"를 하셔야 합니다. 이 부분도 조사 때 반드시 확인하는 사항이니 유의하셔야 합니다.

📘 상속세 및 증여세법 제19조 [배우자 상속공제]

* 관련 집행기준 : 19-17-5 [배우자 상속재산 분할기한 연장]

배우자상속재산분할기한까지 부득이한 사유로 배우자의 상속재산을 분할할 수 없는 경우

부득이한 사유를 입증할 수 있는 서류를 첨부하여 「배우자상속재산미분할신고서」를 배우자상속재산분할기한까지 납세지 관할 세무서장에게 신고하는 경우로서, 배우사상속재산분할기한[부득이한 사유가 소(訴)의 제기나 심판청구로 인한 경우에는 소송 또는 심판청구가 종료된 날]의 다음날부터 6개월이 되는 날(배우자상속재산분할기한의 다음날부터 6개월을 경과하여 과세표준과 세액의 결정이 있는 경우에는 그 결정일)까지 상속재산을 분할하여 신고하는 경우에는 배우자상속재산분할기한 이내에 분할한 것으로 본다.

(사망일)	(6월)	(1년 3월)	(1년 9월)	상속제 결정일
상속 개시일	상속세 과세표준 신고기한	(원칙) 배우자상속재산 분할기한	(부득이한 경우) 배우자상속재산 분할연장기한	(최장) 배우자상속재산 분할연장기한

* 부득이한 사유

① 상속인 등이 상속재산에 대하여 상속회복청구의 소를 제기하거나 상속재산 분할의 심판을 청구한 경우

3 사망 전 예금을 인출하면 상속세를 덜 낸다고요?

흔히들 돌아가실 날이 얼마 남지 않은 경우 상속재산가액을 줄여보겠다고 예금을 조금씩 인출하시는 상속인들이 많은데, 특히 어르신들의 배우자들이 그렇습니다. 이전에 상담했던 분도 따님과 함께 찾아오신 80대 할머니이시고, 남편 돌아가실 것이 예견되어서 자금을 수시로 현금 인출해서 본인과 자녀의 통장에 차곡차곡 이전해 두셨다고 합니다. 남편분이 돌아가시기 7년 전에 원룸 건물을 매각했었고 이 매각 자금이 유일한 자금 원천이자 상속재산이었습니다. 돈에 꼬리표가 없으니 원룸 건물 매각 대금이 온전히 추적되는 상황은 아니었고, 돌아가실 때까지 생활비로 지급하고, 상속인들에게 사전 증여도 해주고 생활비 외에도 여러 사유로 돈을 가족들이 다 같이 써버리고 2.5억 원만이 남은 상황이었습니다.

실제 돌아가신 때는 예금 잔액 2.5억 원 뿐이니 상속세 나오지도 않을 텐데 신고 안 해도 된다고 생각하시다가 신고기한 2달 남겨두고 신경이 쓰여서 상담을 받으러 오신 케이스였습니다. 파트2에서도 자세히 설명드렸지만, 이 사례도 원룸 건물 처분했던 때가 상속개시 10년 이내여서 인출했던 금액도 계좌추적으로 귀속이 밝혀지면, 사전증여로 과세될 위험이 있고 최근까지도 현금 인출하던 금액들은 용처를 소명 못하면 추정상속재산으로 과세 될 것입니다. 용도 불분명하게 재산이 1년 내 2억 원, 2년 내 5억 원 이상 처분되거나, 인출한 경우 추정상속재산 이라 하여 상속세 과세가액에 산입하게 됩니다. 여기서 핵심은 모든 돈의 흐름을 쫓는다는 것입니다. 단순히 현금과 예금뿐만 아니라, 부동산이나 기타 재산 처분액은 이 돈이 어디에 쓰였는지 당연히 흐름을 따라가고, 금융기관이나 사인 간의 채무액도 이 돈을 빌려서 어디로 썼는지 사전증여된 것은 아닌지 법의 기준에 따라 추정상속재산에 포함될 수 있습니다.

이처럼 법에서 정한 기간 내의 인출 금액은 국세청이 실제 증여받은 것이라고 귀속을 밝히지 않더라도 상속재산으로 추정되기 때문에, 용처를 밝힐 '소명 의무'는 납세자인 여러분께 있습니다. 하지만 현실적으로, 한 달 전 내 계좌 내역도 기억하기 힘든데, 돌아가신 분의 수년 전 계좌 내역을 상속인이 모두 밝히기란 매우 어렵습니다. 특히 현금 인출의 경우 어르신들이 기록관리 당연히 안할 것이고 거래상대방도 불분명하여 용처를 소명하지 못하면, 용도불명 금액으로 분류되어 과세되기 때문에 몰래 현금으로 빼내고 모른척한다고 상속세 과세를 피하는 것이 아닙니다.

앞에서도 언급하였지만, 여기서 머리를 한 단계 더 쓰는 분들이 있습니다. 상속인들의 입증 부담을 덜어주기 위한 추정상속재산의 '배제 기준'이라는 것이 있는데, 소명을 요청받은 금액 중 입증되지 않은 금액이 '전체 소명 대상 금액의 20% 미만'이거나 '2억 원 미만'인 경우, 둘 중 적은 금액에 미달하면 추정상속재산 가액으로 보지 않습니다. 부모님 계좌에 현금을 남겨두면 그대로 상속재산가액에 포함되는데. '배제기준'을 이용해 세금을 줄이고자 일부러 현금으로 인출해서 용도불명으로 만들어버리는 경우입니다. 하지만 조사 때 상속인들의 재산증감을 종합적으로 검토하기 때문에 사전증여로 보게 될 경우 가산세까지 부담하게 됩니다. 같은 내용을 파트2 '상속세 실지조사'에 자세히 서술하였으니 참고하시기 바랍니다.

4 차용증은 왜 무용지물이 되는가? : 국세청이 인정하는 '가짜 빚'과 '진짜 빚'의 차이

가족 간 금전 차용은 상속세 계좌 조사 중 자주 등장하는 이슈인데, 상속인들에게 고액의 금액이 이체된 흔적이 있을 때 사전증여받은 것이 아니냐는 쟁점을 제기하게 됩니다. 이때 납세자 소명 시 가장 많이 주장하는 내용이 '증여받은 것'이 아니라 '빌린 것'이라는 주장입니다. 이렇게 납세자는 빌린 것이라 소명하지만 계약서는 물론 이자나 원금 상환내역도 없다면, 객관적으로 빌린 것이라 입증할 수 있는 근거가 없는 것이고 과세관청 입장에서는 목돈을 부모가 그냥 사전 증여한 것으로 보게 되는 것입니다. 원칙적으로 과세관청은 배우자 및 직계존비속 간의 금전차용은 인정하지 않기 때문에 그렇습니다.

45-34…1 [자금출처로 인정되는 경우]

① 영 제34조 제1항 각 호에 따라 입증된 금액은 다음 각 호의 구분에 따른다. (2011.5.20. 개정)

1. 본인 소유재산의 처분사실이 증빙에 따라 확인되는 경우 그 처분금액 (그 금액이 불분명한 경우에는 법 제60조부터 제66조까지에 따라 평가한 가액)에서 양도소득세 등 공과금 상당액을 뺀 금액 (2011.5.20. 개정)

2. 기타 신고하였거나 과세받은 소득금액은 그 소득에 대한 소득세 등 공과금 상당액을 뺀 금액 (2011.5.20. 개정)

3. 농지경작소득

4. 재산취득일 이전에 차용한 부채로서 영 제10조 규정의 방법에 따라 입증된 금액. 다만, 원칙적으로 배우자 및 직계존비속 간의 소비대차는 인정하지 아니한다.

5. 재산취득일 이전에 자기재산의 대여로서 받은 전세금 및 보증금

6. 제1호 내지 제5호 이외의 경우로서 자금출처가 명백하게 확인되는 금액

② 제1항에 따라 자금출처를 입증할 때 그 재산의 취득자금을 증여받은 재산으로 하여 자금출처를 입증하는 경우에는 영 제34조 제1항 단서의 규정을 적용하지 아니한다. (2011.5.20. 개정)

차용증을 작성하였어도 부모·자식 차용증의 인정 여부는 거래의 사실관계 등을 종합적으로 판단하기 때문에 차용증을 인정받기 위한 가장 중요한 점은 제3자 타인 간의 거래와 유사한 형식과 실질을 갖추어야 하는 것입니다.

① 형식과 필수내용을 갖추어 차용증 작성 : 차용증의 정해진 법적

형식은 없지만, 차용증 내용에는 이자율, 원금 상환일, 이자 지급일을 구체적으로 기재해야 하고, 해당 내용대로 이행하는 것이 가장 중요합니다.

② 차용액의 상환 시기, 상환 방법, 이자율과 이자 지급 시기, 지급 방법 등의 구체적인 내용 기재 : 부모·자식 차용증을 작성할 때 주의할 점은 무이자의 차용기간을 무한정 길게 하면 안 된다는 것입니다. 법정 이자율인 4.6%의 이자액이 1천만 원보다 적은 소액에 대한 차용은 무이자로 하여도 증여세 이슈가 발생하지 않기 때문에 자녀에게 약 2억 원까지 무이자로 빌려줘도 문제가 없습니다. 무이자여도 증여세가 안 나오는 금액이니 빌려주는 기간은 어떻게 정해도 상관없는 것이 아닌가 생각하실 수 있지만, 과세관청 입장에서는 그렇게 보지 않습니다. 예를 들어 무이자로 20년간 대여 이런 식이면, 형식만 대여지 그냥 주고 쓴 것과 차이가 없기 때문에 실질적으로 증여한 것과 마찬가지로 볼 위험이 있기 때문입니다.

이런 의심을 방지하기 위해서는 법정이자율에 미치지 못하더라도 소액 이자 또는 원금을 매달 보내야 하고 금융거래 이체내역으로 적요에 '대여금 이자 지급' 또는 '대여원금 부분상환' 이런 식으로 근거를 남겨두셔야 합니다. 또한 계약서 작성일이 소급해서 만든 것이 아니라는 객관성을 갖기 위해서는 공증, 등기소 확정일자, 내용증명 중 선택하여 받아두고 보관하셔야 나중에 국세청 소명 시 편합니다.

③ 차용증대로 원리금 실제 상환과 경제적 능력 : 부모·자식 차용증 대로 실제 자녀가 이자나 원금을 상환하고 근거를 남겨두었다고 해서

끝은 아닙니다. 만약 자녀가 일을 한 적이 없다든지 국세청에 소득신고 내역 상 원리금을 상환할 정도의 경제적 능력이 없다면, 상환한 돈을 자녀가 부모에게 우회적으로 받았다는 의심이 될 수 있습니다. 실제 세무조사 때는 부모·자식 계좌를 조회해서 시간순으로 쫓아가기 때문에 이런 케이스는 거의 걸린다고 보시면 됩니다.

④ 이자를 지급했는데도, 세금을 내는 경우 : 우선 이자를 지급했어도 법정이자율 4.6%보다 적게 지급했다면 '상속세 및 증여세법 제41조의 4 [금전 무상대출 등에 따른 이익의 증여]' 규정에 따라 저리 혜택 본 것에 대해 과세요건 충족 시 과세를 합니다.[20] 그런데 상속인의 사전 증여세 측면만 보는 것이 아니라 돈을 빌려준 피상속인 입장에서도 이자에 대한 소득세도 검토를 합니다. 만약 부모에게 이자를 지급했는데, 이자 지급한 자녀가 이자소득 원천징수를 하지 않았다면, 부모의 1년간 이자·배당소득이 2천만 원 이하여서 금융소득 종합과세 대상이 아니더라도 원천징수 안 된 이자소득은 종합소득세 신고 시 합산 반영해

---

20 **상속세 및 증여세법**
제41조의 4 [금전 무상대출 등에 따른 이익의 증여]
① 타인으로부터 금전을 무상으로 또는 적정 이자율보다 낮은 이자율로 대출받은 경우에는 그 금전을 대출받은 날에 다음 각 호의 구분에 따른 금액을 그 금전을 대출받은 자의 증여재산가액으로 한다. 다만, 다음 각 호의 구분에 따른 금액이 대통령령으로 정하는 기준금액 미만인 경우는 제외한다. (2015.12.15. 개정)
1. 무상으로 대출받은 경우 : 대출금액에 적정 이자율을 곱하여 계산한 금액 (2010.1.1. 개정)
2. 적정 이자율보다 낮은 이자율로 대출받은 경우 : 대출금액에 적정 이자율을 곱하여 계산한 금액에서 실제 지급한 이자 상당액을 뺀 금액 (2010.1.1. 개정)
② 제1항을 적용할 때 대출기간이 정해지지 아니한 경우에는 그 대출기간을 1년으로 보고, 대출기간이 1년 이상인 경우에는 1년이 되는 날의 다음 날에 매년 새로 대출받은 것으로 보아 해당 증여재산가액을 계산한다. (2015.12.15. 신설)
③ 특수관계인이 아닌 자 간의 거래인 경우에는 거래의 관행상 정당한 사유가 없는 경우에 한정하여 제1항을 적용한다. (2015.12.15. 개정)
④ 제1항에 따른 적정 이자율, 증여일의 판단 및 그 밖에 필요한 사항은 대통령령으로 정한다. (2015.12.15. 개정)

야 합니다. 금융업자가 아닌 사람의 이자소득을 비영업대금의 이익이라 하는데, 자녀가 부모에게 이자 지급 시에는 부모의 비영업대금의 이익에 해당되고 비영업대금의 이익은 이자 줄 때 지급자가 25%(지방소득세 포함 27.5%)를 원천징수해야 합니다. 여기서 문제는 부모에게 이자를 지급하였어도 매번 지급 시 마다 알아서 원천징수하여 신고·납부하는 경우는 거의 없기 때문에 부모들도 소득세 신고 시 이자소득을 누락한다는 것입니다.

세무조사 때도 이점을 놓치지 않습니다. 조사 중에 부모에게 차용증과 이자 지급 내역까지 갖추어 증여받은 게 아니라 대여금으로 인정을 받았다면, 과세관청은 그 이자 지급 내역이 부모님 종합소득세 신고에 반영되었는지 여부까지 검토하고, 반영 안 되었으면 누락된 본 소득세에 과소신고가산세 10%와 납부지연가산세까지 합산하여 과세하게 됩니다. 이런 번거로움 때문에 무이자 대여금 범위 안에서 차용증 작성을 한다면, 이자보다는 원금상환으로 지급액과 정기적 지급시기를 정해 내용을 작성하는 경우도 많습니다.

대여금으로 인정을 받는다면 여기서 끝이 아니라 나중에 국세청의 부채 사후관리를 받는다는 것입니다. 국세청에서 인정해 준 채무는 파트1 '부채 사후관리'에서 언급했듯이 모두 국세청 전산망에 입력하여 사후관리하게 되어 있습니다. 입증자료로 제시한 채무의 상환기간이 지나면 사후관리를 통하여 실제로 자금이 상환되었는지, 그리고 그 상환된 자금의 원천이 어디서 나왔는지 등을 조사하고 있습니다. 자세한 내용은 파트1 부분을 참고 바랍니다.

5 자녀 대신 납부한 보험이 상속 때 걸리는 이유

많은 자산가들이 상속 및 증여를 고민할 때 가장 먼저 떠올리는 '절세 수단' 중 하나가 바로 보험입니다. 많은 분들이 자녀 명의의 보험에 부모가 보험료를 대신 납부해 주고 이때 안걸리면, 나중에 자녀가 이 보험의 해약환급금이나 만기환급금을 받을 때 자녀 명의의 보험이니 증여세가 발생하지 않을 것이라고 생각하고 심지어 시간이 지나면 국세청도 쉽게 파악하기 어려울 것이라 믿습니다.

하지만 보험사가 국세청에 제출하는 자료는 매달 불입자료가 아니고 보험금이 지급되면 누구에게 지급되었는지 보험금 지급명세서와 계약자나 수익자가 변경되면 제출되는 명의변경 명세서입니다.

<보험 관련 용어정리>

용어	해 설
보험료	보험계약으로 보험사에 지급하는 요금
보험금	보험사고 등이 발생하여 보험사가 수익자에게 지급하는 금액
보험 계약자	보험계약을 맺은 자 (계약자 = 불입자)
피보험자	보험사고의 객체가 되는 자
보험금 수익자	보험금 수령받을 권리를 가진 자

제8조 [상속재산으로 보는 보험금]

① 피상속인의 사망으로 인하여 받는 생명보험 또는 손해보험의 보험금으로서 피상속인이 보험계약자인 보험계약에 의하여 받는 것은 상속재산으로 본다. (2010.1.1. 개정)

② 보험계약자가 피상속인이 아닌 경우에도 피상속인이 실질적으로 보험료를 납부하였을 때에는 피상속인을 보험계약자로 보아 제1항을 적용한다. (2010.1.1. 개정)

제34조 [보험금의 증여] (2003.12.30. 제목개정)

① 생명보험이나 손해보험에서 보험사고(만기보험금 지급의 경우를 포함한다)가 발생한 경우 해당 보험사고가 발생한 날을 증여일로 하여 다음 각 호의 구분에 따른 금액을 보험금 수령인의 증여재산가액으로 한다. (2015.12.15. 개정)

1. 보험금 수령인과 보험료 납부자가 다른 경우(보험금 수령인이 아닌 자가 보험료의 일부를 납부한 경우를 포함한다) : 보험금 수령인이 아닌 자가 납부한 보험료 납부액에 대한 보험금 상당액 (2015.12.15. 개정)

2. 보험계약 기간에 보험금 수령인이 재산을 증여받아 보험료를 납부한 경우 : 증여받은 재산으로 납부한 보험료 납부액에 대한 보험금 상당액에서 증여받은 재산으로 납부한 보험료 납부액을 뺀 가액 (2015.12.15. 개정)

② 제1항은 제8조에 따라 보험금을 상속재산으로 보는 경우에는 적용하지 아니한다. (2010.1.1. 개정)

* 관련 집행기준 : 8-4-4 [상속재산으로 보는 보험금 계산]

$$\begin{array}{c}\text{상속재산으로}\\\text{보는 보험금}\end{array} = \text{보험금 총액} \times \frac{\text{피상속인이 부담한 보험료 합계액}}{\text{피상속인이 사망 시까지 불입한 보험료 합계액}}$$

① 피상속인이 부담한 보험료는 보험증권에 기재된 보험료 금액에 의한다.
② 보험계약에 따라 피상속인이 지급받은 배당금 등으로 보험료에 충당되었을 경우에는 동 금액은 피상속인이 부담한 보험료에 포함된다.

* 관련 집행기준 : 34-0-1 [보험금의 증여]

구 분	내 용
과세요건	① 생명보험이나 손해보험에서 보험금 수령인과 보험료 납부자가 다른 경우 ② 보험계약 기간에 보험금 수령인이 타인으로부터 재산을 증여받아 보험료를 납부한 경우
납세의무자	보험금 수령인
증여시기	보험사고 발생일(만기 보험금 지급도 보험사고에 포함)
증여재산가액	1) 보험료 불입자와 보험금 수령인이 다른 경우 　① 보험료를 전액 타인이 불입한 경우 · 증여이익 = 당해 보험금 　② 보험료를 일부 타인이 부담한 경우 $$\text{증여이익} = \text{보험금} \times \frac{\text{보험금 수취인 이외의 자가 불입한 보험료}}{\text{불입한 보험료 총 합계액}}$$ 2) 보험료 불입자와 보험금 수령인이 동일한 경우 　① 보험료를 전액 타인재산 수증분으로 불입한 경우 $$\text{증여이익} = \text{보험금} - \text{보험료 불입액}$$ 　② 보험료를 일부 타인재산 수증분으로 불입한 경우 $$\begin{array}{c}\text{증여}\\\text{이익}\end{array} = \text{보험금} \times \frac{\begin{array}{c}\text{타인재산 수증분으로}\\\text{불입한 보험료}\end{array}}{\text{불입 보험료 총액}} - \begin{array}{c}\text{타인재산}\\\text{수증분으로}\\\text{불입한 보험료}\end{array}$$ ☞ 타인재산 수증분으로 불입한 보험료는 현금 등 증여로 증여세 과세

책의 맨 앞부분에서 '상속세 과세자료전'에 대해 말씀드렸는데, 상속이 발생되면 모든 국세청 전산망에서 동원될 수 있는 피상속인의 재산과 소득 관련 자료들을 한곳에 모아둔 것입니다. 여기에는 당연히 보험 관련된 자료들도 포함됩니다.

상속세 조사가 시작되면 보험금 신고 누락 여부를 확인하게 되는데, 피상속인 명의의 보험금 지급명세서에서 확인되는 자료들과 신고서상 생명·손해보험금의 상속재산을 비교합니다. 특히 피상속인이 피보험자로 되어 있는데 계약자와 수익자가 상속인으로 되어 있는 경우는 1차 의심을 하게 되는데, 피상속인의 사망으로 고액의 보험금을 지급받았다면, 금융조회를 통해 고액의 보험료 납부원천은 무엇인지, 실제로 상속인의 자금으로 보험료가 납부된 것인지, 증여된 돈으로 납부하거나 대신 납부해 준 것은 아닌지를 검토합니다.

특히 피상속인이 보험금을 대납해 주고 사망 10년 이전에 이미 보험료 납부가 끝났다면 상속세 조사로 10년 치 계좌조회 때 대신 불입해 준 자료가 안 나오니 괜찮겠지 생각할 수 있는데, 이것은 장담할 수 없습니다. 보험료를 대납해 줬다는 것은 계약자 및 수익자가 상속인으로 되어있을 것이고 보험료 불입은 과거에 끝났지만, 보험금 지급은 피상속인 사망 후에 이루어지고 보험금 지급명세서도 이때 국세청에 제출됩니다.

상속세 조사 때 상속인들까지 금융재산 일괄조회를 실시하기 때문에 상속인이 계약자인 보험계좌 검토 시 보험료가 고액이거나 보험계약자인 상속인의 소득 신고자료와 비교 시 보험료 불입 원천이 의심되는 경우는 원천 확인 조사로 이어질 수 있습니다. 보험료 대납액의 사실이 밝혀지면 상속재산에 포함되거나 사전증여로 과세되기 때문에 이러한 가능성은 인지하셔야 합니다. 만약 이때 과세되지 않더라도 상속인이 나중에 보험금으로 부동산 취득 등에 사용시 자금출처 분석 대상자가 될 수 있기 때문에 향후까지도 조심해야 합니다.

조사팀은 피상속인이 고액의 부동산 등을 처분한 내역이 확인된 경우 이 돈으로 상속인 명의의 보험을 계약했는지도 같이 검토합니다. 일시납이 가능한 저축성 보험 가입 가능성이 가장 유력하기 때문에 상속인 명의 보험 가입 여부 확인을 통해 사전증여 혐의 검토를 합니다. 이때 주의점이 보험료 낼 돈을 증여받아 내 명의로 보험가입한 경우 보험료 불입한 돈만 사전증여로 보는 게 아닙니다. 보험금과 보험료 불입액과 차액인 보험차익이 있으면 보험차익 실현 시 이것까지 증여이익으로 본다는 것입니다. 산식은 위 표에 '집행기준 : 34-0-1 [보험금의 증여]'를 참고하시기 바랍니다.

중요한 것은 피상속인의 계좌분석을 통해 매월 정액 출금되는 금액이 보험료로 밝혀진 경우에는 보험계약자가 누구이든 간에 피상속인의 돈으로 불입된 것이기 때문에 보험금에 대해 상속세가 과세된다는 것입니다.

피보험자	계약자	불입자	보험금 수취인 (수익자)	세법상 처리
피상속인	A	A	A	– 상속재산 아님 – 증여에 해당되지 않음
피상속인	A	A	B	– 상속재산 아님 – A가 B에게 보험금 증여
피상속인	불문	피상속인	불문	– 수익자가 상속인이라면 상속세 과세 – 수익자가 상속인 이외의 자인 경우 유 증에 해당하여 상속세 과세

Chapter 3

감정평가라는 국세청의 칼날,
어떻게 대응해야 할까?

수십·수백억 원대의 상속·증여 재산을 놓고 '절세'를 고민하는 자산가들에게, 과거의 '보충적 평가방법'(기준시가)은 오랫동안 관행처럼 사용되어 온 전략이었습니다. 특히 시세 파악이 어려운 비주거용 부동산, 소위 '꼬마빌딩'이나 상업용 건물의 경우, 기준시가로 신고하여 상속·증여세를 현저히 낮추는 것이 일반적이었습니다.

하지만 이제는 다릅니다. 국세청은 2020년부터 본격적으로 감정평가사업을 시행하며, 이 낡은 관행에 대한 전면적인 개편을 예고했습니다. 초기에는 꼬마빌딩에 집중되었던 이 칼날은 이제 초고가 아파트, 호화 단독주택으로까지 그 범위를 넓혔고, 관련 예산 또한 두 배 이상 (45억 원→96억 원) 대폭 확대되었습니다. 국세청의 메시지는 명확합니다. "부동산 가치에 맞는 정당한 세금을 내야 한다!"는 것입니다. 국세청은 감정평가 예산 사용대비 엄청난 추징실적을 내고 있어 매년 예산을 확충하고 있고, 이제 '시가보다 현저하게 낮은 기준시가로 신고하는' 전략은 더 이상 유효하지 않습니다. 피할 수 없는 감정평가라는 현실 앞에서, 납세자는 어떻게 대응해야 할까요?

1 국세청이 직권 감정한 경우, 납세자의 추가 감정은 의미 있을까? 사전에 먼저 감정한다면?

국세청의 감정평가 사업이 매년 확대되고 있음에도 기준시가로 신고를 시도하는 납세자들은 여전히 있습니다. 평가액의 차이로 인한 가산세가 없다 보니 물건가액이 애매한 경우는 직권 감정평가에 걸릴지 안 걸릴지 모르니 모험을 해보는 것입니다.

📚 국세기본법

제47조의4 [납부지연가산세] (2018.12.31. 제목개정)

③ 다음 각 호의 어느 하나에 해당하는 경우에는 제1항 제1호 및 제2호의 가산세(법정납부기한의 다음 날부터 납부고지일까지의 기간에 한정한다)를 적용하지 아니한다.

6. 「상속세 및 증여세법」 제67조 또는 제68조에 따라 상속세 또는 증여세를 신고한 자가 같은 법 제70조에 따라 법정신고기한까지 상속세 또는 증여세를 납부한 경우로서 법정신고기한 이후 대통령령으로 정하는 방법에 따라 상속재산 또는 증여재산을 평가하여 과세표준과 세액을 결정·경정한 경우 (2020.12.22. 신설)

제47조의3 [과소신고·초과환급신고가산세] (2011.12.31. 제목개정)

④ 제1항 또는 제2항을 적용할 때 다음 각 호의 어느 하나에 해당하는 경우에는 이와 관련하여 과소신고하거나 초과신고한 부분에 대해서는 제1항 또는 제2항의 가산세를 적용하지 아니한다. (2011.12.31. 개정)

1. 다음 각 목의 어느 하나에 해당하는 사유로 상속세·증여세 과세표준을 과소신고한 경우 (2011.12.31. 개정)

다. 「상속세 및 증여세법」 제60조 제2항·제3항 및 제66조에 따라 평가한 가액으로 과세표준을 결정한 경우(부정행위로 상속세 및 증여세의 과세표준을 과소신고한 경우는 제외한다) (2022.12.31. 개정)

하지만 모험에는 리스크가 따르듯 직권 감정하겠다는 감정평가 실시 안내문을 받게 되면, 가산세가 없더라도 늘어나는 상속세 본세에 대한 부담은 피할 수가 없습니다. 당조부터 감징받이 신고했으면 "내가 자진해서 감정하나, 국세청이 늦게 하나 세부담은 똑같은 거 아닌가?"라고 생각하실 수 있지만 실무상 그렇지 않습니다.

기 관 명
감정평가 실시에 따른 협조 안내

국세청
National Tax Service

문서번호 : 조사과 –

□ 수신자 : 김국세 귀하

1. 항상 국세행정에 협조해 주셔서 감사드립니다.

2. 「상속세 및 증여세법」에서는 상속세나 증여세가 부과되는 재산에 대해 상속개시 및 증여 당시의 시가로 평가하도록 규정하고 있습니다. 이에 국세청에서는 '20년부터 상속·증여('19.2.12. 이후 상속·증여분) 재산의 공정한 평가를 위해 공신력 있는 감정기관에 감정평가를 의뢰하여 시가에 부합하는 가액으로 상속·증여재산을 평가하고 있습니다.

3. 이와 관련하여 귀하에 대한 상속·증여세 세무조사를 진행하면서 아래 상속·증여재산에 대해 감정평가를 실시하게 되었음을 안내해 드립니다.

4. 아울러, 감정평가가 원활히 진행될 수 있도록 적극적인 협조를 당부드리며, 국세청도 감정평가 및 세무조사 과정에서 납세자 불편을 최소화하기 위해 노력하겠습니다.

□ 감정평가 대상 물건

○ 건물 : 서울특별시 ○○구 ○○동 ○○번지 상가 　　　㎡

○ 토지 : 서울특별시 ○○구 ○○동 ○○번지 　　㎡
　　　　　서울특별시 ○○구 ○○동 ○○번지 　　㎡

붙 임 : 감정평가 실시 안내문 1부. 끝.

년 　 월 　 일

기 관 장 (직인생략)

이 안내문에 대한 문의사항은 ○○○과 담당자 ○○○(전화 : 　　　　)에게 연락하시면 친절하게 상담해 드리겠습니다.

210㎜×297㎜(신문용지 54g/㎡)

감정평가 실시 안내문

☐ **감정평가를 실시하는 목적은?**

○ 감정평가 실시로 시가에 부합하도록 **상속·증여재산을 적정하게 평가**함으로써 **과세형평성을** 제고하는 등 **공평과세를 구현**하는데 그 목적이 있습니다.

☐ **감정평가를 실시하는 대상은?**

○ 감정평가는 「상속세 및 증여세법」상 시가가 아닌 **보충적평가방법**에 따라 신고(무신고한 경우 포함)함에 따라 **시가와의 차이가 큰 상속·증여 부동산**을 대상으로 합니다.

☐ **감정평가 업무처리 절차는?**

○ 감정평가는 공신력 있는 **둘 이상의 감정기관**에 의뢰하여 **세무조사 시작과 함께 실시**하게 됩니다. 이 경우 담당 조사공무원과 감정평가사가 대상물건의 확인을 위하여 **현장을** 조사할 수 있습니다.

　－ 감정평가가 완료된 이후에는 **평가심의위원회**에서 시가 인정 여부를 심의하게 되며, 감정 가액이 시가로 인정되면 **감정가액으로 상속·증여재산을 평가**하게 됩니다.

　－ 세무조사가 종료되면 상속·증여세 과세표준, 예상 고지세액 등 세무조사 **결과를 문서로** 작성하여 보내드립니다.

세무조사 착수	⇨	감정평가 실시	⇨	시가 인정 평가심의위원회 개최	⇨	상속·증여세 결정	⇨	세무조사 결과통지

○ 아울러, 납세자도 해당 물건에 대하여 공신력 있는 **둘 이상의 감정기관**에 감정평가를 의뢰하여 평가심의위원회에 시가 인정 심의를 신청할 수 있습니다.

☐ **감정평가에 소요되는 기간 및 비용부담은?**

○ 감정평가는 통상 일주일 정도의 기간이 소요되며, 국세청이 실시하는 **감정평가에 따른 수수료 등 일체 비용은 국세청이 부담**하게 됩니다.

☐ **감정평가 결과는 어떻게 확인할 수 있는지?**

○ 감정평가가 완료되면 감정평가표(명세서 포함) 1부를 즉시 송부해 드리며, 상세내용 확인이 필요하여 요청하신 경우에는 세무조사 결과 통지 시 감정평가서(사본) 1부를 함께 송부해 드립니다.

☐ **감정가액으로 평가함에 따라 세금을 추가 납부하는 경우 가산세는?**

○ 과세관청이 감정평가를 의뢰하고, 평가심의위원회의 심의를 거쳐 동 감정가액으로 상속·증여 재산을 평가함에 따라 추가 납부할 세액이 발생하는 경우

　－ **신고불성실 및 납부지연가산세는 면제**됩니다.

감정평가라는 것이 절대금액으로 평가되는 것이 아니라 ±상·하한 범위라는 것이 있고 사람이 평가하는 것이다 보니 감정평가사 개개인 관점에 따라 평가의 차이가 있을 수 있습니다. 평가 범위 상·하한의 % 가 있다고 해도 대상가액의 물건이 크다면 그 범위가액의 절대값도 상당합니다. 예를 들어 ±10%라고 할 때, 물건가액이 100억 원이면 90 ~ 110억 원으로 평가액 범위가 나올텐데, 상속세율 50% 가정 시 세금이 45 ~ 55억 원이니 10억 원이라는 세금이 왔다 갔다 하는 것입니다. 따라서 감정평가가 확실히 예상되는 상속물건이라면 신고 때 감정평가를 먼저 받고 전략적으로 조금이라도 더 낮게 감정평가를 해줄 수 있는 곳을 찾아 두 군데 평균가를 확보하는 것이 낫습니다.

만약 국세청이 직권으로 감정할 경우는 어떨까요? 국세청 입장에서는 과세의 목적이니 감정평가를 높게 하는 것이 좋을 것이고 굳이 납세자처럼 낮게 해주는 곳을 찾아 선별하지 않습니다. 따라서 납세자와는 평가액에 대한 입장 차이가 있기 때문에 감정평가를 국세청이 하면 납세자가 신고 때 전략적으로 감정평가 할 때 대비 세금이 더 크게 나올 가능성이 높습니다.

만약 기준시가로 신고했다면, 국세청이 직권으로 감정평가하겠다고 할 때 납세자는 그냥 그 가격대로 받아들여야 하는 걸까요? 그렇지는 않습니다. 납세자가 당초 신고는 기준시가로 했더라도 국세청이 감정평가 할 때 같이 감정평가할 수 있습니다. 국세청 2곳, 납세자 2곳 정해서 최종 4개의 가격 평균가를 시가로 보아 결정됩니다. 따라서 국세청 단독으로 감정평가 할 때보다 조금이라도 감정가액을 낮춰야 유리하기 때문에 당연히 같이 감정평가하는 것이 좋습니다. 하지만 조사 중에 하는 감정평가는 신고 때보다는 감정평가사들도 심리적 부담이 있기 마련입니다. 따라서 공격적인 하한가는 어려울 수 있고 감정평가 수수료의 경우도 신고 때 실시하는 경우보다 조금은 비쌀 수도 있습니다.

조심 2021광3604(2021.10.20.)

이 건 쟁점감정평가액은 평가기준일(2020.4.21.) 및 평가서작성일(2021.1.28., 2021.1.29.)이 모두 법정결정기한(2021.1.31.) 이내이고, 조사청 및 청구인들의 신청에 따라 OOO가 평가기준일부터 가격산정 기준일까지의 기간 중에 가격 변동의 특별한 사정이 없다고 보아 상속세 및 증여세법 시행령 제49조 제1항 제2호에 따른 감정가액에 포함시킬 수 있다고 인정한 것으로 확인되므로, 처분청이 쟁점토지의 기준시가를 부인하고 조사청과 청구인들이 제시한 4개 감정가액의 평균액을 시가로 보아 청구인에게 증여세를 과세한 처분에는 법령상 위법이 있다고 보기 어려운 점

신고기한 내에 감정평가하여 신고·납부하면 감정평가 수수료를 500만 원 공제해줍니다.

* 관련 집행기준 : 25-20의3-1 [감정평가수수료 공제]
상속세를 신고·납부하기 위하여 상속재산을 평가하는데 소요되는 감정평가법인의 수수료 등은 상속세 과세가액에서 공제된다.

구분	공제액	한도액	공제요건
감정평가법인 등의 평가수수료	당해 수수료	500만 원	상속세 납부목적으로 감정을 실시하고 당해 평가가액으로 상속세를 신고·납부한 경우
평가심의위원회가 의뢰한 신용평가전문기관의 평가수수료	당해 수수료	평가대상법인 수 및 신용평가전문 기관별 각각 1,000만 원	
판매용이 아닌 서화·골동품 등 예술적 가치가 있는 유형자산 평가에 대한 감정수수료	당해 수수료	500만 원	

그런데 신고·납부기한 지나서 조사기간 중에 국세청과 같이 감정평가를 실행하면 감정평가 수수료를 공제해줄까요? 이와 같은 사례에서 국세청이 공제를 안해줘서 납세자가 불복을 하였고 심판원의 판단은 감정평가 수수료 공제가 가능하다는 것이었습니다. 사실 전체 세액에서 효과는 미미하겠으나, 세금 늘어나는 것도 억울한데 수수료 비용이라도 공제받을 수 있으니 참고하시면 좋겠습니다.

조심 2022서2873(2023.3.13.)

마지막으로 쟁점②-2에 대해 살피건대, 처분청은 청구인들이 ㈜AAA 및 OOO 감정평가사사무소에 감정평가 수수료로 각각 지급한 OOO원 및 OOO원은 청구인들은 당초 상속세 신고 시 감정평가를 의뢰함에 따라 지출한 것이 아니라 이 건 상속세 세무조사 과정에서 발생한 것이어서 상속세 과세가액에서 제외할 수 없다는 의견이나, 상기 금원은 청구인들이 이 건 상속세 납부를 위해 쟁점부동산을 감정평가하는데 든 비용으로서 상증세법 제25조 제1항 제2호 및 같은 법 시행령 제20조의3 제1항에 따른 감정평가 수수료에 해당하는 것으로 보이므로 공제한도 내에서 이를 인정함이 타당한 것으로 판단된다.

---

2 시가에도 우선순위가 있다? 감정가 vs 매매가액

자산가들에게 상속·증여세법이 말하는 '시가'는 늘 뜨거운 감자입니다. 세법에서는 시가를 "불특정 다수인 사이에 자유로이 거래가 이루어지는 경우에 통상 성립된다고 인정되는 가액"이라고 정의합니다. 이 정의는 매우 포괄적이어서, 상증세법상 세금 계산 과정에서는 다양한 형태의 '시가'가 존재합니다. 그리고 이 시가에는 분명한 우선순위가 있습니다.

많은 납세자는 '매매가액'과 '감정가액', '유사매매 사례가액'과 '해당 재산 매매가액' 각각 개념과 우선순위를 혼란스러워합니다. 복잡한 시가 판단의 기준을 명확히 알아야 불필요한 세금 부담을 피할 수 있습니다.

① 시가의 개념

상속세·증여세가 부과되는 재산의 가액은 평가기준일(상속개시일 또는 증여일) 현재의 시가에 따르고 평가기간(상속의 경우 상속개시일 전·후 6개월, 증여의 경우 증여일 전 6개월·후 3개월) 이내에 매매·감정·수용·공매 또는 경매('매매 등')가 있는 경우 해당 매매가액 등이 시가에 포함됩니다.

② 2개 이상의 시가가 있는 경우

평가기간(상속의 경우 상속개시일 전·후 6개월, 증여의 경우 증여일 전 6개월·후 3개월) 중 시가로 보는 가액이 2 이상인 경우에는 평가기준일(상속개시일 또는 증여일)을 전후하여 가장 가까운 날에 해당하는 가액을 시가로 봅니다.[21] 이때 가장 가까운 날에 해당하는 가액이 둘

---

21 **상속세 및 증여세법 시행령**
제49조 [평가의 원칙 등]
① 법 제60조 제2항에서 "수용가격·공매가격 및 감정가격 등 대통령령으로 정하는 바에 따라 시가로 인정되는 것"이란 상속개시일 또는 증여일(이하 "평가기준일"이라 한다) 전후 6개월(증여재산의 경우에는 평가기준일 전 6개월부터 평가기준일 후 3개월까지로 한다. 이하 이 항에서 "평가기간"이라 한다) 이내의 기간 중 매매·감정·수용·경매(「민사집행법」에 따른 경매를 말한다. 이하 이 항에서 같다) 또는 공매(이하 이 조 및 제49조의2에서 "매매등"이라 한다)가 있는 경우에 다음 각 호의 어느 하나에 따라 확인되는 가액을 말한다. 다만, 평가기간에 해당하지 않는 기간으로서 평가기준일 전 2년 이내의 기간 중에 매매등이 있거나 평가기간이 경과한 후부

터 제78조 제1항에 따른 기한까지의 기간 중에 매매등이 있는 경우에도 평가기준일부터 제2항 각 호의 어느 하나에 해당하는 날까지의 기간 중에 주식발행회사의 경영상태, 시간의 경과 및 주위환경의 변화 등을 고려하여 가격변동의 특별한 사정이 없다고 보아 상속세 또는 증여세 납부의무가 있는 자(이하 이 조 및 제54조에서 "납세자"라 한다), 지방국세청장 또는 관할 세무서장이 신청하는 때에는 제49조의2 제1항에 따른 평가심의위원회의 심의를 거쳐 해당 매매등의 가액을 다음 각 호의 어느 하나에 따라 확인되는 가액에 포함시킬 수 있다. (2022.2.15. 개정)

1. 해당 재산에 대한 매매사실이 있는 경우에는 그 거래가액. 다만, 다음 각 목의 어느 하나에 해당하는 경우는 제외한다. (2012.2.2. 개정)

가. 특수관계인과의 거래 등으로 그 거래가액이 객관적으로 부당하다고 인정되는 경우 (2016.2.5. 개정)

나. 거래된 비상장주식의 가액(액면가액의 합계액을 말한다)이 다음의 금액 중 적은 금액 미만인 경우(제49조의2 제1항에 따른 평가심의위원회의 심의를 거쳐 그 거래가액이 거래의 관행상 정당한 사유가 있다고 인정되는 경우는 제외한다) (2016.2.5. 개정)

1) 액면가액의 합계액으로 계산한 해당 법인의 발행주식총액 또는 출자총액의 100분의 1에 해당하는 금액 (2012.2.2. 개정)

2) 3억 원 (2012.2.2. 개정)

2. 해당 재산(법 제63조 제1항 제1호에 따른 재산은 제외한다)에 대하여 둘 이상의 기획재정부령으로 정하는 공신력 있는 감정기관(이하 "감정기관"이라 한다)이 평가한 감정가액이 있는 경우에는 그 감정가액의 평균액. 다만, 다음 각 목의 어느 하나에 해당하는 것은 제외하며, 해당 감정가액이 법 제61조·제62조·제64조 및 제65조에 따라 평가한 가액과 제4항에 따른 시가의 100분의 90에 해당하는 가액 중 적은 금액(이하 이 호에서 "기준금액"이라 한다)에 미달하는 경우(기준금액 이상인 경우에도 제49조의2 제1항에 따른 평가심의위원회의 심의를 거쳐 감정평가목적 등을 고려하여 해당 가액이 부적정하다고 인정되는 경우를 포함한다)에는 세무서장(관할 지방국세청장을 포함하며, 이하 "세무서장 등"이라 한다)이 다른 감정기관에 의뢰하여 감정한 가액에 의하되, 그 가액이 납세자가 제시한 감정가액보다 낮은 경우에는 그렇지 않다. (2021.1.5. 개정) <어려운 법령 용어 정비를 위한 473개 법령의 일부 개정에 관한 대통령령>

가. 일정한 조건이 충족될 것을 전제로 당해 재산을 평가하는 등 상속세 및 증여세의 납부목적에 적합하지 아니한 감정가액 (2000.12.29. 개정)

나. 평가기준일 현재 당해 재산의 원형대로 감정하지 아니한 경우의 당해 감정가액 (1999.12.31. 신설)

3. 해당 재산에 대하여 수용·경매 또는 공매사실이 있는 경우에는 그 보상가액·경매가액 또는 공매가액. 다만, 다음 각 목의 어느 하나에 해당하는 경우에는 해당 경매가액 또는 공매가액은 이를 제외한다. (2016.2.5. 개정)

가. 법 제73조 및 제73조의2에 따라 물납한 재산을 상속인 또는 그의 특수관계인이 경매 또는 공매로 취득한 경우 (2023.2.28. 개정)

나. 경매 또는 공매로 취득한 비상장주식의 가액(액면가액의 합계액을 말한다)이 다음의 금액 중 적은 금액 미만인 경우 (2006.2.9. 개정)

(1) 액면가액의 합계액으로 계산한 당해 법인의 발행주식총액 또는 출자총액의 100분의 1에 해당하는 금액

(2) 3억 원

다. 경매 또는 공매절차의 개시 후 관련 법령이 정한 바에 따라 수의계약에 의하여 취득하는 경우 (2006.2.9. 개정)

라. 제15조 제3항에 따른 최대주주 등의 상속인 또는 최대주주 등의 특수관계인이 최대주주

이상인 경우에는 그 평균액을 시가로 봅니다. 평가기간 이내에 '해당 재산'의 매매·감정가 등이 확인되는 경우에는 평가기준일을 기준으로 더 가까운 날에 '유사재산'의 매매가 등이 있는 경우에도 '해당 재산'의 매매·감정가 등을 우선하여 적용합니다.

말이 복잡하게 들릴 수 있는데, 무척 중요한 개념입니다. 예를 들어 상속재산 중 오래 보유한 아파트가(예시 103호) 있는데, 상속세 신고를 하려고 보니 같은 동 같은 평형의 유사재산(예시 203호)의 매매(20억 원)가 상속일 바로 다음 날에 있었다고 가정해보겠습니다. 상속재산으로 받는 103호는 매도 계획이 없으니 해당 재산의 매매가는 없을 예정이고 유사재산인 203호의 매매가는 높아서 고민되는 상황입니다. 이때 103호를 상속 2달 뒤에 10% 더 낮은 가액(18억 원)으로 감정평가 받았다면, 어느 가액을 우선적용하게 될까요? 유사재산(203호)의 매매가 상속일 다음 날에 있었다고 해도 상속 2달 뒤에 있었던 해당 재산(103호)의 감정가가 우선하게 된다는 것입니다. 해당 재산에 대한 2곳의 감

등이 보유하고 있던 제54조 제1항에 따른 비상장주식 등을 경매 또는 공매로 취득한 경우 (2020.2.11. 신설)
② 제1항을 적용할 때 제1항 각 호의 어느 하나에 따른 가액이 평가기준일 전후 6개월(증여재산의 경우에는 평가기준일 전 6개월부터 평가기준일 후 3개월까지로 한다) 이내에 해당하는지는 다음 각 호의 구분에 따른 날을 기준으로 하여 판단하며, 제1항에 따라 시가로 보는 가액이 둘 이상인 경우에는 평가기준일을 전후하여 가장 가까운 날에 해당하는 가액(그 가액이 둘 이상인 경우에는 그 평균액을 말한다)을 적용한다. 다만, 해당 재산의 매매 등의 가액이 있는 경우에는 제4항에 따른 가액을 적용하지 아니한다. (2019.2.12. 개정)
1. 제1항 제1호의 경우에는 매매계약일 (2002.12.30. 개정).
2. 제1항 제2호의 경우에는 가격산정기준일과 감정가액평가서 작성일 (2014.2.21. 개정).
3. 제1항 제3호의 경우에는 보상가액·경매가액 또는 공매가액이 결정된 날 (2006.2.9. 개정).
④ 제1항을 적용할 때 기획재정부령으로 정하는 해당 재산과 면적·위치·용도·종목 및 기준시가가 동일하거나 유사한 다른 재산에 대한 같은 항 각 호의 어느 하나에 해당하는 가액[법 제67조 또는 제68조에 따라 상속세 또는 증여세 과세표준을 신고한 경우에는 평가기준일 전 6개월부터 제1항에 따른 평가기간 이내의 신고일까지의 가액을 말한다]이 있는 경우에는 해당 가액을 법 제60조 제2항에 따른 시가로 본다. (2019.2.12. 개정)

정평가 수수료가 4~5백만 원 나오더라도 50% 상속세율 구간이라면, 상속재산가액 2억 원 차이고 세금이 1억 원 차이인데, 5백만 원 들여 감정평가 안 할 이유가 없습니다. 더구나 감정평가 수수료 5백만 원까지는 상속세 과표에서 공제도 됩니다.

심지어 평가기간 밖인 상속 후 6개월 후에 해당 재산 103호의 감정평가가 실행되었어도 상속세 결정기간 이내이면, 평가심의위원회 심의를 거쳐 유사재산 203호의 매매가보다 우선 적용됩니다.

기준법령해석재산 2020-170(2021.8.18.)

[질의]

(사실관계)

ㅇ 甲은 2019.9.19. 서울 종로구 소재 오피스텔을 증여받음

ㅇ 위 오피스텔은 당초 증여자가 2017.10.20. ㅇㅇㅇ백만 원에 매매취득한 바 있으며, 2019.7.30.에는 같은 오피스텔 내 다른 호수의 매매사례가액*이 있음

 * 상증령 제49조 제4항에 따라 시가로 보는 요건을 충족한 것으로 전제함

(질의내용)

ㅇ (질의1) 증여재산의 평가기간 내 유사매매사례가액이 있는 경우에도 평가기준일 전 2년 이내에 증여재산의 매매가액이 있는 경우 이를 평가심의위원회 심의 신청할 수 있는지

ㅇ (질의2) 당해 재산 매매가액이 평가심의위원회에서 시가 인정 시 해당 가액이 평가기간 내 유사매매사례가액에 우선하는지

[회신]

과세기준자문신청의 사실관계와 같이, 「상속세 및 증여세법 시행령」 제49조 제1항에 따른 평가기간 이내의 기간 중 같은 조 제4항에 따른 가액이 있는 경우에도 증여받은 재산(이하 "해당 재산")의 매매가액에 대하여 「상속세 및 증여세법

<u>시행령」 제49조 제1항 각 호 외의 부분 단서를 적용할 수 있는 것입니다.</u>

<u>그리고, 「상속세 및 증여세법 시행령」 제49조 제1항 각 호 외의 부분 단서에 따른 해당 재산의 가액이 있는 경우에는 같은 조 제2항 각 호 외의 부분 단서에 따라 같은 조 제4항에 따른 가액을 적용하지 아니하는 것입니다.</u>[22]

이때 평가기간 이내에 매매가나 감정가가 있는지의 기준은 다음의 일자가 평가기간(상속의 경우 상속개시일 전·후 6개월, 증여의 경우 증여일 전 6개월·후 3개월) 이내에 있는지로 합니다.

- 거래가액 : 매매계약일

- 감정가액 : 가격산정기준일(상속개시일) & 감정평가서 작성일

평가기간 이내 2 이상의 매매가나 감정가가 있는 경우가 있을 수 있는데, 이때는 평가기준일을 전후하여 가장 가까운 날에 해당하는 가액을 시가로 봅니다. 특히 감정가액의 경우는 가격산정기준일과 평가서 작성일 두개 모두가 평가기준일에 가깝게 있는지 고려해야 하는데 아래 예규를 참고하시기 바랍니다.

---

22 상속세 및 증여세법 시행령
제49조 [평가의 원칙 등]
② 제1항을 적용할 때 제1항 각 호의 어느 하나에 따른 가액이 평가기준일 전후 6개월(증여재산의 경우에는 평가기준일 전 6개월부터 평가기준일 후 3개월까지로 한다) 이내에 해당하는지는 다음 각 호의 구분에 따른 날을 기준으로 하여 판단하며, 제1항에 따라 시가로 보는 가액이 둘 이상인 경우에는 평가기준일을 전후하여 가장 가까운 날에 해당하는 가액(그 가액이 둘 이상인 경우에는 그 평균액을 말한다)을 적용한다. 다만, 해당 재산의 매매 등의 가액이 있는 경우에는 제4항에 따른 가액을 적용하지 아니한다. (2019.2.12. 개정)
1. 제1항 제1호의 경우에는 매매계약일 (2002.12.30. 개정)
2. 제1항 제2호의 경우에는 가격산정기준일과 감정가액평가서 작성일 (2014.2.21. 개정)
3. 제1항 제3호의 경우에는 보상가액·경매가액 또는 공매가액이 결정된 날 (2006.2.9. 개정)

기획재정부재산-523(2024.5.1.)

상속재산의 매매계약일이 감정가액 가격산정기준일(상속개시일)과 평가서 작성일 사이에 있어 시가로 보는 가액이 둘 이상인 경우 평가기준일을 전후하여 "가장 가까운 날"은 어느 날인지 여부

→ 상증법 시행령 제49조 제2항의 평가기준일에 가까운 시가 판정 시 감정가액은 가격산정기준일과 평가서작성일 두 개 모두를 고려해야 함

[질의]

(사실관계)

○ 피상속인 2020.7.24. 사망 후 상속인들은 2021.2.1. 상속세를 신고

- 상속인들은 상속물건 A아파트를 2020.12.18. 특수 관계없는 자에게 2,270백만 원에 매도하는 계약을 체결

- 상속세 신고 시, A아파트에 대해 2개의 감정기관에서 평가한 감정평균가액 1,910백만 원으로 신고

* 감정가액 산정기준일(2020.7.24.), 매매계약일(2020.12.18.), 감정평가서 작성일(2021.1.13.)

(질의내용)

○ 평가기간 이내 매매계약일이 감정가액의 가격산정기준일(상속개시일)과 평가서 작성일 사이에 있어 시가로 보는 가액이 둘 이상(매매가액,감정가액)인 경우 평가기준일을 전후하여 "가장 가까운 날"은 어느 날인지 여부

(제1안) 매매계약일

(제2안) 감정가격산정기준일

[회신]

귀 질의의 경우 제1안이 타당합니다.

③ 1개의 감정가액이 인정되는 경우

감정가격을 결정할 때에는 둘 이상의 감정기관에 감정을 의뢰하여야 하지만, 기준시가 10억 원 이하 부동산의 경우에는 1개의 감정가액

도 시가로 인정합니다. 다른 측면에서 해석하면 10억 원 초과하는 부동산에 대해 1개의 감정평가 가액이 있으면 시가로 인정되지 않아 이를 근거로 과세관청이 결정처분을 할 수 없는 것입니다. 아래 예규를 보시면 은행에서 부동산 담보대출 받으면서 감정평가 받았던 것이 시가로 문제가 될까 봐 질의를 넣은 것인데, 해당 물건이 기준시가가 10억 원 초과하면 1개의 감정평가로는 시가로 보아 과세 결정할 수가 없는 것입니다.

서면-2017-상속증여-3340 [상속증여세과-519]

증여재산의 경우에는 평가기준일 전후 3개월 이내의 기간 중 둘 이상의 기획재정부령이 정하는 공신력 있는 감정기관이 평가한 감정가액이 있는 경우에는 그 감정가액의 평균액을 시가에 포함되는 것입니다. 다만, 2018.4.1. 이후 감정을 의뢰하는 분부터는 소득세법 제99조 제1항 제1호에 따른 부동산 중 기준시가 10억 원 이하의 부동산의 경우에는 하나의 감정기관이 평가한 감정가액도 시가로 인정되는 것입니다.

【관련 참고자료】

1. 사실관계
o 2017.11.27. 甲은 아버지로부터 주택을 증여받았음
o 증여받은 주택은 증여일 전 3개월 이내(2017.11.14.)에 담보대출 목적으로 대출금융기관에서 의뢰한 감정기관 1곳의 감정평가를 받았음

2. 질의내용
o 위와 같이 1개 감정기관의 평가액을 시가로 볼 수 있는지

④ 평가기간 밖의 감정가액

평가기간(상속의 경우 상속개시일 전·후 6개월, 증여의 경우 증여일 전 6개월·후 3개월) 밖의 감정가액이라도 평가기준일 전 2년~평가기간이 경과한 후 상속·증여세 법정결정기한[23] 내의 것이라면, 평가심의위원회의 심의를 거쳐 해당 매매 등의 가액을 시가에 포함시킬 수 있습니다.

(평가기간 후 감정가) 상속개시일을 가격산정기준일로 하고, 감정가액평가서 작성일을 평가기간이 경과한 후부터 법정결정기한 사이로 하여 2개 감정기관에서 감정평가받은 가액을 평가심의위원회에 회부하는 경우, 평가심의위원회의 심의대상에 해당함. (기획재정부재산-92 (2021.1.27.))

(평가기간 밖·내 각각 감정가 존재할 때) 평가기간 밖 1개의 감정가액과 평가기간 내 1개의 감정가액이 존재할 경우 평가심의위원회 심의를 거쳐 2개의 감정가액의 평균액을 시가로 인정 가능(기획재정부재산-816(2022.7.25.))

---

23 **상속세 및 증여세법 시행령**
제78조 [결정·경정] ① 법 제76조 제3항의 규정에 의한 법정결정기한은 다음 각 호의 1에 의한다. (1996.12.31. 개정)
  1. 상속세 (2018.2.13. 개정)
    법 제67조의 규정에 의한 상속세과세표준 신고기한부터 9개월
  2. 증여세 (2018.2.13. 개정)
    법 제68조의 규정에 의한 증여세과세표준 신고기한부터 6개월

Chapter 4

국토부와 국세청의 공조로 들통난 부동산 증여 탈세

– 국토교통부 주관 '부동산시장 불법행위 대응반' 조사 자료 통보 사례

부동산은 한국 사회에서 가장 중요한 자산이자, 동시에 가장 은밀한 편법 증여가 이루어지는 통로입니다. 과거에는 국세청 단독으로 이루어지던 자금출처조사가 이제는 국토부, 지방자치단체, 금융위원회 등 여러 기관이 협력하는 '합동조사'로 진화했습니다. 이는 부동산 거래에 대해 국세청이 단순히 세법적 잣대만 들이대는 것이 아니라, 모든 행정 정보와 금융 기록을 교차 검증한다는 의미입니다.

2019.10.부터 국토교통부, 행정안전부, 금융위원회, 국세청, 서울시, 금융감독원 등 32개 기관 합동으로 주택 거래 신고내용을 조사하고 있고 2020.2.부터는 국토교통부에 조사 권한이 부여되어 국토교통부 내 「부동산시장 불법행위 대응반」(국토교통부, 금융감독원, 국세청 등 7개 부처가 참여하여 2.21. 출범)에서 조사를 하고 있습니다. 이 조사는 주로 자금 조달 계획의 적정성, 편법 증여 여부, 불법 대출 등 다양한 불

법 행위를 포괄적으로 점검하여, 시장 질서를 바로잡는 데 중요한 역할을 합니다.

「부동산 거래신고 등에 관한 법률 시행령」 개정으로 「자금조달계획서」의 제출 대상이 확대되어 투기과열지구·조정대상지역의 경우 3억 원 이상 주택 구입 시 자금조달 계획서를 제출해야 하고 6억 원 이상 주택 구입 시 모든 지역이 자금조달계획서를 제출해야 합니다. 특히 투기과열지역의 9억 원 초과 주택 구입 시 자금조달계획서에 증빙자료 제출이(예금 잔액증명서, 소득금액증명원, 금융거래확인서, 부채증명서 등) 의무화되어 국토교통부 및 지방자치단체 등 관계기관에서 통보되는 탈세의심자료가 더욱 증가되고 있습니다.

주택취득자금 조달 및 입주계획서

※ 색상이 어두운 난은 신청인이 적지 않으며, [ ]에는 해당되는 곳에 √표시를 합니다. (앞쪽)

접수번호		접수일시		처리기간	
제출인 (매수인)	성명(법인명)		주민등록번호(법인·외국인등록번호)		
	주소(법인소재지)		(휴대)전화번호		

① 자금 조달계획	자기 자금	② 금융기관 예금액 원		③ 주식·채권 매각대금 원	
		④ 증여·상속 원		⑤ 현금 등 그 밖의 자금 원	
		[ ] 부부 [ ] 직계존비속(관계:) [ ] 그 밖의 관계( )		[ ] 보유 현금 [ ] 그 밖의 자산(종류:)	
		⑥ 부동산 처분대금 등 원		⑦ 소계 원	
	차입금 등	⑧ 금융기관 대출액 합계 원	주택담보대출 원		
			신용대출 원		
			그 밖의 대출 원 (대출 종류:)		
		기존 주택 보유 여부 (주택담보대출이 있는 경우만 기재) [ ] 미보유 [ ] 보유 (건)			
		⑨ 임대보증금 원		⑩ 회사지원금·사채 원	
		⑪ 그 밖의 차입금 원		⑫ 소계	
		[ ] 부부 [ ] 직계존비속(관계:) [ ] 그 밖의 관계( )		원	
	⑬ 합계			원	

⑭ 조달자금 지급방식	총 거래금액 원
	⑮ 계좌이체 금액 원
	⑯ 보증금·대출 승계 금액 원
	⑰ 현금 및 그 밖의 지급방식 금액 원
	지급 사유 ( )

⑱ 입주 계획	[ ] 본인입주 [ ] 본인 외 가족입주 (입주 예정 시기: 년 월)	[ ] 임대 (전·월세)	[ ] 그 밖의 경우 (재건축 등)

「부동산 거래신고 등에 관한 법률 시행령」 제3조 제1항, 같은 법 시행규칙 제2조 제5항부터 제8항까지의 규정에 따라 위와 같이 주택취득자금 조달 및 입주계획서를 제출합니다.

                                   년   월   일

                 제출인   (서명 또는 인)

시장·군수·구청장 귀하

국세청은 부동산 관련 세금 탈루행위에 대해서는 시장 동향과 관계없이 과거부터 늘 엄정하게 검증해 왔습니다. 국세청 자체 시스템과 더불어 지자체 및 관계기관으로부터 근저당권 자료와 주택확정일자 자료 등 다양한 과세정보를 추가 연계하여 자금출처분석시스템을 지속적으로 고도화하고 탈루행위를 정밀하게 선별·검증하는 등 편법 증여에 대한 감시망을 보다 촘촘하게 구축·운영해 나가고 있습니다.

국세청이 집중하는 대상은 고가 아파트 취득자, 고액 전세입자 등에 대한 자금출처 분석과 양도를 가장한 증여 등 편법 증여 혐의가 있거나 자금출처가 불분명한 자, 다주택을 보유하고 있는 연소자나 호화사치 생활자 중 자금의 원천이 확인되지 않아 증여 혐의가 있는 자, 주택·소규모 상가건물(꼬마빌딩) 임대업 법인으로 설립 및 출자 과정에서 자금출처가 불투명하거나 부동산 거래 과정에서 법인 자금 부당유출 등의 혐의가 있는 법인 등이 되겠습니다.

1 한의원장님, 현금매출 몰래 숨겨서 집 샀다가 딱 걸린 사례 : 한의원 현금매출 누락 및 부친으로부터 받은 자금 증여세 탈루

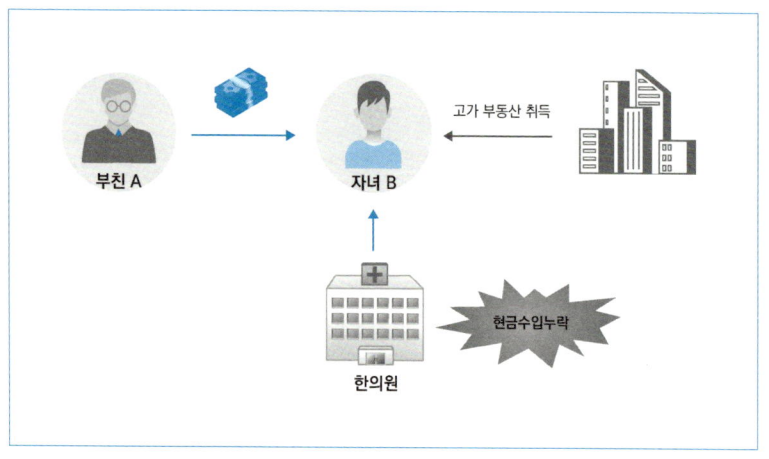

그림에서 자녀는 한의원을 운영하는 한의원장이며, 고가의 아파트를 취득하면서 관계기관 합동조사 결과 증여의심 혐의로 국세청에 자료가 통보된 사항입니다. 통보된 자료를 검토한바, 취득 부동산에 대한

자금출처 부족 혐의가 있어 조사대상으로 결국 선정되었습니다.

계좌의 흐름을 분석해 본 결과 매월 수백만 원의 현금을 인근 ATM을 통해 사업용계좌 아닌 개인 계좌로 입금하는 등 한의원의 현금매출을 누락하였고, 부친으로부터 증여받은 현금이 있었음에도 증여세 신고를 누락하고 이 자금들을 원천으로 고가의 부동산을 취득한 것이었습니다.

결국 자금출처조사로 시작되었지만, 조회된 계좌에서 한의원 매출 누락 혐의가 포착됨에 따라 개인소득세 통합조사로 확대되었고 계좌흐름에서 파악된 부친으로부터 증여받은 현금에 대해서는 증여세를 추징당했습니다.

2 건축주 아빠의 수상한 지분 증여 : 신축 오피스텔에 숨겨진 변칙 지분 등기

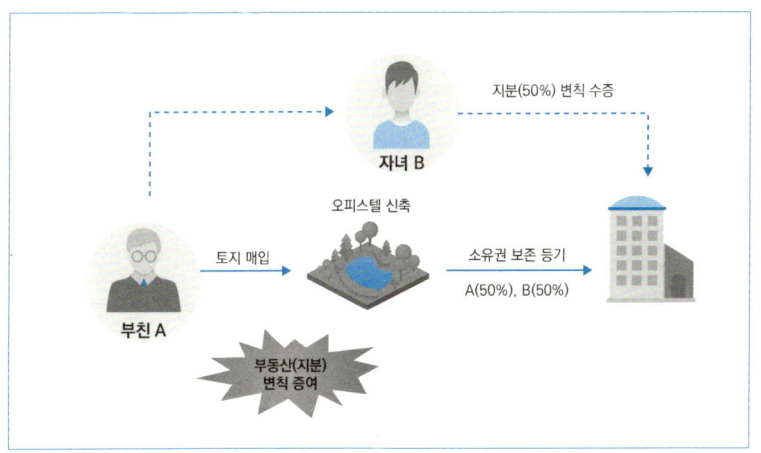

소득에 비해 고액의 부동산을 취득·보유하고 있는 연소자 자녀가 자금출처 검증 대상자로 선정이 되었습니다. 조사를 하는 과정에서 밝혀진 사실관계는 건설업자인 부친이 오피스텔 신축을 위해 ○○시 소재 토지를 매입할 때는 부친명의로 취득하여 건설시행을 하였습니다. 하지만 오피스텔 신축 완공 후 소유권보존등기를 할 때 집합건물로 등기대상이 바뀌었는데 이때 자녀와 50%씩 지분을 공동명의로 등기하여 고액 부동산의 지분을 편법 증여한 것이었습니다.

국세청의 소득지출 분석시스템(PCI시스템)에 대해 기본 상식이 있었다면, 자녀의 소득이 없는 상태에서 부동산 취득이 일어났을 때 자금출처조사 대상자로 선정이 된다는 것을 알았을 것입니다. 자산의 이전 계획이 있다면 적법한 절세 범위 내에서 실행할 수 있도록 전문가의 자문을 사전에 구하는 것을 권해드립니다.

3 내 통장에 꽂힌 돈, 주택 자금으로 썼다가 증여세 과세 : 현금 우회 입금 통한 주택 취득자금 편법 증여

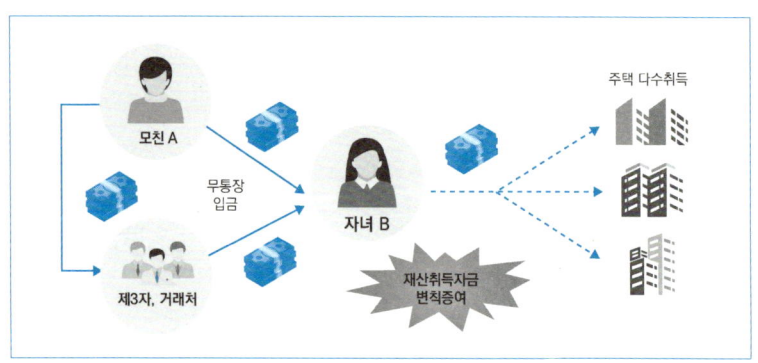

뚜렷한 직업 및 소득이 없는 자녀가 ○건의 상가 등 부동산을 총 ○○억 원에 취득하여 자녀의 자금출처를 검증한 사례입니다. 조사결과 임대업자인 모친이 임대료 수익을 현금으로 관리하면서 자녀의 계좌에 무통장 현금 입금하거나, 모친의 계좌에서 이체한 내역이 드러나지 않도록 지인 및 거래처 명의의 계좌를 통해 자녀의 계좌에 우회 입금하였던 것으로 밝혀졌습니다. 자녀는 이 자금을 금원으로 한옥주택 등 다수의 부동산을 매입하였고 증여세는 무신고 하였습니다.

아마도 모친의 계좌에서 자녀 계좌로 이체된 흔적이 나오면 증여세 과세 혐의가 있을 것이라 생각하고 계좌이체 내역이 드러나지 않게 의도적으로 거래내역을 만든 것으로 보입니다. 하지만 자녀 명의로 소득세나 증여세 신고한 내역도 없는데 현금이 자녀 계좌에 있다는 사실만으로는 취득자금의 원천으로 소명이 불가합니다. 하나만 알고 둘을 몰랐던 모친의 편법이었습니다.

4 연예인 부부의 수상한 재테크 : 배우자 돈으로 고가 아파트 사고 공동명의하여 증여세 탈루

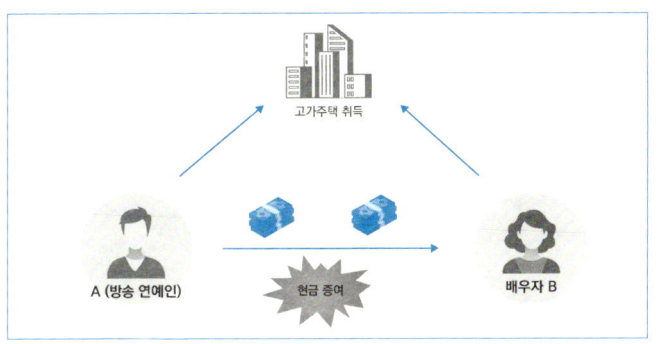

사례에서 연예인의 배우자 B씨는 특별한 소득이 없었고 남편인 방송연예인 A와 공동명의로 고가 아파트를 취득하여 자금출처조사 대상으로 선정되었습니다. 자금출처 확인 결과, 배우자인 방송연예인 A로부터 ○억 원을 편법 증여받아 아파트를 취득한 것으로 확인되어 부동산 취득자금에 대한 증여세 ○억 원 추징당하였습니다.

생각보다 소득 없는 배우자가 남편과 공동명의로 주택을 취득하면 괜찮다고 생각하시는 분들이 많습니다. 아마도 이혼 때 재산형성 기여분을 배우자도 인정받기 때문에 이혼 재산분할 시 세금이 없다는 것과 혼동을 하시는 거 같습니다. 배우자에게 증여 시 배우자 증여공제 6억 원까지만 증여세가 없는 것이고 6억 원 초과 증여분에 대해서는 당연히 세금이 있습니다. 따라서 소득 없는 배우자가 주택을 남편과 공동명의 등기하려면 자신의 주택 지분등기 가액이 6억 원이 넘는지, 과거 10년 이내에 남편에게 증여받은 것이 있는지 등을 사전에 검토하셔야 합니다.

5 할머니 계좌로 손주 부동산 사주기, 우회 증여의 전말 : 외조모 명의 계좌 이용 부동산 취득자금 편법 증여

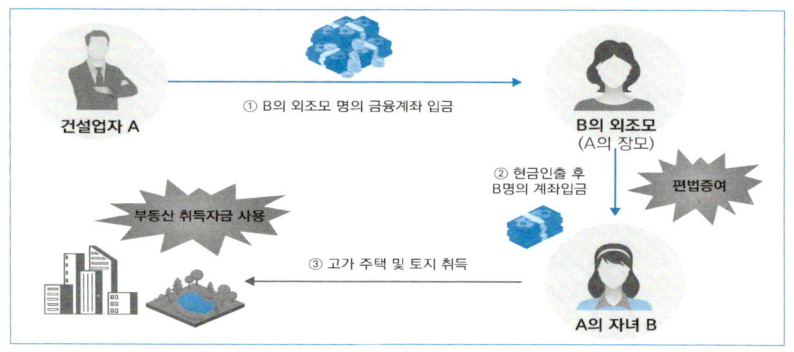

건설업을 영위하는 부친은 자녀에게 증여를 목적으로 자금추적을 피하기 위해 자녀의 외조모 명의의 계좌에 먼저 입금 후 수 차례 현금으로 다시 인출하였습니다. 이 현금들을 다시 자녀의 계좌에 입금하는 방식으로 편법 우회 증여를 시도하고 자녀는 편법 증여받은 자금을 금원으로 하여 아파트 및 개발예정지구의 토지 등 부동산 취득대금으로 사용하였습니다. 결국 자녀는 부동산 취득자금 변칙 증여분에 대해 수억 원의 추징을 받았습니다.

이 사례의 부친도 결국 잘못된 지식으로 머리를 쓴 것인데, 부친의 계좌에서 자녀 계좌로의 이체된 흔적만 안 남기면 증여세를 피할 수 있다고 생각했던 것 같습니다. 이체 흔적과 상관없이 소득지출 분석을 기본으로 하기 때문에 자녀는 부동산 취득에 상응하는 자금 원천이 없으므로 조사대상으로 선정이 됩니다.

조사하면서 부친의 계좌에서 장모의 계좌로, 장모의 계좌의 현금 출금 내역과 자녀의 무통장 입금 시간 및 금액 연관성 분석으로 자금의 흐름에 따라 사실관계를 다 따지기 때문에 안 걸릴 수가 없습니다. 설사 조사 중에 혐의 사실을 부인한다고 하더라도 세법에 재산 취득자금 등의 증여 추정[24] 조항이 있기 때문에 적극적으로 납세자가 소명하여

---

24 **상속세 및 증여세법**
제45조 [재산 취득자금 등의 증여 추정] (2010.1.1. 제목개정)
① 재산 취득자의 직업, 연령, 소득 및 재산 상태 등으로 볼 때 재산을 자력으로 취득하였다고 인정하기 어려운 경우로서 대통령령으로 정하는 경우에는 그 재산을 취득한 때에 그 재산의 취득자금을 그 재산 취득자가 증여받은 것으로 추정하여 이를 그 재산 취득자의 증여재산가액으로 한다. (2015.12.15. 개정)
② 채무자의 직업, 연령, 소득, 재산 상태 등으로 볼 때 채무를 자력으로 상환(일부 상환을 포함한다. 이하 이 항에서 같다)하였다고 인정하기 어려운 경우로서 대통령령으로 정하는 경우에는 그 채무를 상환한 때에 그 상환자금을 그 채무자가 증여받은 것으로 추정하여 이를 그 채무자

반박을 하지 않는다면, 증여추정으로 과세를 할 수 있습니다.

6 "세상 물정 모르는 아이 통장에 웬 수억 원이?" : 미취학 아동 편법 증여

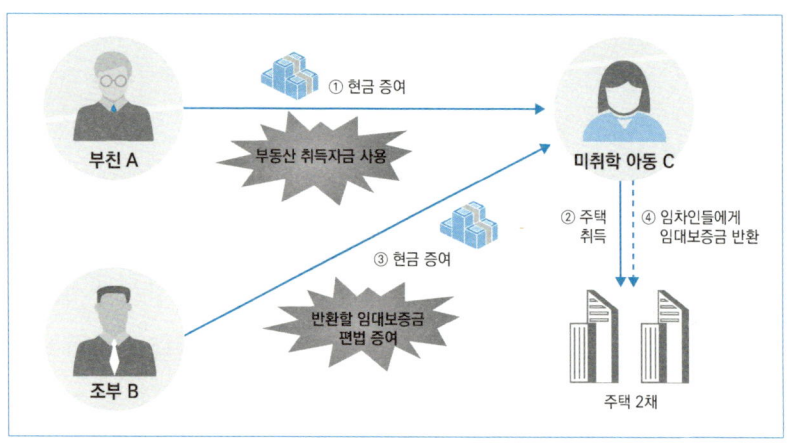

의 증여재산가액으로 한다. (2015.12.15. 개정)

③ 취득자금 또는 상환자금이 직업, 연령, 소득, 재산 상태 등을 고려하여 대통령령으로 정하는 금액 이하인 경우와 취득자금 또는 상환자금의 출처에 관한 충분한 소명(疏明)이 있는 경우에는 제1항과 제2항을 적용하지 아니한다. (2010.1.1. 개정)

상속세 및 증여세법 시행령

제34조 [재산 취득자금 등의 증여추정] (2010.2.18. 제목개정)

① 법 제45조 제1항 및 제2항에서 "대통령령으로 정하는 경우"란 다음 각 호에 따라 입증된 금액의 합계액이 취득재산의 가액 또는 채무의 상환금액에 미달하는 경우를 말한다. 다만, 입증되지 아니하는 금액이 취득재산의 가액 또는 채무의 상환금액의 100분의 20에 상당하는 금액과 2억 원 중 적은 금액에 미달하는 경우를 제외한다. (2010.2.18. 개정)

1. 신고하였거나 과세(비과세 또는 감면받은 경우를 포함한다. 이하 이 조에서 같다)받은 소득금액 (2003.12.30. 신설)
2. 신고하였거나 과세받은 상속 또는 수증재산의 가액 (2003.12.30. 신설)
3. 재산을 처분한 대가로 받은 금전이나 부채를 부담하고 받은 금전으로 당해 재산의 취득 또는 당해 채무의 상환에 직접 사용한 금액 (2003.12.30. 신설)

사례에서 3세인 미취학 아동이 주택 2채를 취득하면서 취득자금의 일부를 부친으로부터 현금 증여받았으나, 일부는 증여세 신고 누락한 혐의로 자금출처조사 대상자로 선정되었습니다. 또한, 금융계좌 조사를 하면서 조부로부터 현금을 편법 증여받은 혐의도 발견되었는데, 조부가 자신의 임차인들에게 반환해야 할 임대보증금을 손주 계좌에 이체하여 증여를 해준 혐의입니다.

부친이 사전에 증여세 신고를 하였지만, 현금 증여한 금액이 미취학 자녀의 주택취득자금에 못 미쳤을 것이고 당연히 자금출처 대상으로 선정되었을 것입니다. 법적 의사결정을 할 수 없는 미취학 아동이기 때문에 조부의 현금 이체에 대해 빌린 것이라고 소명할 수도 없을 것이어서 주택 취득자금 및 편법 증여받은 임대보증금에 대한 증여세 ○억 원 추징당한 사례입니다.

7 아버지 회사에서 '가짜 월급' 받은 걸로 부동산 샀다가 철퇴 맞은 사연 : 가공경비 법인세와 변칙 증여 추징

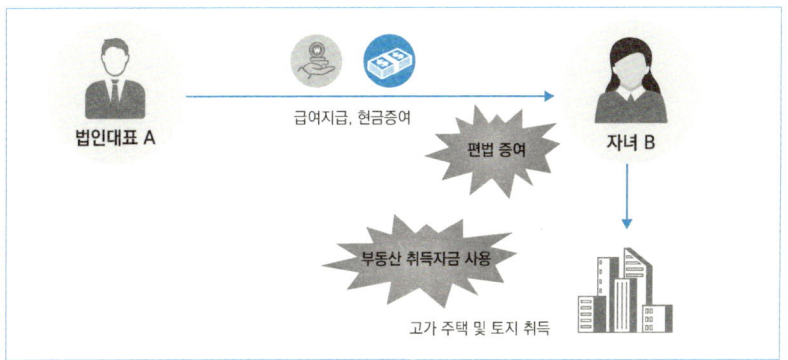

20대 사회초년생 자녀는 근로소득 이외 타 소득이 없음에도 고액의 부동산을 취득하여 자금출처조사 대상자로 선정되었습니다. 하지만 국세청에 신고된 근로소득도 부친이 대표이사로 재직 중인 회사에서 발생된 것이었고 조사결과 실제 근무 없이 급여를 수령한 것이었습니다. 또한, 금융자료 확인 결과 부동산 취득 당시 부모로부터 받은 현금에 대해 증여세 신고를 하였으나 실제 받은 것보다 적게 신고한 것으로 확인되었습니다.

　　일단 가공급여 때문에 자녀 자금출처조사에서 부친의 법인세 조사로 조사대상이 확대가 되었고, 실제 근무가 없었기 때문에 근로소득으로 신고한 원천세 신고도 자녀의 기타소득으로 경정하였습니다. 그 결과 부친의 법인은 가공급여 부인으로 법인세 추징, 자녀의 소득 구분이 근로소득에서 기타소득으로 변경되어 자녀의 소득세도 추징되었습니다. 또한 부모로부터 실제 받은 현금보다 적게 증여세 신고한 것에 대해 과소 신고분까지 증여세를 추징당하였습니다.

8 부담부증여, 증여세 절세하려다 '양도세 폭탄' 맞은 이유 : 부담부증여(채무)에 대한 양도소득세 신고 누락

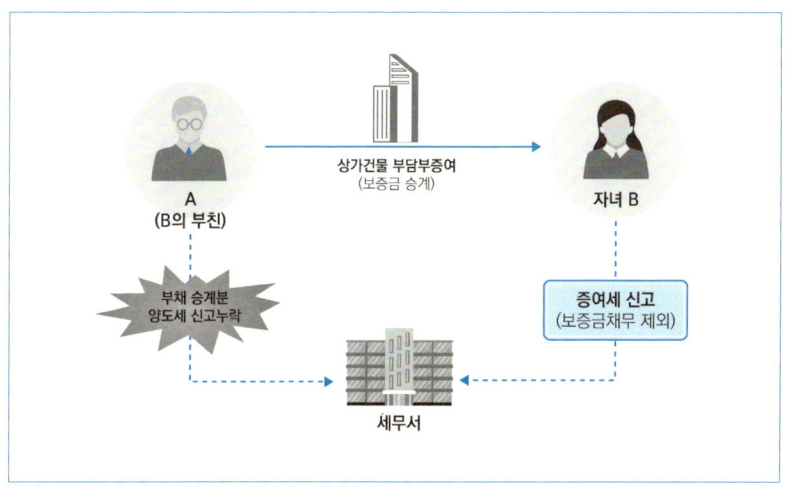

자녀는 부친으로부터 상가건물의 임대보증금을 승계하는 조건으로 부담부증여를 받았고 이에 따라 부채(임대보증금)를 차감하고 증여세 신고를 하였습니다. 부친은 자녀에게 승계시킨 임대보증금 상환의무에 대해서는 채무를 넘긴 것이라서 유상 양도한 것과 같은 효과이기 때문에 양도소득세 신고 대상이나 이를 누락했습니다.

국세청은 상가건물 부가세 신고서의 부동산임대 공급가액 명세서 상 확인되는 보증금 채무 ○억 원에 상당하는 부담부증여분에 대해 부친의 양도세 무신고 결정 및 과세를 하였습니다.

부담부증여 시 채무 승계분에 대해 양도세 신고 대상이라는 것은 잊지 않으셔야 합니다. 따라서 자녀에게 부담부증여를 고민할 때 부모의 양도세와 자녀의 증여세 합쳐서 세금 부담을 비교한 후에 자녀에게 채무를 어디까지 승계시킬 것인지에 대한 의사결정을 하셔야겠습니다.

Part 5

자산가들의 탈출구

가족법인과 해외이민,
새로운 기회를 찾아서

Chapter 1

가족법인, 숨겨진 기회인가?

– 자산가들이 주목하는 이유

부자들의 자산 관리를 논할 때, '가족법인'이라는 키워드는 더 이상 낯선 개념이 아닙니다. 이 용어를 듣는 순간, 많은 분들이 연예인이나 대기업 총수 일가의 편법 증여를 떠올리며 부정적인 시선을 보내기도 합니다. 하지만 진실은 그보다 훨씬 복잡하고 미묘합니다. 가족법인은 불법적인 '꼼수'가 아닌, 세법의 테두리 안에서 합리적인 자산 승계와 투자를 가능하게 하는 '숨겨진 기회'에 더 가깝습니다.

고3학생이 대치동 건물주로…찐부자들의 절세 만능키 '가족법인'

위지혜 기자 wee.jihae@mk.co.kr
박재영 기자 jyp8909@mk.co.kr
황순민 기자 smhwang@mk.co.kr

입력 : 2025-01-12 17:39:27 수정 : 2025-01-12 20:23:33

> 2024년 거래된 강남 빌딩 228개 등기부등본 전수조사
> 대부분 고가아파트 거주하며
> 강남 핵심지 작은 빌딩 보유
> 月1000만원씩 통장에 꽂혀
> 최근 유튜버·인플루언서…
> 코인 대박난 MZ큰손 합류

강남 건물주들 사이에서 높은 상속세·증여세를 피하기 위해 법인을 통해 건물을 증여하는 방식이 선호되는 것도 주목할 만한 트렌드다. 꼬마빌딩, 오피스, 상가 등 비주택 부동산을 법인으로 등록하고 그 법인의 지분을 자녀가 취득해 합법적으로 부를 대물림하는 방식이다. 실제 등기부등본상 확인이 가능한 강남구 건물 실거래 228건 가운데 10건만이 개인 간(법인 외)증여·상속 거래인 것으로 확인됐다. 각각 만 21세, 민 18세인 형제는 자년 7월 신사동 건물을 법인으로 넘겨받는 형태로 건물주가 됐다.

25

언론에서도 가족법인을 언급할 만큼 많은 자산가들이 이미 가족법인을 활용하여 자산을 승계 및 취득하고 있습니다. 자산가들이 왜 가족법인에 주목하고 있는지, 그리고 이를 어떻게 활용하여 새로운 부의 지도를 그려나가고 있는지 기민한 자산가들의 트렌드에 주목하셔야 합니다.

---

25 https://www.mk.co.kr/news/realestate/11215977

1 왜 부자들은 '가족법인'을 설립하는가?

가족법인은 개인이 소유한 자산을 법인이라는 그릇에 담아 운영함으로써, 장기적인 관점에서 자산의 성장과 효율적인 자산승계까지 동시에 달성할 수 있는 최적의 도구입니다. 물론 만능이거나 장점만 있는 것은 아니지만, 개인 형태 운영으로는 누릴 수 없는 다양한 이점들을 제공합니다.

그럼 가족법인은 과연 뭘까요? 법에 가족법인이라고 정의된 것은 없지만 가족들끼리 주주로 되어있는 법인을 통상 가족법인이라고 합니다. 세법에서는 가족법인 대신 '특정법인'이라고 정의합니다.

만약 자녀에게 직접 자산을 증여하는 것 대신 자녀가 주주로서 지배하고 있는 자녀법인에 자산을 주게 되면, 증여세 대신 법인세를 내고 부모의 자산이 법인에 이전됩니다. 이전되는 자산의 가액에 따라 30억 원이 넘는 경우 증여세는 50%의 세율을 적용받는 반면, 법인의 경우 20.9%(지방소득세 포함, 과표 200억 원 이하, 2025년 기준)의 세율로 훨씬 낮은 세금을 부담합니다.

물론 법인과 주주는 별개의 객체이니 법인에 넘긴다고 자녀가 자산의 소유권을 갖는 것은 아니지만, 주주로서 법인의 자산을 간접지배하는 것과 같습니다. 이런 식으로 자산이 승계되면 상속·증여세를 회피하는 일이 발생될 수 있으니 세법에서는 이러한 특정법인에 제재사항을 두고 있습니다.

제45조의5 [특정법인과의 거래를 통한 이익의 증여 의제] (2019.12.31. 제목개정)

① 지배주주와 그 친족(이하 이 조에서 "지배주주등"이라 한다)이 직접 또는 간접으로 보유하는 주식보유비율이 100분의 30 이상인 법인(이하 이 조 및 제68조에서 "특정법인"이라 한다)이 지배주주의 특수관계인과 다음 각 호에 따른 거래를 하는 경우에는 거래한 날을 증여일로 하여 그 특정법인의 이익에 특정법인의 지배주주 등이 직접 또는 간접으로 보유하는 주식보유비율을 곱하여 계산한 금액을 그 특정법인의 지배주주 등이 증여받은 것으로 본다. (2023.12.31. 개정)

1. 재산 또는 용역을 무상으로 제공받는 것 (2019.12.31. 개정)

2. 재산 또는 용역을 통상적인 거래 관행에 비추어 볼 때 현저히 낮은 대가로 양도·제공받는 것 (2019.12.31. 개정)

3. 재산 또는 용역을 통상적인 거래 관행에 비추어 볼 때 현저히 높은 대가로 양도·제공하는 것 (2019.12.31. 개정)

3의2. 불균등 감자 등 대통령령으로 정하는 자본거래를 통하여 이익을 분여 받는 것 (2025.3.14. 신설)

4. 그 밖에 제1호부터 제3호까지의 거래와 유사한 거래로서 대통령령으로 정하는 것 (2019.12.31. 개정)

〈가족법인 예시〉

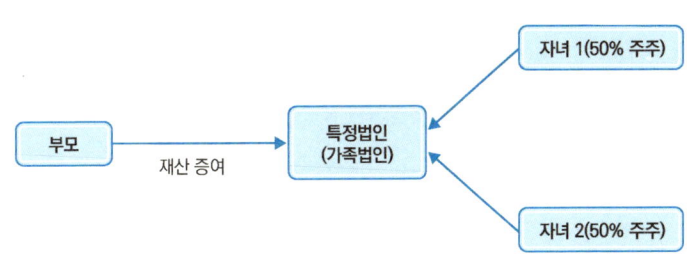

원래대로면 법인이 자산을 이전받으면서 법인세만 부담하면 되겠지만, 해당 거래로 주주별 간접이익을 보는 가액이 1억 원 이상이 될 경우에는 법인세에 추가로 증여세를 부과한다는 제재내용입니다. 따라서 이러한 제재사항을 유의하여 가족법인을 운영하는 것이 절세 노하우가 되겠습니다.

자산가들이 가족법인을 설립하는 니즈는 크게 두 가지로 나뉘는데, 하나는 고소득자의 세테크 목적과 또 하나는 자산가들의 자산승계 목적입니다.

① 고소득자의 가족법인 세테크 니즈 : '높은 소득세'의 덫

높은 연봉을 받는 직장인, 병원장, 연예인, 프로 운동선수 등은 이미 개인 소득세 최고세율(45%)의 벽에 부딪힙니다. 소득이 억 단위로 올라갈수록 근로소득, 사업소득에 더해 이자, 배당, 부동산 임대소득까지 모두 합산되어 지방소득세 포함 최고 49.5%에 달하는 높은 세율을 적용받게 됩니다. 이렇게 소득이 늘어날수록 투자수익률이 현저히 낮아지고, 건강보험료 부담까지 가중되어 '투자의 재미'를 잃게 되는 것이 현실입니다. 힘들게 벌어서 소득세 다 내고 남은 돈 모아서 금융투자도 하고 부동산 투자도 했는데, 이자·배당·임대소득이 기존 근로나 사업소득에 더해지니 최고 소득세율을 적용받는 사람의 경우 투자한 소득의 절반이 세금으로 지출되는 것입니다. 또한 종합소득세에 연동되는 건강보험료도 같이 올라가게 되는데 매달 부담해야 하는 건강보험료의 가액도 상당합니다.

이렇게 현재 고소득을 벌고 있는 사람이 자산 형성을 효율적으로 하기 위해 세테크 목적의 현명한 대안으로 선택하는 것이 바로 가족법인입니다. 만약 소득세율 최고구간 49.5%(지방소득세 포함)를 적용받는 병원장이 열심히 돈을 모아 꼬마빌딩을 취득한다고 가정해 보겠습니다. 병원에서 버는 사업소득에 임대소득이 더해지면, 소득세는 무조건 1년간 번 소득을 모두 합쳐서 종합소득세 신고를 해야 하기 때문에 병원에서 수입이 크게 나온다고 임대소득 시기를 내년으로 이월해서 조절할 수도 없습니다. 또한 건물을 장기간에 걸쳐 보유하고 있다가 매각할 때 건물의 매각차익이 10억 원이 넘어가면 양도소득세 최고세율이 적용됩니다(지방소득세 포함, 49.5%). 건물의 경우 가액이 높다 보니 매각 차익 10억 원 넘는 경우는 흔하게 발생되는데, 차익의 절반을 세금으로 내고 나면 상급지 물건으로 다시 투자하기 어렵습니다.

여기서 부동산 취득 전에 가족법인을 설립하여, 법인이 부동산을 취득하고 임대소득을 법인에 귀속시키면 어떻게 될까요? 병원장의 개인소득세율보다 훨씬 낮은 법인세율(20.9%)만 부담하게 됩니다. 또한 금융투자도 가족법인으로 운용한다면 이자·배당소득을 가족법인 명의로 분리함으로써 개인의 금융소득 종합과세 문제를 회피할 수 있습니다. 개인은 1년 간 발생한 소득을 무조건 합산하여 소득세 신고해야 하지만, 법인으로 소득을 분리시킨다면 어떨까요? 낮은 법인세만 부담하면서 세후 소득을 법인의 '이익잉여금'으로 저장해둘 수 있습니다.

물론 법인에서 번 돈을 급여나 배당으로 가져가게 되면 소득세를 원천징수한 후에 가져가게 됩니다. 그럼 이런 질문을 하게 됩니다. "법인세 20.9% 부담하고 법인에서 돈 꺼내갈 때 소득세 또 부담하는데, 실익이 있는 건가요?"

여기서 포인트는 법인에서 바로 돈을 빼가는 것이 아니라 내가 은퇴 후 또는 개인 소득이 줄어서 소득세율이 낮을 때, 그런 때 법인에 모아뒀던 돈을 빼가는 겁니다. 고소득자들이 현업으로 한창 소득이 높을 때는 법인으로 투자를 분리하여 법인에 소득을 저장하고 나중에 은퇴 후에 꺼내 간다면, 현업 때 소득세로 매년 세금 낼 돈을 절약하여 법인에서 투자시드로 사용할 수 있게 되고 자산 형성을 더 효율적으로 할 수 있는 것입니다.

이렇게 소득을 법인으로 분리한 절세가 실효성이 있기 위해서는 개인의 소득세율이 높다는 가정이 들어가기 때문에 고소득자들에게 유용한 겁니다. 만약 개인소득세율이 35% 아래 구간이라면, 법인세율도 20.9%로 아주 낮지는 않기 때문에 개인 인출 시 소득세 원천징수 감안하면 굳이 법인으로 개인소득을 분리할 유인이 없습니다.

〈종합소득세율, 2025년 귀속 기준〉

과세표준	세율	누진공제
14,000,000원 이하	6%	–
14,000,000원 초과 50,000,000원 이하	15%	1,260,000원
50,000,000원 초과 88,000,000원 이하	24%	5,760,000원
88,000,000원 초과 150,000,000원 이하	35%	15,440,000원
150,000,000원 초과 300,000,000원 이하	38%	19,940,000원
300,000,000원 초과 500,000,000원 이하	40%	25,940,000원
500,000,000원 초과 1,000,000,000원 이하	42%	35,940,000원
1,000,000,000원 초과	45%	65,940,000원

〈법인세율, 2025년 귀속 기준〉

소득종류 / 법인종류	각 사업연도 소득		
	과세표준	세율	누진공제
영리법인	2억 원 이하	9%	-
	2억 원 초과 200억 원 이하	19%	2,000만 원
	200억 원 초과 3,000억 원 이하	21%	42,000만 원
	3,000억 원 초과	24%	942,000만 원

병원장 예시를 들면서 소득이 없는 다른 연도에 급여나 배당으로 법인자금을 인출하면, 훨씬 낮은 소득세율을 적용받을 수 있다고 했는데, 만약 가족 구성원까지 활용하여 소득을 분산하면 세금 효율은 극대화됩니다. 만약 자녀가 주주로 같이 참여했다면, 법인의 잉여금을 주주별로 분산해서 2천만 원씩 매년 배당을 받아간다면 15.4%의 분리과세를 적용받으면서 더 빠르게 인출이 가능합니다. 증여세와 비교하면 세효율이 좋은 것은 말할 것도 없고, 자녀에게 경제적 독립을 지원할 수 있으며, 소득의 원천도 만들어줄 수 있는 것입니다.

또한 건물 매각차익 실현 시 가족법인의 세효율이 가장 즉각적인데, 건물 매각 차익을 가족법인에 귀속시키면 양도소득세 대신 낮은 법인세만 부담하면 되고 법인은 장기보유특별공제를 고려하지 않아도 됩니다. 따라서 단기에 매각해도 법인세율이 같기 때문에 시장분위기 좋을 때 엑시트하여 유동화하거나 상급지의 다른 건물에 재투자하는 등 새로운 자산 증식의 기회를 포착할 수 있습니다. 그리고 개인의 장기보유특별공제를 최대로 적용한다 해도 매각차익이 10억 원~수십억 원 이상

클 때는 법인세율로 인한 절세효과가 양도세와 비교 시 더 크기 때문에 앞의 신문기사에서 보듯이 건물투자는 법인으로 많이 하는 겁니다. 또한 건물 취득 전에 가족법인 주주에 자녀를 참여시켰다면, 수십억 원의 매각 차익 중 자녀의 지분 비율 만큼 자녀에게 귀속시킬 수 있기 때문에 절세구조만 잘 만든다면 증여세보다 훨씬 적은 세금과 효율성으로 부의 이전이 가능합니다. 따라서 가족법인은 고소득자에게 단순히 세금을 줄이는 행위를 넘어, 자산 축적과 부의 단계적 승계를 위한 필수적인 '세테크' 전략입니다.

② 자산가들이 가족법인에 주목하는 이유 : 상속·증여를 위한 세테크와 세대 간 자산 이전 니즈

자녀에게 건물이나 현금을 직접 증여하는 것은 막대한 세금 부담으로 이어집니다. 성년 자녀에게 5천만 원의 증여공제를 모두 사용한 이후의 증여는 즉시 누진세율(10~50%)을 적용받으며, 10년 이내의 모든 증여 가액은 누적 합산됩니다. 건물의 경우, 고액의 증여세 때문에 준다고 해도 자녀가 증여세 낼 돈이 없기 때문에 받을 수가 없습니다. 건물을 이도 저도 못하고 그냥 부모님 명의로 갖고 있다가 상속 시 건물 팔아 절반을 세금으로 내야 하는 경우가 다반사입니다.

부모는 자산가라고 해도 자녀는 이제 사회생활을 시작했거나 미리 자산을 증여받은 것이 아닌 이상 돈이 늘 부족하고 생활이 여유롭지 않습니다. 이런 자녀들을 지원해주고 싶은데, 증여세 문제 때문에 부모님도 선뜻 움직이기 쉽지 않습니다. 부모님 여윳돈을 자녀에게 무이자로 빌려주려 해도 '금전무상대여이익'이 연 1천만 원 이상이면 증여세가 과세됩니다. 이는 약 2억 원 이상의 금액을 빌려주기만 해도 세금이 발생한다는 의미로, 자녀의 경제적 지원을 합법적인 방법으로 하는 것이 얼마나 어려운 일인지 보여줍니다.

물가와 집값은 계속 올라가고 자녀 세대는 부모보다 소득이 적은 세대가 될 것이라 하지만, 나보다는 자녀들이 더 편하게 잘살았으면 하는 것이 부모의 마음일 겁니다. 이러한 자산가들의 고민에 대한 가장 효과적인 해결책이 바로 가족법인입니다. 가족법인을 통해 자산의 효율적인 승계와 자녀의 자산 증식에 도움을 줄 수 있습니다. 자산가들이 가족법인을 이용한 자산 승계 시 좋아하는 또 하나의 장점은 주주에 손자를 넣을 수 있다는 것입니다. 가족법인 주주에 손자가 들어간 후에 자산 이전이 개시된다면, 이전된 자산에 대해서는 1세대의 상속세가 생략되는 효과가 있기 때문입니다. 또한 주주에게 증여세가 안 나오는 범위 내의 거래라면, 손자에게 상속세·증여세 할증 이슈도 없습니다.

다만 앞서 설명하였듯이 상증세법 제45조의5에 따라 가족법인 주주에게 증여세가 과세되는 것을 주의해야 하고 가액이 큰 자산이 이전된다면 충분한 시간도 필요하기 때문에 각 가정의 상황에 맞는 플랜이 필요합니다.

재벌기업과 자산가들은 전문가들의 도움으로 늘 한발 앞서 법의 빈틈을 찾아 절세의 기회를 누립니다. 발 빠르게 빈틈을 이용해서 절세시도를 행한 납세자들에 대해 국세청이 고운 시선으로 볼 리가 없겠지요? 국세청 역시 이러한 납세자들의 시도에 과세를 계속 해왔습니다. 하지만 과세의 법적 근거가 미비하다면, 순순히 과세를 받을 납세자는 없기 때문에 자산가들도 전문가를 고용해 조세불복으로 과세관청과 법적 싸움을 해왔습니다.

과세관청이 조세불복에서 지게 되면 승소한 납세자는 당당히 절세액을 지킬 것이고, 눈치만 보던 다른 납세자들도 승소한 판례를 근거로 절세 시도를 뒤 이어 하게 됩니다. 하지만 국가에서 이걸 계속 놔둘 리가 없겠지요? 미비했던 과세 근거를 보완하는 세법 개정을 통해 납세자들의 시도를 막게 됩니다. 마찬가지로 가족법인 관련해서도 세법 개정과 보완이 계속되어 납세자가 쓸 수 있는 카드가 점점 줄어들었습니다. 특히나 2025년은 가족법인 관련하여 많은 개정사항이 있었고 결국 뒤늦게 하려 했던 납세자만 절세기회를 놓치고 말았습니다.

"이번에 하려고 했는데…." 자산가들을 만나보면 가장 안타까운 순간은 이 말을 들을 때입니다. 상속·증여세법이 개정되고, 정부의 과세 기조가 강화되면서 '절세의 창'은 점점 닫히고 있습니다. 상속·증여 계획은 자산가일수록 '나중에'가 아니라 '지금' 당장 시작해야 하는 긴급한 과제이고 고령일수록 더 이상 지체할 수 없는 자산 승계의 시계가 빠르게 흘러갑니다.

① 시간이 곧 '세금'이 되는 이유 : 고령 자산가에게 시간이 없는 세 가지 이유

자산가들에게 시간이 없다는 것은 단순히 심리적인 문제가 아니고 법적, 세무적으로 매우 현실적인 문제입니다. 특히 고령 자산가일수록 더더욱 그렇습니다.

첫째, 사전 증여 재산가액 합산의 압박 :
현행 세법은 상속인에게 상속 개시 10년 이내에 증여한 재산은 합산하여 상속세를 계산합니다. 상속 전 10년이라는 데드라인은 그 데드라인이 오기 전에 계획적인 증여를 통해 상속세 부담을 분산시킬 수 있는 '마지막 기회'임에도 아무런 조치도 않고 있는 자산가들이 너무 많습니다. 돌아가시기 10년 이내는 증여해 봤자 상속재산가액에 전부 합산돼서 분산효과가 없는데 왜 서두르지를 않으실까요? 70세 정도 되면 자산승계 시작을 바로 하시면 좋을 나이인데, 현장에서 자산가들 상담을 해보면 아직 현역이라 생각하고 자산을 놓지 않으려는 분들이 대다수입니다. 특히 자수성가나 자산을 직접 일구신 분들일수록 그런 성향이 강합니다.

가족법인의 강점이 여기서도 나오는데, 가족법인은 상속인 외의 자이기 때문에 가족법인에 사전증여한 것은 상속개시 전 10년 치가 아닌 5년 치만 합산됩니다. 5년이라는 시간은 고령자에게는 건강상태에 따라 큰 시간이기 때문에 조금이라도 일찍 실행하는 사람만 기회를 잡을 수 있습니다.

하지만 가족법인에 빌딩처럼 가액이 큰 자산을 이전할 때는 10년 이상씩 걸리기도 합니다. 이런 경우 상속개시 전 증여 5년 치만 합산한다고 하여도 시간이 장기간 걸리기 때문에 언제부터 승계를 시작하면 되는지 미리 판단해봐야 합니다. 세법에서 증여세 없이 특정법인에 이전할 수 있는 한도가 정해져 있기 때문에 가족법인 주주 구성원이 몇 명인지에 따라 매년 이전할 수 있는 가액이 각 가족마다 달라집니다. 이전할 자산가액과 가족법인 주주 구성원 등 변수들을 미리 감안한다면, 자산 이전에 소요되는 기간을 판단할 수 있기 때문에 상속세를 대비한 자산 이전을 계획하시고 있는 분들은 미리 상담을 받아보실 것을 권해드립니다.

둘째, 자산 가치의 불가피한 상승 :

부동산, 주식 등 자산의 가치는 시간이 지날수록 상승하는 것이 일반적입니다. 오늘 100억 원의 가치였던 건물이 10년 후에는 150억 원, 200억 원이 될 수 있습니다. 이는 곧 동일한 자산을 물려주더라도 세금 부담은 훨씬 더 커진다는 것을 의미합니다. 자산 가치가 더 오르기 전에 미리 증여하는 것이 가장 확실한 절세 방안입니다. 사전증여 시 가족법인까지 활용해서 이전 속도와 절세 효율성을 높인다면, 빨리 자산을 넘기는 만큼 물가상승에 대한 세부담 리스크를 줄일 수 있습니다.

셋째, 갑작스러운 상속에 대한 리스크 :

상속은 예상치 못한 순간에 찾아올 수 있습니다. 특히 고령 자산가일수록 유동성 확보가 상속세 납부의 가장 큰 걸림돌이 됩니다. 상속재산이 부동산뿐일 경우, 세금을 내기 위해 건물을 급하게 매각해야 할 수도 있습니다. 이는 정상적인 가격을 받기 어려워 결과적으로 자산 손실로 이어질 수 있습니다. 또한 가족법인으로 자산승계 중에 돌아가신다면, 상속개시 직전 5년 치의 자산은 사전증여로 합산되기 때문에 절세의 효율성도 감쇄 됩니다. 따라서 건강하다고 자신하더라도 70세 정도가 되면 자산승계 실행을 시작하는 것이 예상치 못한 리스크 관리 측면에서 좋습니다.

② '지금 당장' 시작해야 하는 이유 : 세금 개혁과 강화되는 과세 정책

앞서 언급했듯이 세법이 언제, 어떻게 개정될지 모르기 때문에 절세의 기회는 미래에 더 사라질 것입니다. 2025년 가족법인과 관련하여 새롭게 생긴 제재사항은 기존에 가족법인은 내국법인만을 의미했는데 외국법인까지 그 범위를 확대한 것이고 증여 의제 판단하는 가족법인과의 거래유형에 기존에는 자본거래가 빠져있었는데, 현재 자본거래가 추가되었습니다.

자산가들 중에는 외국에 시민권을 가진 자녀가 많아서 외국법인을 활용한 전략도 어렵지 않은 경우가 많습니다. 특히 자산가의 나이가 많은 경우 외국법인을 활용 시 주주에게 증여 의제가 적용되지 않았기 때문에 많은 자산을 한 번에 외국 가족법인에 이전해버리면 법인세만 부담하면서 자산의 승계가 가능했었습니다.

자본거래의 경우도 불균등 감자 같은 거래를 이용하여 주주에게 증여세 없이 한 번에 법인세만 부담하면서 자산을 이전할 수 있었는데 역시 이번에 막혔습니다. 시간을 단축할 수 있다는 것이 고령의 자산가에게 엄청난 이득이었는데 이제는 그렇게 못한다는 것이 매우 안타깝습니다.

결국 개정되기 전에 먼저 실행한 사람만 기회를 잡은 것이고 망설인 사람만 뒤늦게 후회를 하기 때문에 설사 자산의 이전 중에 개정된다고 하더라도 이미 이전한 거래는 소급하여 과세할 수 없어서 자산승계 필요성에 대한 생각이 들면, 일단 실행을 해보라고 말씀드리고 싶습니다. 물론 상황에 따라 무조건 빠른 실행만이 최고의 결과를 보장하는 것은 아니겠지만, 실행을 하기 위해선 상담을 받을 것이고 이를 통해 체계적인 계획과 얼마만큼의 시간이 걸릴지 등등 생각 못했던 것들이 보일 수 있는 기회가 될 수 있기 때문에 충분히 의미가 있습니다.

③ 가족법인 리스크? 연예인 1인 법인과의 차이

최근 연예인들이 1인 법인을 이용해서 연예인 개인 소득을 탈루했다는 기사를 보신 적이 있을 겁니다.

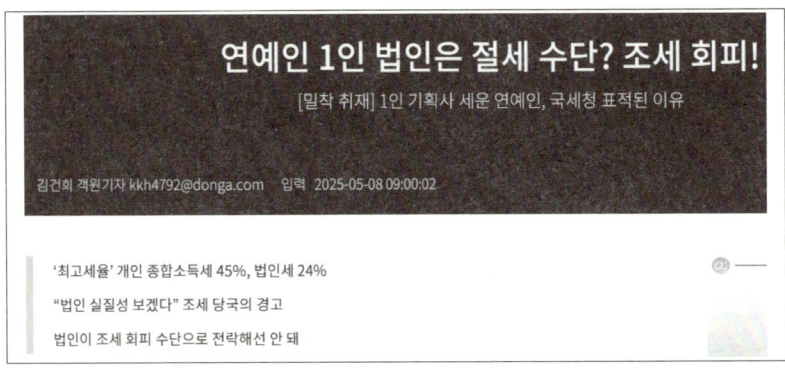

연예인 1인 법인은 절세 수단? 조세 회피!

[밀착 취재] 1인 기획사 세운 연예인, 국세청 표적된 이유

김건희 객원기자 kkh4792@donga.com 입력 2025-05-08 09:00:02

'최고세율' 개인 종합소득세 45%, 법인세 24%

"법인 실질성 보겠다" 조세 당국의 경고

법인이 조세 회피 수단으로 전락해선 안 돼

26

---

26 https ://shindonga.donga.com/economy/article/all/13/5588440/1

이게 가족법인으로도 확대 파장이 있을까봐 걱정인 분들이 많습니다. 고소득자나 자산승계를 준비하는 분들은 가족법인을 이미 설립했거나 설립 고려 중인 분들이 많을텐데, 저희 고객들 중에 가족법인도 세무조사 때 이렇게 추징되면 어떡하냐고 불안해하시는 분들이 있었습니다. 우선 최근의 연예인 1인 법인과 통상적인 세테크를 위한 가족법인은 구조상 비슷하면서도 결이 다른 부분이 있습니다.

연예인들의 경우 자신에게 귀속될 연예 활동소득을 소속 기획사가 있음에도 불구하고 자신의 1인 법인을 만들어 자신의 소득을 법인에 이전시켰습니다. 이 과정에서 1인 법인은 연예인을 위한 관리 역할 등 실질 역할이 없음에도 형식상 개인의 연예소득 이전 및 보관만을 위해 법인을 사용한 것으로 보이고 국세청은 1인 법인에 이전된 소득을 전부 연예인 개인 소득으로 합산하여 과세한 것입니다.

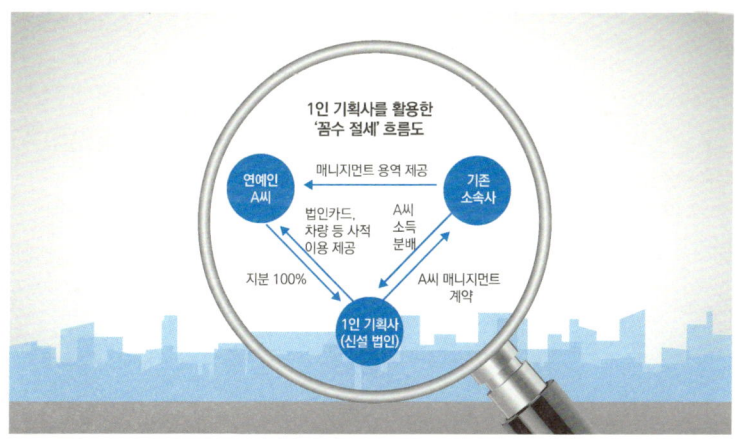

27

---

27 https ://www.donga.com/news/Economy/article/all/20250411/131399061/1

세법에 실질과세의 원칙이라 하여 과세대상이 되는 소득, 수익, 재산, 행위 또는 거래의 귀속이 명의일 뿐이고 사실상 귀속되는 자가 따로 있을 때는 사실상 귀속되는 자를 납세의무자로 하여 세법을 적용한다는 조항이 있습니다. 그럼 가족법인은 실질과세의 원칙에서 안전할까요? 그리고 연예인의 1인 법인하고 가족법인은 어떻게 결이 다른 걸까요?

통상적으로 가족법인을 고민하는 때는 개인이 사업활동 등을 통해 고소득을 올리는 경우입니다. 하지만 가족법인 설립이 연예인 케이스와 다른 점은 자신에게 전속될 사업소득의 귀속 자체를 법인으로 이전하여 조세부담을 회피하는 그런 개념은 아니라는 겁니다. 아예 개인으로 하던 사업을 법인으로 확장해서 실질적으로 법인 운영을 하는 경우가 대다수일 것입니다. 또는 사업활동이 아닌 투자활동만 법인을 활용하여 운영하는 경우도 있습니다.

예를 들어 병원처럼 영리법인을 운영할 수 없는 의사들은 고소득으로 인해 높은 소득세율을 적용받고 많은 세금을 냅니다. 따라서 세후 소득의 효율성을 올리기 위해 법인을 이용하여 부동산 투자를 하는 경우가 대표적인 예시입니다. 그럼 이번에 문제된 연예인도 기사를 보면 1인 법인을 통해 부동산을 취득하고 똑같이 했는데 차이가 무엇인지 궁금하실 겁니다.

여기서 법인으로 부동산을 취득한 것이 문제가 아니라 연예인의 경우 자신에게 전속될 연예 활동 소득을 형식상 법인으로 이전해서 소득세를 회피했다는 게 문제였습니다. 앞서 예시를 든 병원장의 경우 자신의 병원 사업활동으로 인한 소득세를 다 내고 세후 소득을 활용한 투자만 법인을 이용한 것입니다. 원소속사가 있음에도 1인 법인을 설립하여 소속 연예인을 위한 아무런 관리와 기능이 없이 오직 소득 이전 목적만을 위해 법인을 설립했다는 것 자체가 상식적이지 않기 때문에 실질과세의 원칙을 적용했던 것입니다. 형식상만 법인을 이용해서 세금을 부정하게 면탈한 경우가 문제인 것이지 법인을 이용한 적법한 투자나 사업활동까지 문제가 되는 것은 당연히 아닙니다.

법인격을 부인하는 것이 생각처럼 간단하지 않습니다. 연예인이 1인 법인을 이용해서 소득을 이전했지만, 법인으로 부동산을 취득하고 임대소득도 법인으로 발생하고 다른 법적인 행위들도 법인으로 했었다면 어떻게 되어야 할까요? 국세청 과세 논리대로라면 법인으로 부동산을 취득했어도 개인 소득을 원천으로 법인이 부동산을 구입한 것이나 마찬가지인데, 부동산 등기 명의도 개인으로 돌려야 하는 걸까요? 법인으로 신고된 부동산 임대소득들도 전부 개인으로 다시 합쳐야 하는 걸까요? 법인으로 행해진 행위는 어디까지 부인이 되어야 하는 걸까요?

법인 소유의 재산은 아무리 100% 주주라 해도 마음대로 인출할 수 없고, 적법하게 인출해도 소득세 원천징수 후에 가져갈 수 있습니다. 아무리 내 개인소득을 원천으로 해서 법인이 자산 형성을 한다고 한들 그 자산은 법인의 것이지 개인의 것은 아닙니다. 생각할수록 간단하지가 않습니다. 하지만 가족법인이 연예인의 사례와 다르긴 하지만 이러한 실질과세원칙에서 완전 자유롭기 힘든 부분도 분명히 있습니다.

가족법인을 이용하는 목적은 앞서 언급한 의사 등 고소득자의 투자 세태크 목적도 있지만, 높은 상속·증여세율 대신 저율의 법인세를 부담하면서 재산의 이전을 하기 위한 목적도 있습니다. 이러한 행위를 국가는 이전부터 인지하고 세법상으로도 제지해왔기 때문에 상증세법에는 특정법인과의 거래를 통한 이익의 증여 의제라는 조항이 있습니다. 앞서 설명했듯이 가족법인이 특정법인이고 가족법인을 이용하여 재산을 부모로부터 이전받으면 원래 법인세만 내야 합니다. 하지만 그 자산 수증받는 거래로 인한 주주별 증여의제이익이 1억 원 이상인 경우는 주주에게 증여세를 과세하겠다는 내용입니다.

법에는 특정법인에 이익을 주는 거래 행위를 열거하고 주주에게 증여세가 과세되는 기준을 별도로 정하고 있습니다. 문제는 이러한 기준을 피해서 거래를 했을 때 과연 실질 과세를 적용할 수 있는지 입니다. 단순히 과세기준을 피해서 거래했다는 것 외에도 그러한 거래를 한 합리적인 이유나 사업상의 필요 등 관련 사정을 종합해서 판단해야 한다는 것이 실질과세에 대한 대법원의 해석입니다. 종합적인 여러 요소를 판단해야 하기 때문에 단순한 문제는 아닙니다. 사실 2025.3.14. 이전에는 특정법인과의 거래를 통한 이익의 증여 의제 거래유형에서 자본거래를 제외하고 있었기 때문에 자본거래를 이용해서 증여 의제를 빠져나가면 실질과세로 주주에게 과세를 할 수 있을 것인가가 오히려 쟁점이었습니다. 하지만 이번 세법 개정으로 아예 법의 빈틈을 막아버렸으니 가족법인과 관련해서는 법에서 정해진 거래유형 안에서 구조를 적용한다면, 실질과세 문제를 논할 여지가 오히려 줄어들었다 보입니다.

하지만 법인 운영에 실질성을 가져야 하는 것은 기본이기 때문에 법인설립만 하면 전부 끝난다고 생각해서는 안 됩니다. 지속적인 법인 운영과 관리가 당연히 동반되어야 하고 가문의 자산이 이전되는 것인데, 아무런 인력과 관리 없이 법인이 알아서 굴러간다는 것은 말이 되지 않습니다. 자산가들 중에는 복잡한 것을 싫어하고 안 해본 법인에 대해 부담을 느끼시는 분들도 있습니다만, 가족법인 운영이 개인사업자보다 더 어려운 것은 아닙니다. 사실 개인사업자로 임대업을 운영하는 것이나 법인으로 운영하는 것이나 시간과 노력은 큰 차이가 없습니다. 핵심은 가족법인이 조세회피의 용도로만 쓰여서는 안되고 투자와 운용 등 법인설립 목적에 맞는 실질성을 가져야 한다는 것입니다.

4 가족법인 절세 콘셉트 예시와 주의사항

① 부모 여유자금 활용 예

가족법인 절세 콘셉트 중에 가장 많이 활용되는 예시입니다. 부모의 돈을 자녀가 직접 빌리면 무이자 차용의 경우 2.17억 원까지가 증여세 없이 무이자로 빌릴 수 있는 최대치입니다. 하지만 자녀에게 직접 빌려주는 것이 아니라 자녀가 주주로 있는 가족법인에게 빌려준다면, 주주별 무이자 혜택이 1억 원 이상이 되어야 주주에게 증여세가 과세되기 때문에 훨씬 더 큰 금액 대여가 가능합니다. 여기서 자산가인 부모가 주의할 점은 부모의 자금이 이전되는 것이 아니고 빌려주는 것이기 때문에 상속재산에서 빠지는 것은 아니라는 점입니다.

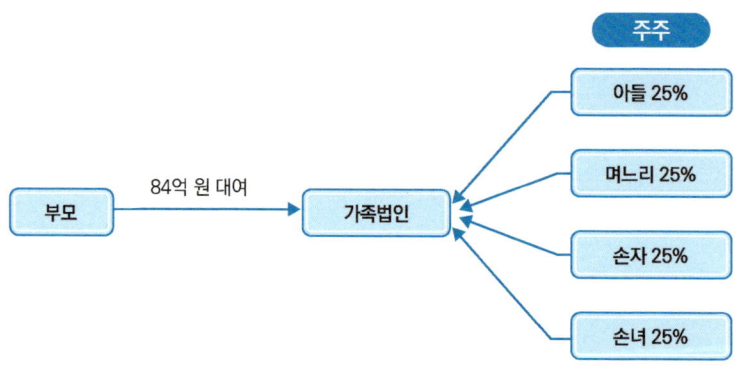

위 그림 예시 같은 구조에서 부모자금을 대여해 준다면 무이자로 약 84억 원을 빌려줘도 무이자에 대한 증여세가 과세되지 않습니다.

(주주 별 증여이익)
84억 원 × 4.6% × 25% = 96,600,000 < 1억 원 (증여세 과세 미달)

이때 가족법인에 84억 원을 빌려주는 것이지 증여하는 것이 아니기 때문에 법인세 발생은 없고 법인으로 투자나 사업을 해서 주주인 자녀의 자산 가치 상승을 위한 기회의 마중물로써 사용이 되는 것이 콘셉트입니다. 법인이 투자수익을 통해 이익잉여금이 쌓이면 주주에게 배당이 가능하고 주주들이 임·직원도 겸하고 있다면 급여로도 지급이 가능하기 때문에 법인이 투자 성과만 잘 낸다면, 자녀의 부도 같이 늘어나게 됩니다.

② 부동산(빌딩) 이전 플랜

대한민국의 부가 부동산에 쏠려있기 때문에 실무적으로 가족법인을 이용해서 부모의 빌딩을 이전하는 상담을 가장 많이 합니다. 부동산을 가족법인에 직접 증여하기도 하고 부모님의 부동산을 법인화하여 법인 주식으로 이전하기도 합니다. (현물출자 법인전환)

상가나 작은 사이즈의 건물이라면 가액이 높지 않아서 자녀법인에 직접 증여하기도 하지만, 가액이 높은 빌딩은 법인전환 후에 주식으로 이전하는 방법이 가장 절세효율이 좋습니다. 가족구성원과 물건의 종류 및 가액에 따라 법인세 효과와 이전 기간은 제각각이고 부모님 건강과 나이부터 가족 간 자산 이전의 형평성까지 각 가족마다 고려할 상황이 다 다르기 때문에 전부 맞춤형으로 진행된다고 보시면 되겠습니다. 다만 주의사항은 가액이 큰 건물은 10년 이상의 장기간이 걸릴 수도 있기 때문에 부모님의 건강과 나이가 늦지 않게 시작하셔야 합니다.

러프하게 100억 원 건물 이전하면 상속세(50%)로 납부 시 50억 원인데, 가족법인에 성공적으로 이전하여 법인세(20.9%)로 치환하면 약 20억 원입니다. 30억 원을 절세했다고 보면 효율이 엄청나지요? 물론 취득세나 용역 수수료 등을 감안해야겠지만, 그냥 방치 후에 상속했을 때의 부동산 물가상승과 물가 상승분에 대한 절반을 상속세로 낸다고 생각하면 미리내는 취득세와 용역수수료는 애교 수준일 겁니다. (취득세는 그냥 상속으로 받아도 내야 하는 것이라 이중부담은 아니나 가족법인에 이전 시 과표와 세율이 상속 때보다 높게 내긴 합니다)

강남 대치동의 10년간 지가 상승률 66% (자료 : 한국 부동산원 사이트)

시도	시군구명	읍면동	지가변동률	계산식	비고
서울특별시	강남구	대치동	66.001	2014-12-01 ~ 2014-12-31 : 0.246 2015-01-01 ~ 2015-12-31 : 3.176 2016-01-01 ~ 2016-12-31 : 3.831 2017-01-01 ~ 2017-12-31 : 4.273 2018-01-01 ~ 2018-12-31 : 8.103 2019-01-01 ~ 2019-12-31 : 7.170 2020-01-01 ~ 2020-12-31 : 7.081 2021-01-01 ~ 2021-12-31 : 6.174 2022-01-01 ~ 2022-12-31 : 3.766 2023-01-01 ~ 2023-12-31 : 1.521 2024-01-01 ~ 2024-12-31 : 4.691 2025-01-01 ~ 2025-05-31 : 1.634 2025-06-01 ~ 2025-07-07 : 0.407	(1 + 0.00246) * (1 + 0.03176) * (1 + 0.03831) * (1 + 0.04273) * (1 + 0.08103) * (1 + 0.07170) * (1 + 0.07081) * (1 + 0.06174) * (1 + 0.03766) * (1 + 0.01521) * (1 + 0.04691) * (1 + 0.01634) * (1 + 0.00341 * 37/31) ≒ 1.66001	

위 통계 상승률대로 100억 원 건물이 10년 뒤 166억 원이 되면 상속세 부담은 끔찍합니다. 지역이 강남이고 한창 부동산이 올랐던 시기라서 보수적으로 절반 상승률만 생각해도 133억 원이 됩니다. 미래에 대한 세금 부담 생각하면 괜히 공포심리 조장한다고 생각할 수도 있습니다. 실제 상담 드릴 때 물가 상승분 세금 말씀드리면, "에이... 미래는 와봐야 알지..." 이런 반응이 대부분입니다. 그런데, 10년 전 아파트 가격 오르기 전 생각해 보시면 그 당시는 상속세 언급이 지금처럼 많이 되지도 않았었습니다. 물가가 오른 지금은 집 1채만 있어도 상속세 낸다고 난리지요? 가정 치가 현실이 되고 있다는 겁니다. 방치했다가 거대해진 상속세 폭탄은 부모님이 아닌 자녀가 다 받아내야 하는 겁니다.

이 컨설팅의 고려 사항은 유동성이 있어야 한다는 것입니다. 자산이 현금 없이 부동산만으로 되어 있는 분들은 일부를 처분해서 현금을 만들어야 실행이 가능합니다. 왜냐하면 콘셉트 자체가 미래 상속 때 일시에 낼 고율의 상속세(50%)를 법인에 부동산을 미리 이전함으로써 낮은 법인세율(20.9%)로 세금을 먼저 내는 것이기 때문입니다.

앞서 컨설팅 필요성과 절세효율을 이해하셔도 당장 유동성이 없는 경우는 실행이 어렵다고 말씀드렸는데, 특히 건물가액이 크고 자산의 비중이 건물이 대부분 경우가 많았기 때문에 막상 하고 싶어도 유동성 때문에 실행 못 한 분들이 많아서 언급 드린 겁니다. 법인세율도 20.9%로 상속·증여세 최고세율 50% 보다는 훨씬 낮지만, 막상 세금을 내려 하면 금액이 적지 않습니다. 100억 원 건물을 이전 시 법인세 약 20억 원을 10년에 걸쳐 이전한다고 하면, 매년 2억 원씩 법인세로 미리 내게 됩니다. 또한 현물출자 법인전환의 경우 법인세 외에도 전체 빌딩에 대한 취득세를 법인전환 하자마자 내야 합니다. 이게 현물출자 법인전환 컨설팅의 허들이자 단점입니다. 하지만 자산이 최종적으로 가족법인에 이전되었을 때의 상속세 대비 절세효과는 현물출자 법인전환이 앞의 단순 예시(100억 원 건물, 30억 원 절세) 이상으로 가장 뛰어납니다. 가족법인 부동산 이전에 대한 자세한 설명은 저자의 '부동산 가족법인 절세의 모든 것' 단행본을 참고하시기 바랍니다.

실제 고객분들 상담 시 절세효과만 보면 가족법인 컨설팅을 안 할 이유가 없을 정도로 좋다는 건 이해하십니다. 하지만 자산을 이전해주는 부모님의 심리적인 부담감이 동시에 존재합니다. 왜냐하면 부모님 입장에서 이득 보는 부분은 건물 넘기면서 임대수입의 축소로 소득세 및 건강보험료 절감 정도이고 자녀에게 자산을 주기 위해 현금만 계속 나가기 때문입니다. 상속세 절세효과는 당장 내 손에 쥐어지지 않는 내가 죽고 난 뒤의 미래 자녀가 보는 것이고, 내가 가진 자산이 불어나는 것도 아니고, 미래에 낼 상속세를 할인가로 당겨서 미리 매년 내야 하고, 전문가들의 용역 수수료도 비싸기 때문입니다. 이러니 절세효율과 자녀를 위한 것이라는 걸 머리로는 알겠는데, 막상 마음이 잘 움직여지지 않는 것입니다. 하지만 용단을 내리고 실행하셔야 합니다. 마음이 움직이지 않는다고 지지부진하다가 시간만 지나고, 부동산 가격은 계속 상승하고, 그러면 아예 손 놓게 됩니다. 그 결과 상속세 폭탄은 자녀가 받고, 건물 제값도 못 받고 급매에 팔아서 세금 내기 바쁩니다.

③ 주택(아파트)은 가족법인 이전대상에 적합하지 않습니다

법인이 주택을 취득하면 세제적인 이득보다는 패널티가 더 많습니다. 매년 내야 하는 법인 종합부동산세는 가히 살인적입니다. 개인과 달리 공제 금액이 0이기 때문에 세액이 매우 높고 거기다 농어촌특별세가 종합부동산세의 20%로 추가되어 나옵니다.

또한 주택을 매각하면 법인세 외에 추가적으로 '토지 등 양도소득에 대한 법인세'라 하여 법인세를 내는데도 이중으로 부담되는 부분이 있습니다. 주택 매각 차익의 20%를 내야 하는데, 비용공제 되는 것도 없이 매각가에서 취득 장부가액 뺀 것에 20%를 적용하기 때문에 주택 상승이 커도 세금 다 내면 남는 게 실질적으로 없습니다. 오래 보유하면 종합부동산세 때문에 오히려 마이너스일 수도 있습니다.

그렇기 때문에 가족법인을 활용한 자산 승계플랜을 생각하신다면 부동산 중에 주택은 제외하고 토지와 상가건물만 고려하셔야 합니다. 만약 상가주택 같은 경우라면 상가부분만 구분하여 이전하는 방법도 있기 때문에 상담을 받아보시기 바랍니다.

Chapter 2

국경을 넘는 자산가들

– 해외 이민과 투자의 새로운 비전

1 싱가포르, 두바이로 떠나는 사람들

세계의 부호들이 모여드는 도시, 싱가포르와 두바이. 이들은 단순히 화려한 마천루와 고급 인프라에 매료되어 이주하는 것이 아닙니다. 이 두 도시는 '세금 천국'이라는 명성과 함께 개인 자산가들에게 새로운 자산 관리의 패러다임을 제시하고 있습니다. 상속세, 증여세, 양도소득세 등 복잡한 세금 문제에서 벗어나 합법적으로 자산을 보호하고 증식하려는 자산가들에게 싱가포르와 두바이는 매력적인 탈출구로 여겨집니다. 아래 기사에서 보듯이 한국의 자산가들 중에서도 초고율 상속·증여세 때문에 한국을 떠나겠다는 사람들이 늘고 있습니다.

[단독] 韓 떠난 슈퍼리치 80% "상속·증여세 해결하고 다시 돌아올 것"

민경진 기자 ☆　허란 기자 ☆　민지혜 기자 ☆

입력 2024.10.21 18:01　수정 2024.11.14 20:25　지면 A3　　　가 가

초고율 상속·증여세가 낳은 '新풍속도'

"세율 30%만 됐어도 안 떠나"
싱가포르선 패밀리오피스 설립
稅혜택 많은 홍콩·UAE도 인기

韓, 역이민 심사 까다롭지 않아
10년 해외 머물면 脫 회피 가능
"엑소더스 막을 상속세 개편 시급"

..........중략

현금 1,200억 원을 보유한 은퇴 자산가 A씨(65)는 올봄부터 싱가포르 이민을 준비 중이다. 2년 전 아들에게 중소기업을 물려주려다가 세금 부담에 포기하고 사모펀드(PEF)에 매각했다. 한국 상속세를 감당하기 어렵다고 판단한 A씨는 세금도 싸고 살기도 좋은 싱가포르를 택했다. 그는 "회사를 운영하면서 세금을 꼬박꼬박 다 냈는데 평생 힘들게 번 돈을 내가 왜 절반이나 세금으로 내야 하느냐"고 반문했다.

세계 최고 수준의 상속·증여세율을 피해 한국을 떠나는 자산가의 '탈한국' 행렬이 이어지고 있다. 주목할 점은 이들 중 상당수가 '역이민'을 계획하고 있다는 것이다. 상속·증여세가 없거나 낮은 해외로 이민을 가 자녀에게 재산을 증여한 뒤 다시 한국으로 돌아오는 계획을 잡고 있는 사례가 대다수다........

28

28　https://www.hankyung.com/article/2024102195021

이 책은 절세 비법을 알려주는 안내서는 아닙니다. 지난 수십 년간 고액 자산가들이 직면한 상속세와 증여세라는 거대한 장벽을 넘기 위해 온갖 시도를 해보는 과정에서 장벽을 지키는 국세청과 싸워온 흔적을 일부 복기한 책입니다. 복기한 과세 사례들을 보면서 자산가들은 앞으로 어떻게 나아가야 할까에 대해 고민해 보고 전략을 짜야 합니다.

"당신에게 진정으로 필요한 것은 '공격적인 절세'입니까, 아니면 '리스크 관리'입니까?"

수많은 자산가들을 만나면서 저는 한 가지 공통점을 발견했습니다. 바로 '세금을 적게 내는 것'에만 집중하다가, 그보다 훨씬 더 큰 '위험'에 노출된다는 사실입니다. 많은 자산가들이 편법 증여, 자금출처 위장 등의 꼼수를 시도해 보지만, 이는 결국 국세청의 치밀한 감시망에 포착되어 추징 세금과 가산세라는 쓰디쓴 대가를 치르게 됩니다. 심지어 막대한 세금 추징보다 더 큰 것은 바로 기업의 이미지 실추, 가족 구성원 간의 갈등, 그리고 정신적인 고통입니다.

국세청은 금융정보분석원(FIU), 국토교통부, 서울시 등 유관기관 및 지자체의 정보공유와 공조 그리고 빅데이터, 인공지능(AI)까지 활용하지만 이러한 이주가 모든 세금 문제를 해결해 주는 '만능 해결책'은 아닙니다. 대한민국 국세청의 눈은 국경을 넘어설 만큼 날카로워졌고, 이주 후에도 국내 자산과 상속 계획에 대한 문제는 여전히 남아있습니다.

* 이민이 가능한 유형 : 국내 재산 청산과 거주자 이슈

한국의 증여세 없이 자산을 자녀에게 증여해주려면, 증여자와 수증자가 모두 비거주자이어야 하고 증여재산도 해외재산이어야 합니다. 따라서 국내 재산을 다 정리하고 해외로 아예 이민을 간 후에 모두 비거주자가 되고 거기서 자산을 증여해주는 것이 가장 심플한 방법인데, 사실 삶의 터전을 옮긴다는 게 쉬운 일이 아닙니다. 특히나 자산을 이전해주려는 부모는 나이도 많고 외국의 삶이 익숙하지 않은 분들도 많은데 아예 비거주자가 될 정도로 늦은 나이에 이민을 가겠다는 건 고통이 될 수도 있습니다.

위 기사의 자산가 A씨처럼 기업을 매각해 국내 자산이 모두 유동화되어있고 해외 나가서 사는 것이 거부감이 없다면, 해외증여 플랜이 가능할 것입니다. 하지만 대다수는 재산을 국내 부동산으로 가진 분들이 많고 해외에서 일부만 증여하고 다시 역이민하여 국내로 돌아와 여생을 보내고 싶어합니다. 이런 경우는 국내 자산상태를 보아 거주자로 판단한다는 내용도 있기 때문에 신중해야 합니다. 만약 부동산 등 국내 재산 상황을 종합적으로 판단하여 이민을 갔어도 거주자로 본다면, 해외에서 비거주자 자녀에게 해외자산을 증여하더라도 거주자가 비거주

자에게 해외재산을 증여하는 때의 증여세 납세의무는 거주자인 증여자에게 있습니다. 따라서 이민 해외증여 플랜이 당연히 가능하다고 말하기는 쉽지 않습니다.

📚 국제조세조정에 관한 법률

제35조 [국외 증여에 대한 증여세 과세특례]

① 이 절에서 사용하는 용어의 뜻은 다음과 같다. (2020.12.22. 개정)

1. "거주자"란 「상속세 및 증여세법」 제2조 제8호에 따른 거주자를 말하며, 본점이나 주된 사무소의 소재지가 국내에 있는 비영리법인을 포함한다. (2020.12.22. 개정)

2. "비거주자"란 「상속세 및 증여세법」 제2조 제8호에 따른 비거주자를 말하며, 본점이나 주된 사무소의 소재지가 국내에 없는 비영리법인을 포함한다. (2020.12.22. 개정)

② 거주자가 비거주자에게 국외에 있는 재산을 증여(증여자의 사망으로 효력이 발생하는 증여는 제외한다)하는 경우 그 증여자는 이 법에 따라 증여세를 납부할 의무가 있다. (2020.12.22. 개정)

📚 소득세법

제1조의2 [정의]

* 관련 집행기준 : 1의2-2-1 [거주자와 비거주자의 구분]

① 거주자란 국내에 주소를 두거나 183일 이상 거소를 둔 개인을 말하며 비거주자는 거주자가 아닌 자를 말하는 것으로 국적이나 외국영주권 취득 여부와는 관련이 없으며 거주기간, 직업, 국내에 생계를 같이하는 가족 및 국내 소재 자산의 유무 등 생활관계의 객관적인 사실에 따라 다음과 같이 구분한다.

국내에 주소를 가진 것으로 보는 경우	국내에 주소가 없는 것으로 보는 경우
• 계속하여 183일 이상 「국내」에 거주할 것을 통상 필요로 하는 직업을 가진 때	
• 국내에 생계를 같이 하는 가족이 있고 또 그 직업 및 자산상태에 비추어 계속하여 183일 이상 국내에 거주할 것으로 인정되는 때	• 외국국적을 가졌거나 영주권을 얻은 자가 국내에 생계를 같이 하는 가족이 없고 그 직업 및 자산상태에 비추어 다시 입국하여 주로 국내에 거주하리라고 인정되지 아니하는 때
• 외항선박 또는 항공기의 승무원의 경우 생계를 같이하는 가족이 거주하는 장소 또는 그 승무원이 근무기간 외의 기간 중 통상 체재하는 장소가 「국내」에 있는 때는 주소가 국내에 있는 것으로 보고, 그 장소가 「국외」에 있는 때에는 주소가 국외에 있는 것으로 봄	

② 제1항을 적용함에 있어 계속하여 <u>183일 이상 국외에 거주할 것을 통상 필요로 하는 직업을 가지고 출국하거나, 국외에서 직업을 갖고 183일 이상 계속하여 거주하는 때에도 국내에 가족 및 자산의 유무 등과 관련하여 생활의 근거가 국내에 있는 것으로 보는 때에는 거주자로 본다.</u>

* 1의2-2의2-1 [거주자 또는 비거수자가 되는 시기]

비거주자가 거주자로 되는 시기
• 국내에 주소를 둔 날
• 국내에 주소를 가지거나 국내에 주소가 있는 것으로 보는 사유가 발생한 날
• 국내에 거소를 둔 기간이 183일이 되는 날

거주자가 비거주자로 되는 시기
• 거주자가 주소 또는 거소의 국외이전을 위하여 출국하는 날의 다음날
• 국내에 주소가 없거나 국외에 주소가 있는 것으로 보는 사유가 발생한 날의 다음날

3-0-2 [거주자·비거주자의 상속세 적용 차이]

구분		거주자	비거주자
신고기한		상속개시일이 속하는 달의 말일부터 6개월 이내	(피상속인이나 상속인이 외국에 주소를 둔 경우) 상속개시일이 속하는 달의 말일부터 9개월 이내
과세대상재산		국내 외의 모든 상속재산	국내에 소재한 상속재산
공제금액	공과금	상속개실일 현재 피상속인이 납부하여야 할 공과금으로서 납부되지 않은 금액	국내 소재 상속재산에 대한 공과금, 국내 사업장의 사업상 공과금
	장례비용	피상속인의 장례비용	공제 안됨
	채무	모든 채무 공제	국내 소재 상속재산을 목적으로 유치권·질권·저당권으로 담보된 채무, 국내 사업장의 사업상 채무
과세표준계산	기초공제	공제	공제
	가업상속공제	공제	공제 안됨
	영농상속공제	공제	공제 안됨
	기타인적공제	공제	공제 안됨
	일괄공제	공제	공제 안됨
	배우자공제	공제	공제 안됨
	금융재산상속공제	공제	공제 안됨
	재해손실상속공제	공제	공제 안됨
	동거주택상속공제	공제	공제 안됨
	감정평가수수료공제	공제	공제

서울고법 2021누66649(2022.12.23.)

피상속인의 객관적 생활관계에 비추어 해외이주 후에도 국내에 주소를 둔 거주자로 봄이 타당하고, 상속개시일 현재 피상속인 명의 재산은 상속재산으로 보아야 하고, 사전증여되었다고 볼 객관적 근거가 없음

- 판단 부분 발췌 -

⑤ 피상속인은 캐나다 출국 이후에도 케DDD을 유지하다가 2014.10.X. 폐업신고를 하였고, 2014.11.X. 케DDD의 소재지인 서울 ○○구 ○○동 XXX 토지 및 건물을 처분하였다. 또한 피상속인은 2011.7.XX.부터 국내에서 부동산 임대업체를 설립하여 운영하기도 하였다. 피상속인이 캐나다 과세관청에 신고한 2013년 귀속 소득은 이자소득 3,000 캐나다달러가 전부이고, 캐나다에서 별다른 직업을 갖거나 소득활동을 하지는 않은 것으로 보인다. 피상속인은 2010.12.경부터 5,000,000,000원 상당의 국내 부동산을 취득하였고, 사망 시까지 10,000,000,000원 상당의 국내 부동산을 처분하였으며, 피상속인은 사망 당시 국내에만 부동산을 소유하고 있었다. 위와 같은 피상속인의 경제활동 및 자산 보유 현황에 비추어 볼 때, 피상속인이 보유한 재산의 주된 관리장소는 대한민국으로 보는 것이 타당하고, 피상속인은 자산의 관리·처분 및 직업 활동을 위해 183일 이상 국내에 머물러야 할 필요가 있다고 평가할 수 있다.

비거주자 이슈와 관련해서 법원의 판단을 보면 단순히 183일로 거주성을 따지는 것이 아니고 가족과의 관계, 직업, 소득, 재산 등 여러 요소들로 종합적인 판단을 합니다. 개개인 별로 처한 상황이 다 다를 것이고 혹시라도 거주성 판단에 걸리는 요소가 하나라도 있으면, 국세청은 과세 가능성의 요건을 끈질기게 잡고 놓지 않습니다. 따라서 깔끔하게 국내 재산을 전부 정리하고 이민가서 실행하면 모를까 다시 한국 돌아올 것을 염두에 두고 국내에 부동산 자산 등을 관리하고 있는 상황이라면 단순 판단이 쉽지 않습니다.

또 다음과 같은 쟁점도 있습니다. 해외 이민가서 자녀와 같이 비거주자가 되어 해외 예금 등 해외자산을 증여해주고 역이민으로 다시 부모가 국내에 돌아와 상속이 개시되었을 때 10년 내 사전증여 합산 재산에 해외에서 증여해준 것도 합산을 하여야 할까요? 아래 기재부 예규를 보면 사전증여한 재산이 과세제외 대상이라면 합산 안 되는 것으로 되어있는데, 과거의 국세청 예규는 똑같은 증여세 과세제외 상황인데도 합산한다고 되어 있습니다. 예규가 아직 정비되지 않은 것으로 보이는데, 일관성 있는 해석이 필요하겠습니다.

혹시라도 만약 과거 국세청 예규를 근거로 조사팀이 과세시도를 할지 걱정된다면, 기재부 예규를 근거로 세법해석 사전답변제도[29]를 이용해 보는 것도 좋은 시도입니다.

---

29 **국세청 법령사무처리규정**
제2조 [정의] 10. "세법해석 사전답변"이란 신청인이 본인의 특정한 거래 또는 행위에 관한 세법해석과 관련하여 실명과 구체적인 사실관계 등을 기재한 신청서를 법정신고기한 전에 제출하는 경우 국세청장이 명확히 답변하는 것을 말한다.

[질의]

(사실관계)

□ 피상속인 甲은 재외국민으로서 종전에는 비거주자*였으나 2017.1.18.부터 국내에 상시거주하다가 2017.12.7. 사망

* 매달 1회 1주일 본인 소유 서울 주택 소재

ㅇ 甲은 비거주자 상태에서 2015.10.10. 일본 소재 대지를 비거주자인 상속인 (증여 당시 수증자) 乙, 丙에게 증여

(질의내용)

□ 상속개시일 당시 거주자인 피상속인이 비거주자 상태에서 비거주자인 상속인 에게 국외재산을 증여*한 경우 해당 증여재산의 상속세 과세가액 포함 여부

* 증여세 과세대상에 해당하지 않음

 - (1안) 상속세 과세가액에 포함

 - (2안) 상속세 과세가액에 포함하지 않음

[회신]

피상속인이 증여 당시 「상속세 및 증여세법」 제2조 제8호에 따른 비거주자로서 국외에 있는 재산을 비거주자인 상속인에게 증여하고 거주자가 된 후 사망한 경우, 같은 법 제13조 제1항을 적용할 때 해당 증여재산은 상속세 과세가액에 가산되지 않는 것입니다.

[질의]

(사실관계)

- 비거주자인 상태에서 父가 국외재산을 비거주자인 자녀에게 증여함
- 증여 이후 父는 신병의 치료목적으로 국내에 입국하였다가 거주자인 상태에서 사망하여 상속이 개시됨
- 상속세 및 증여세법 제13조 제1항에 따르면, 거주자인 피상속인의 경우 상속개시일 전 10년 이내에 피상속인이 상속인에게 증여한 재산가액은 상속세 과세가액에 가산하도록 규정하고 있음

(질의내용)

- 위와 같은 경우 국외재산의 증여재산가액을 상속세 과세가액에 가산하여야 하는지 여부를 질의함

<갑설>

당해 국외재산의 증여재산가액은 상속세 과세가액에 가산하지 아니함

- 일정 기간 내의 증여재산가액을 상속세 과세가액에 가산하는 입법취지는 상속세의 누진세율 적용을 회피하기 위하여 분할증여하는 것을 규제하기 위한 목적이므로 본 질의의 경우와 같이 우리나라에서 과세되지 아니하는 비거주자 간의 국외재산 중여는 피상속인이 거주자인 상태에서 상속이 개시되었다고 할지라도 상속세 과세가액에 가산할 수 없음

<을설>

당해 국외재산의 증여재산가액은 상속세 과세가액에 가산함

- 피상속인이 거주자인 경우 상속개시일 전 10년 이내에 상속인에게 증여한 재산가액은 상속세 과세가액에 가산하며, 여기서 "재산가액"에는 국내소재 재산만을 규정하고 있지 아니하므로 당연히 국외재산의 증여가액도 상속세과세가액에 가산되어야 함

[회신]

귀 질의의 경우 「상속세 및 증여세법」 제13조 제1항에 따라 상속세 과세가액에 가산하는 재산가액이라 함은 상속개시일 현재 거주자인 피상속인이 상속개시일 전 10년 이내에 상속인에게 증여한 국내·외 모든 재산가액을 말하는 것입니다.

2 해외투자를 선호하는 자산가들 : 미국 부동산 투자와 LLC 설립

한국의 많은 자산가들은 국내 부동산과 금융 시장의 한계에 부딪히면서 새로운 투자처를 찾고 있습니다. 특히 미국은 전 세계에서 가장 안정적이고 역동적인 시장 중 하나로 손꼽히며, 자산가들의 주요 투자처가 되고 있습니다. 미국 부동산은 단순히 임대수익을 넘어, 장기적인 자산가치 상승을 기대할 수 있다는 점에서 매력적입니다. 특히 환율 변동에 대한 헤지(Hedge) 효과와 함께, 안정적인 달러 베이스 자산을 축적할 수 있다는 점은 불확실한 시장 상황에서 자산 포트폴리오의 안정성을 높이는 중요한 요소입니다.

국내 자산가들이 미국 부동산 구입을 할 때, 미영주권자가 아닌 이상 미국에 계좌 개설부터 힘듭니다. 그래서 가장 많이 하는 방식은 미국 내에 유한책임회사(Limited Liability Company)라 해서 LLC를 설립하고 미국회사의 계좌를 열고 미국 부동산을 구매하게 됩니다. LLC는 법인격이 있으면서도 세법상으로 개인 과세방식과 법인 과세방식을 선택할 수 있는 유리한 옵션이 있습니다.

이렇게 LLC를 미국에 설립하여 미국 부동산을 취득하면, 국내에서도 의무사항들이 생깁니다. 크게 외국환거래법상의 의무와 세법상의 의무로 구분되는데, 세법은 다시 한국 세법과 미국 세법 부분으로 나누어집니다. 투자는 했는데 매년 이러한 사후관리가 안 되어서 곤란해하시는 자산가들이 많습니다. 왜냐하면 외국환거래법은 은행에서 주로 다루고 국내 세법은 한국세무사, 미국 세법은 미국 세무사가 담당하니

통합해서 아는 전문가도 거의 없고 각각 업무를 의뢰하기도 번거롭기 때문입니다. 업무 의뢰를 하려면, 어떤한 의무사항들을 지켜야 하는지를 먼저 아는 것이 중요한데, 의무사항과 주의점들을 간단히 소개해 보겠습니다.

① 외국환거래법상 의무

LLC설립은 미국에 출자하여 현지법인을 만드는 것이고 보통 100% 가족끼리 투자하므로 외국환거래법상 '해외직접투자'에 해당됩니다. 해외직접투자의 '외국환거래법'상 보고의무 및 사후관리는 단계별로 있고 신규(증액)신고 의무를 가장 처음 하게 되는데 외국환은행장에게 출자 전 신고합니다. 여기서 주의사항은 LLC의 지분율이 변동되어 처음과 달라지면 변경보고의무가 있다는 것입니다. LLC의 부모지분을 자녀에게 이전하거나, LLC가 현지에서 자회사 및 손자회사 설립, 증액, 청산하는 경우는 변경보고를 잊지 말고 하셔야 합니다.

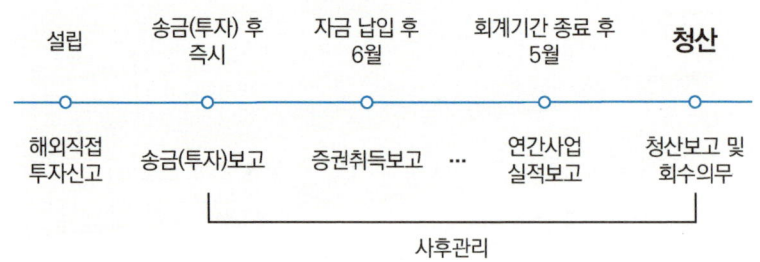

〈해외직접투자〉

가장 신경 써야 하는 것은 사후보고의무인데, LLC 지분투자 규모별로 사후보고의무에서도 차이가 있습니다. 특히 지분투자가 미화 100~200만불 시는 '투자현황표', 지분투자 200만불 초과 시는 '연간사업실적보고'를 매년 제출해야 합니다. 세무신고도 아닌데 외국환거래법상 매년 신고해야 하는 것이 있다는 걸 주의하셔야겠습니다.

〈투자규모별 신고 등 의무〉

구분	미화 100만불 이하	미화 100~200만불	미화 200만불 초과
신고의무	사전신고	사전신고	사전신고
보고의무	① 증권취득보고 ② (면제) ③ 청산보고	① 증권취득보고 ② 투자현황표 ③ 청산보고	① 증권취득보고 ② 연간사업실적보고 ③ 청산보고
회계감사	회계감사 불요	회계감사 불요	회계감사보고서 또는 세무보고서 제출
회수의무	청산 즉시 잔여재산 회수	청산 즉시 잔여재산 회수	청산 즉시 잔여재산 회수

② 세법상 의무

국내 세법상으로는 세 가지를 해야 하는데 개인(법인) 소득세 신고, 해외 금융계좌 신고, 해외현지법인명세서 제출입니다. 여기서 LLC 투자 시 국내의 소득세 신고는 특히 주의가 필요합니다. 미국에서 LLC 소득에 대한 납세의무가 LLC의 pass-through 선택을 하느냐 안 하느냐에 따라 달라집니다.

* **pass-through를 안 할 경우** : 미국에서 우선 LLC의 법인세를 내고(미국 세법상 의무) 다시 배당으로 국내 주주에게 소득을 분배할 때 배당소득으

로 과세가 한 번 더 이루어지는 단계를 거칩니다. 투자이익(배당) 수령 시 국내 소득세에 반영을 해야 하는데, 주의할 점은 연간 금융소득이 2천만 원 이하여도 국내에서 원천징수 되지 않은 국외금융소득은 무조건 거주자의 다른 소득과 합산하여 종합소득세 확정신고를 한다는 점입니다.

법인-789(2010.8.25.)

내국법인이 미국의 유한책임회사(Limited Liability Company)에 투자하여 발생한 소득은 배당소득으로서, 「법인세법 시행령」 제70조 제2항에 따라 「소득세법 시행령」 제46조에 따른 수입시기에 해당하는 날이 속하는 사업연도에 수익을 인식하는 것임(법규과-1285, 2010.8.10.).

---

* **LLC가 pass-through인 경우 주의사항** : LLC로 부동산 임대수입 발생 시 지분 소유주인 멤버(국내 주주이자 투자자)가 미국에 소득신고 의무가 있다는 것을 아셔야 합니다. 우선 LLC의 주주 구성원인 한국 거주자 또는 내국법인이 LLC의 소득에 대해 미국에서 소득세 또는 법인세를 납부해야 합니다. (미국 세법상 의무)

국내 거주자 또는 내국법인은 전세계 소득에 대해 합산해서 국내 소득신고를 해야 하므로 해외소득인 LLC 소득에 대해서도 국내 과세관청에 합산하여 신고를 해야 합니다. 이때 미국에서 납부한 소득세 또는 법인세가 있다면 외국납부세액공제가 가능하지만, '국외투과단체 과세특례' 신청 유무에 따라 국내 세무 이슈 발생됩니다.

제34조의2 [국외투과단체에 귀속되는 소득에 관한 과세특례] (2022.12.31 신설)

① 이 조에서 "국외투과단체"란 다음 각 호의 요건을 모두 충족하는 단체를 말한다. (2022.12.31. 신설)

1. 「법인세법」 제2조 제3호의 외국법인, 같은 법 제93조의2의 국외투자기구 또는 「국세기본법」 제13조 제1항에 따른 법인 아닌 단체와 유사한 단체로서 국외에서 설립된 단체(이하 이 항에서 "외국법인등"이라 한다)일 것 (2022.12.31. 신설)

2. 외국법인 등이 설립되었거나 외국법인 등의 본점 또는 주사무소가 소재하는 국가의 세법에 따라 그 외국법인 등의 소득에 대하여 해당 외국법인 등이 아닌 외국법인 등의 주주, 출자자 또는 수익자(이하 이 조에서 "출자자 등"이라 한다)가 직접 납세의무를 부담할 것 (2022.12.31. 신설)

② 국외투과단체의 출자자 등에 해당하는 대통령령으로 정하는 거주자 또는 내국법인이 제3항에 따라 이 조에서 규정하는 과세특례(이하 "국외투과단체 과세특례"라 한다)의 적용 신청을 한 경우 국외투과단체에 귀속되는 소득은 그 출자자 등에게 귀속되는 소득으로 보아 「소득세법」 또는 「법인세법」을 적용한다. (2022.12.31. 신설)

쉽게 안내해드리면 LLC를 pass-through로 선택하셨다면, 국내에서도 '국외투과단체 과세특례'를 신청하시면 되겠습니다. 만약 LLC가 여러 개인 경우 각각에 대해 신청서를 제출해야 하고, 적용받으려는 최초의 과세연도에 대해 신청서 작성하여 세무서에 제출하면 됩니다.

국외투과단체과세특례 적용 · 적용제외 신청서

※ 뒤쪽의 작성방법을 읽고 작성하시기 바라며, 색상이 어두운 칸은 신고인이 작성하지 않습니다. (앞쪽)

접수번호	접수일시		처리기간	즉시(5일)

거주자 또는 내국법인	① 성명(법인명)	② 주민등록번호(사업자등록번호)
	③ 대표자 성명	④ 생년월일
	⑤ 주소 또는 본점 소재지 (전화번호:　　　　　)	
	⑥ 업태	⑦ 종목

국외투과단체과세특례를 최초로 적용받으려는 과세연도	년 　월 　일 ~ 　　년 　월 　일

1. 국외투과단체과세특례를 신청하는 국외투과단체 명세

⑧단체명	⑨단체 구분	⑨-1투과 요건 구분	⑩현지 납세자번호	⑪ 설립지	⑫ 설립일	⑬주소	⑭지분율 또는 출자비율(%)

* **해외 금융계좌 신고** : 해외 금융계좌를 보유한 거주자 및 내국법인은 해당 연도 매월 말일 중 어느 하루라도 모든 해외 금융계좌 내 현금, 주식, 가상자산 등 잔액을 합산한 금액이 5억 원을 초과할 경우 그 다음 연도 6월 1일부터 30일까지 신고해야 합니다. 과거에 신고했어도 전년 해외 금융계좌 잔액이 5억 원을 넘은 경우라면, 다시 신고해야 함을 유의하셔야 합니다.

여기서 LLC는 나와 별개의 법인인데 해외계좌신고가 왜 필요한가 하고 의문일 수 있습니다. LLC를 자산가 가족들이 실질적으로 지배하는 것이기 때문에 세법에서는 해외 금융계좌의 실질적 소유자라 하여 계좌 명의가 달라도 신고의무를 부여하고 있습니다.

290 | 상속·증여 세무조사, 국세청의 시나리오를 읽어라!

Q 조세조약 체결국에 소재한 외국법인의 지분을 100% 보유한 내국법인(또는 거주자)은 그 외국법인 계좌를 신고하지 않아도 되나요?

A 「국제조세조정에 관한 법률 시행령」 제94조 제1항 및 제2항에 따라 사실상 관리하는 계좌에 해당하는 경우에는 지분율 및 조세조약 체결 여부 등과 무관하게 신고대상입니다.

 ## 국제조세조정에 관한 법률 시행령

제94조 [해외 금융계좌의 실질적 소유자]

① 법 제53조 제2항 제1호에 따른 실질적 소유자란 해당 계좌의 명의와는 관계없이 해당 해외 금융계좌와 관련한 거래에서 경제적 위험을 부담하거나 이자·배당 등의 수익을 받거나 해당 계좌를 처분할 권한을 가지는 등 해당 계좌를 사실상 관리하는 자를 말한다. (2021.2.17. 개정)

② 제1항을 적용할 때 내국인이 외국법인의 의결권 있는 주식의 100퍼센트를 직접 또는 간접으로 소유(내국인과 「국세기본법」 제2조 제20호 가목 또는 나목의 관계에 있는 자가 직접 또는 간접으로 소유한 주식을 포함한다)한 경우에는 그 내국인을 실질적 소유자에 포함한다. 다만, 해당 외국법인이 우리나라와 조세조약을 체결하고 시행하는 국가에 소재하는 경우에는 그렇지 않다. (2021.2.17. 개정)

* **해외현지법인 명세서 :** 「외국환거래법」 제3조 제1항 제18호에 따른 해외직접투자를 한 경우 해외주식 취득·보유·처분단계에서 각각 아래의 해외현지법인 명세서 등을 다음 해 6월까지 주소지 관할 세무서장에게 제출의무有

서식명	제출요건
① 해외현지법인 명세서	• 「외국환거래법」 제3조 제1항 제18호 가목의 해외직접투자를 한 경우
② 해외현지법인 재무상황표	• ① 해당 & 다음 요건에 해당하는 해외직접투자를 한 경우 ⓐ 지분율 10% 이상 & 투자금액 1억 원 이상인 경우 ⓑ 직·간접 지분율 10% 이상 & 피투자법인과 특수관계에 있는 경우
③ 손실거래 명세서	• ②-ⓑ 해당 & 단일 사업연도 거래 건별 10억 원 이상 손실금액이 발생하거나, 최초 손실발생 후 5년간 누적 손실금액이 20억 원 이상인 경우
④ 해외영업소 설치현황표	• 「외국환거래법」 제3조 제1항 제18호 나목의 해외직접투자를 한 경우

국제조세조정에 관한 법률

제58조 [해외현지법인 등에 대한 자료 제출의무]

① 「외국환거래법」 제3조 제1항 제18호에 따른 해외직접투자(이하 이 항에서 "해외직접투자"라 한다)를 한 거주자(「소득세법」 제3조 제1항 단서에 따른 외국인 거주자는 제외한다. 이하 이 절에서 같다) 또는 내국법인은 「소득세법」에 따른 과세기간 또는 「법인세법」에 따른 사업연도 종료일이 속하는 달의 말일부터 6개월 이내에 다음 각 호의 자료(이하 "해외직접투자명세등"이라 한다)를 대통령령으로 정하는 바에 따라 납세지 관할 세무서장에게 제출하여야 한다. 「소득세법」에 따른 과세기간 또는 「법인세법」에 따른 사업연도 중 해외직접투자를 받은 외국법인의 주식 또는 출자지분을 양도하거나 해외직접투자를 받은 외국법인이 청산하여 해외직접투자에 해당하지 아니하게 되는 경우에도 또한 같다. (2022.12.31. 개정)

1. 해외직접투자의 명세 (2020.12.22. 개정)

2. 해외직접투자를 받은 외국법인의 재무 상황(해외직접투자를 받은 외국법인이 투자한 외국법인의 재무 상황을 포함한다) (2020.12.22. 개정)

3. 해외직접투자를 한 거주자 또는 내국법인의 손실거래(해외직접투자를 받은 외국법인과의 거래에서 발생한 손실거래로 한정한다) (2020.12.22. 개정)

4. 해외직접투자를 받은 외국법인의 손실거래(해외직접투자를 한 내국법인과의 거래에서 발생한 손실거래는 제외한다) (2020.12.22. 개정)

5. 해외 영업소의 설치 현황 (2020.12.22. 개정)

6. 그 밖에 해외직접투자와 관련하여 대통령령으로 정하는 자료 (2021.12.21. 개정)

📚 국제조세조정에 관한 법률

제91조 [해외현지법인 등의 자료 제출의무 불이행 등에 대한 과태료]
(2022.12.31. 조번개정)

① 제58조 제1항에 따라 해외직접투자명세 등의 자료 제출의무가 있는 거주자 또는 내국법인(같은 항 제1호부터 제4호까지의 규정에 따른 자료는 「외국환거래법」 제3조 제1항 제18호에 따른 해외직접투자를 한 거주자 또는 내국법인이 해외직접투자를 받은 법인의 발행주식 총수 또는 출자총액의 10퍼센트 이상을 직접 또는 간접으로 소유한 경우만 해당한다)이 다음 각 호의 어느 하나에 해당하는 경우 그 거주자 또는 그 내국법인에는 5천만 원 이하의 과태료를 부과한다. 다만, 제58조 제1항 또는 제6항에 따른 기한까지 자료 제출이 불가능하다고 인정되는 경우 등 대통령령으로 정하는 부득이한 사유가 있는 경우에는 과태료를 부과하지 아니한다. (2023.12.31. 단서개정)

LLC 설립 후에 해외현지법인 명세서 등의 제출의무를 미이행 시 5천만 원 이하의 과태료를 부과받으며, LLC 설립 투자의 경우 pass-through 선택 및 국내에 '국외투과단체 과세특례'를 신청해도 매년 해외현지법인 명세서 등의 제출의무가 있음을 주의해야 합니다.

③ 해외 부동산 투자도 국내 가족법인 활용

미국 등 해외 부동산 투자할 때 부의 승계까지 생각해서 자녀를 참여시키고 싶을 때는 국내에 가족법인을 만들어서 가족법인이 LLC의 설립 주주가 되는 방법이 있습니다. 이 경우 부동산 투자 차익과 임대소득을 자녀의 지분율만큼 분배할 수 있기 때문에 부의 승계에 유리합니다. 또한 개개인이 LLC의 주주로 들어가면 앞서 설명드린 외국환거래법상의 의무와 세법상의 의무를 각각 개인별 이행해야 하지만 법인으로 투자를 하게 되면 법인만 의무를 이행하면 되니 절차가 훨씬 간편해집니다. 또한 미국 투자를 결심하셨다면 고소득자인 경우가 대부분일 텐데 pass-through 선택 시 국내 소득세에 바로 합산되면 높은 소득세를 피할 수 없는 반면, 가족법인으로 투자 시 소득의 귀속을 가족법인으로 하고 나중에 개인 인출 시기는 소득세율 유리한 때로 조절이 가능합니다.

3 이민은 가지만, 한국 건물은 물려주고 싶다면?

많은 자산가들이 해외 이민을 고려할 때, 한 가지 큰 고민에 빠집니다. '해외로 떠나도 국내에 있는 소중한 부동산은 어떻게 해야 할까?'라는 질문입니다. 이 질문은 특히 평생을 일구어 마련한 건물이나 토지 등 국내 자산을 포기하고 싶지 않은 분들에게 더욱 절실합니다.

이민을 통한 비거주자 신분 획득은 해외 자산에 대한 세금 문제를 해결할 수 있는 훌륭한 방법입니다. 하지만 국내에 남겨진 부동산은 여전히 한국 세법의 영향을 받고 비거주자가 되더라도 한국 상속세 대상입니다. 한국 건물을 안전하고 효율적으로 자녀에게 물려줄 수 있는 가장 현명한 대안은 앞서 소개했던 국내 가족법인을 활용한 부동산 승계 전략입니다. 따라서 아파트나 주택은 추천드리지 않고 건물이나 토지의 경우가 가족법인 승계 대상입니다.

① 해외 이민 후 국내 부동산을 방치했을 때의 문제점

가족 모두가 해외로 이민을 간다고 해서 국내에 있는 부동산의 상속·증여세 문제가 자동으로 사라지는 것은 아닙니다. 오히려 더 복잡한 문제에 직면할 수 있습니다. 이민 후 상속이 발생하면, 비거주자인 자녀들 즉, 상속인은 한국에 있는 부동산에 대해 상속세 신고와 납부를 내야 합니다. 문제는 납부할 때 현금이 필요한데, 재산은 현금이 아닌 건물이라는 점입니다. 갑작스러운 상속으로 인해 세금을 납부할 현금이 부족한 경우, 어렵게 지켜온 건물을 급하게 제값을 못 받고 팔아야 하는 상황에 놓일 수 있습니다.

또한 비거주자가 한국 상속세 신고를 진행하는 것은 보통 어려운 일이 아닙니다. 피상속인의 한국 계좌와 재산들, 법정 절차에 따라 제출해야 할 문서들과 각종 신고까지 국내에 직접와서 챙겨야 할 것들이 한두 가지가 아닌 와중에 바쁜 직업까지 해외에서 갖고 있다면, 정말 곤란한 일입니다. 따라서 국내 부동산을 처분할 게 아니라면 미리 승계 작업이 필요하겠습니다.

② 한국 부동산 승계의 '최고' 솔루션 : 국내 가족법인

이민을 가더라도 한국 건물을 처분하는 것보다는 안전하게 물려주고 싶다면, 국내 가족법인을 활용하는 것이 효율적이고 합법적인 솔루션입니다. 가족법인이 모든 종류의 재산 승계를 커버할 수 있는 것은 아니지만, 단순한 세금 절감을 넘어 자산 승계의 문제를 통합적으로 해결할 훌륭한 수단임에는 확실합니다. 가족법인의 장점은 앞에서 충분히 설명했기 때문에 여기서는 생략하고 주의사항만 말씀드리겠습니다.

아직 이민 전이라면, 법인설립 후 이민하면 국외전출세 문제가 있을 수 있기 때문에 이 부분은 미리 전문가의 상담을 받길 권해드립니다. 또한 해외 현지국가 별로 미국처럼 외국에 지배법인을 가지고 있는 경우 보고 및 신고의무 등이 있는 경우가 있어 이러한 점은 설립 전 미리 국가별로 알아보시고 장·단점 비교를 해야 합니다.

미국의 경우 영주권자나 시민권자가 주주로서 해외에 지배법인을 갖고 있는 경우

1) 해외법인보고 (Form 5471) 작성
   주주인 시민권자 자녀 각각의 개인세금보고서에 첨부해야 함

2) 한국 가족법인의 소득에 대해 미국 개인소득신고 시 반영
   - 가족법인의 소득은 미국 소득세 신고 시 GILTI(Global Intangible Low-Taxed Income) tax로 또는 수동소득(Passive income)으로서 Subpart F 소득으로 간주

하여 자료와 정보들을 종과 횡으로 흐름을 꿰뚫어 보고 있습니다. 게다가 '부동산 감정평가 사업'은 국세청이 자산가들의 저평가 신고를 바로잡기 위해 사용하고 있는 가장 날카로운 무기로 추가 되었습니다. 더 이상 '기준시가'라는 안전지대는 없습니다. 당신의 자산 가치는 국세청의 감정평가라는 칼날 아래, 명확한 숫자로 드러날 것입니다. 따라서 '단번에 세금을 최대한 줄이는 방법'을 고민하기보다는, '장기적으로 과세 리스크를 조금이라도 줄여가는' 자산 이전 구조를 사전 준비하는 것이 가장 현명한 리스크 관리입니다.

자산 승계는 '절세'가 아닌 '사업'이다.

성공한 사업가들이 회사를 운영하듯, 자산 승계 역시 장기적인 계획과 전략이 필요한 '사업'입니다. 이민, 가족법인, 해외투자 등 다양한 도구들은 단순히 세금을 줄이기 위한 수단이 아닙니다. 이는 당신의 자산을 안전하게 보호하고, 다음 세대에게 성공적으로 이양하기 위한 가문의 '사업 모델'입니다. 특히 가족법인은 가족 간의 자산 승계를 위한 하나의 '플랫폼'이자, 자녀의 자산과 소득을 미리 증대시킬 수 있는 '투자 엔진'입니다. 이러한 전략들은 세법의 틈새를 파고드는 임시방편이 아니라, 법과 제도가 허용하는 범위 내에서 가장 효율적이고 합리적인 자산 관리 방안입니다. 이 도구를 어떻게 사용하여 당신의 자산에 맞는 최적의 로드맵을 설계하느냐가 관건일 것입니다. 많은 자산가들이 상속과 증여를 '나중의 일'이라 생각하고 미루지만, 지금 당장 '미리' 준비해야 합니다. 한 번에 하려면 할 수가 없습니다. 장기간의 준비와 시간이 필요합니다.

당신과 자녀의 이름이 국세청 타깃 리스트에 오르기 전에,

지금 바로 그 시작을 준비하십시오.

프로필

나태현(국세남)

[경력사항]
- 現) 세무법인 하나 이사/세무사
- 국세청 세무조사 심화분야 겸임교수(2024)
- 前) 삼일회계법인 조사지원팀 상무(7년, 2017~2023년)
- 前) 국세청 11년(세무조사 파트 8년, 2006~2017년)
- SBS biz '경제현장 오늘' 상속세 개편 대담 출연
- 「부동산 가족법인 절세의 모든 것」(2025, 삼일인포마인)

[학력 및 자격사항]
- 성균관대학교 경영학부 졸업
- 고려대학교 법학석사(조세법 전공)
- 고려대학교 법학박사 수료(조세법 전공)
- 2005년 42기 세무사, 미국 세무사(Enrolled Agent)
- 행정사, 외환관리사(FXM), 금융자산관리사(증권 FP)
- 증권투자상담사, 선물거래상담사, 생명보험설계사

[주요 수행업무]
- 부동산 가족법인 전문
- VIP 상속증여 컨설팅
- 세무조사 및 세무조사 컨설팅(삼성물산, 삼성중공업, 삼성생명, LGU+, 대림건설, 대우건설, 동국제강, 카카오 등)

블로그
'국세청 & 삼일회계법인 출신 세무조사 전문가. 국세남.' 운영
– https://blog.naver.com/taxlaw33

유튜브 채널
'세무법인 하나' 콘텐츠 제작 및 운영
– https://www.youtube.com/@HANATAX

E-mail
taxlaw33@hanmail.net